高职高专会计专业精品课程系列教材

CHENGBEN KUAIJI
成本会计

主　编　周　艳　王　宁
主　审　何　春
副主编　周　兵　傅凤阳　周爱荣　滕建林

苏州大学出版社

图书在版编目(CIP)数据

成本会计 / 周艳,王宁主编. —苏州:苏州大学出版社,2016.8
高职高专会计专业精品课程系列教材
ISBN 978-7-5672-1747-8

Ⅰ.①成… Ⅱ.①周… ②王… Ⅲ.①成本会计—高等职业教育—教材 Ⅳ.①F234.2

中国版本图书馆 CIP 数据核字(2016)第 225519 号

成 本 会 计

周 艳 王 宁 主编

责任编辑 施小占

苏州大学出版社出版发行
(地址:苏州市十梓街1号 邮编:215006)
江苏农垦机关印刷厂有限公司印装
(地址:淮安市青年西路58号1—3幢 邮编:223000)

开本 787 mm×1 092 mm 1/16 印张 14.75 字数 360 千
2016 年 9 月第 1 版 2016 年 9 月第 1 次印刷
ISBN 978-7-5672-1747-8 定价:35.00 元

苏州大学版图书若有印装错误,本社负责调换
苏州大学出版社营销部 电话:0512-65225020
苏州大学出版社网址 http://www.sudapress.com

高职高专会计专业精品课程系列教材

编审委员会

主　任　陶书中

副主任　丁　勇　　王玉华　　周　兵　　谢中伍

委　员（排名不分先后）

　　　　　王　宁　　何　春　　傅凤阳　　周爱荣

　　　　　王亚杰　　范黎明　　王婧妍　　李锦祥

　　　　　张家文　　王振林　　仲其国　　李　建

　　　　　杨树涛　　范红梅　　滕建林　　周　艳

Preface 前言

在商品经济条件下,任何一个企业的成功,小到社区的便利商店,大到跨国公司,都离不开成本会计。一位著名的经济学家曾说过:"成本会计像花茎甘蓝一样,无论你是否喜欢它,它一定有益于你。"

成本会计是高职高专财经类会计专业自"基础会计"、"财务会计"后的又一门专业核心课程。它不仅能够提供产品、服务和客户等方面的成本信息,而且能够为管理者计划、控制和决策提供信息,其内涵随着社会主义市场经济的发展而逐步完善,并且在企业中有实际的成本会计岗位相对应。读者通过本书的学习,能够掌握较强的成本核算和成本分析能力,同时掌握成本预测、成本决策和成本控制等成本管理的基本理论和基本技能,对于降低企业产品成本和提高企业的竞争力,有着重要的现实意义。

本书结合高职高专教育的特点和教学要求,依据财政部最新颁布实施的《企业会计准则》,融合了高职一线教师多年的教学经验和体会,在吸纳同类教材优点的基础上编写而成。在编写过程中,遵循"理论够用适度,重在实践技能"的原则,以促进学生的职业生涯发展和职业岗位"零对接"为最终目标,按照着重掌握成本核算与分析实用技能的指导方针来安排结构和内容,力求做到理论成熟、体例新颖、阐述清楚,从而使本教材结构合理、深浅适中、利于教学、易于实训操作。

本书既可作为高职高专院校会计类及相关专业的教学用书,也可作为财务会计人员的培训及自学参考书。

本书由江苏食品药品职业技术学院财贸学院成本会计课程负责人周艳、王宁主编,学院教学团队成员周兵、何春、傅凤阳、周爱荣等老师对部分项目内容进行了修改和审核。在编写过程中,江苏中央新亚百货股份有限公司财务总监李锦祥、淮安三淮会计师事务所所长王亚杰、江苏沙钢集团淮钢特钢有限公司总会计师王振林、江苏省淮安市棉麻公司注册会计师仲其国、淮阴发电厂会计师李建等对内容中的例证进行了修改、校对和润色。同时,我们借鉴、查阅了大量有关专著和文献,并得到有关企业财会人员和专家、学者的大力支持和帮助,在此一并表示衷心感谢!

由于编者水平有限,书中难免会有错漏、不妥或有待完善之处,恳请读者批评指正,以便修订时改进。

编 者

Contents 目录

项目一 认识成本和成本会计 ········· 001

- 任务一 认识成本 ········· 002
- 任务二 明确成本、费用和支出的关系 ········· 004
- 任务三 认识成本会计 ········· 007
- 任务四 熟悉成本核算的基础知识 ········· 010
- 项目小结 ········· 015
- 项目测试题 ········· 016

项目二 核算要素费用和综合费用 ········· 024

- 任务一 构成产品成本的要素费用核算 ········· 025
- 任务二 辅助生产费用的核算 ········· 048
- 任务三 制造费用的核算 ········· 058
- 任务四 生产损失的核算 ········· 064
- 项目小结 ········· 069
- 项目测试题 ········· 071

项目三 分配完工产品与在产品成本 ········· 083

- 任务一 核算在产品数量 ········· 083
- 任务二 计算在产品成本 ········· 086
- 项目小结 ········· 094
- 项目测试题 ········· 095

项目四 计算产品成本的基本方法 ········· 104

- 任务一 如何选择产品成本计算方法 ········· 104

任务二　品种法 108
　　任务三　分批法 117
　　任务四　分步法 124
　　项目小结 139
　　项目测试题 140

项目五　计算产品成本的辅助方法 165

　　任务一　分类法 165
　　任务二　定额法 175
　　项目小结 185
　　项目测试题 185

项目六　编制并分析成本报表 199

　　任务一　成本报表概述 199
　　任务二　成本报表的编制与分析 202
　　任务三　成本分析方法 215
　　项目小结 217
　　项目测试题 217

主要参考文献 228

认识成本和成本会计

知识目标

1. 理解成本和成本会计的概念,了解成本的作用。
2. 掌握成本、费用、支出的关系以及费用的分类,重点掌握费用的基本分类。
3. 了解成本会计的职能和对象,成本会计工作的组织、法规和基础工作制度。
4. 理解和掌握成本核算的一般程序,掌握成本核算的账户及其应用。

技能目标

1. 能够做好成本核算的基础工作。
2. 能够划分成本开支范围,在给出的各项支出中,能分清各项支出可否计入成本开支范围。
3. 能够正确进行费用的分类,给出某企业某月份发生的各项费用,要求能按照不同的标准进行分类。
4. 能勾勒出产品成本核算的账务处理程序图;能根据流程中确定的成本计算对象、成本项目设置成本会计账簿体系。

案例导读

小王和几个刚毕业的大学生决定创办一家食品加工厂,专门从事食品加工和销售。他们承租了厂房,每年租金30万元,筹集150万元购买生产设备,使用期限10年;营业第一年购进原材料100万元进行食品加工;当年共支付工人工资50万元,发生办公费10万元,支付水电费等8万元、产品广告费35万元;当年实现营业收入400万元。

针对以上情况,请同学们讨论一下,该厂在营业第一年是亏损还是赢利?在当年发生的各项支出中,哪些应计入成本?哪些不计入成本?如何正确地计算产品成本?企业经营效益如何?

要回答这些问题,我们就需要认真地学习本项目的内容。

任务一　认识成本

一、成本的含义

成本是商品生产发展到一定阶段的产物,并随着经济的发展而发展,是客观存在的价值范畴。成本是一种耗费,是人们为了达到一定的目的或实现一定的任务而耗费的货币表现。这也是我们所说的一般意义上的成本概念。通俗地说,成本就是一种付出,是对某种资源的一种耗费。

马克思指出:商品成本是由物化劳动和活劳动中必要劳动的价值组成的。他明确指出:"按照资本主义方式生产的每一个商品 W 的价值,用公式表示是 $W = C + V + M$。如果我们从这个产品价值中减去剩余价值 M,那么,在商品中剩下的只是一个在生产要素上耗费的资本价值 $C + V$ 的等价物或补偿价值。商品的这部分价值,即补偿所消耗的生产资料价格和所使用的劳动力价格的部分,只是补偿商品使资本家自身耗费的东西,所以对资本家来说,这就是商品的成本价格。"这里被称为商品的"成本价格"的那部分价值,就是商品成本。

在任何社会制度下,生产商品都要耗费一定数量的劳动。生产商品所需要耗费的社会劳动的货币表现,我们可称之为"社会生产费用",它构成了这种商品的价值。社会主义市场经济中,企业作为自主经营、自负盈亏的商品生产者和经营者,基本的经营目标就是向社会提供商品,满足社会需求,同时又要以销售收入来补偿在商品的生产经营中所支出的各种社会劳动费用,并取得盈利。因此,它要在不违背社会整体利益的前提下,不得不考虑本企业成本的耗费和补偿,寻求降低成本的途径,努力提高经济效益。由此可见,在社会主义市场经济条件下,产品的价值仍然由三个部分组成:(1)已耗费的物质资料转移的价值(C);(2)劳动者为自己劳动所创造的价值(V);(3)劳动者为社会劳动所创造的价值(M)。按照马克思的商品价值原理,前两个部分,即 $C + V$,是商品价值中的补偿部分,构成了商品的成本,我们一般称之为理论成本。

综上所述,可以把成本的经济实质概括为:成本是个价值范畴,是商品经济发展到一定阶段的产物。它是企业在生产经营过程中,为取得一定收入或实现一定目的所消耗的物化劳动和活劳动中为自己劳动所创造价值的货币表现及其对象化。也就是企业在生产经营过程中所耗费的各项资产的总和。企业为生产一定种类和数量的产品所发生的各种耗费的货币表现,就是产品的成本,亦称为产品的生产成本或产品的制造成本,简称产品成本。

理论成本是我们进行成本会计研究的理论指南,是实际工作中制定成本开支范围、考虑各种耗费的价值补偿尺度的理论依据。

社会经济现象是纷繁复杂的,在实际工作中,企业在成本核算和成本管理中需要考虑的因素也是多种多样的,例如为了促使企业加强经济核算,厉行节约,减少生产损失,对于一些并不形成产品价值的损失性支出(如工业企业的废品损失、季节性和修理期间的停工损失等)以及对于劳动者为社会劳动所创造的某些价值(如财产保险费等),也列入产品成本之内。企业为了销售产品而发生的销售费用,为组织和管理生产经营活动而发生的管理费用,为筹集生产经营资金而发生的财务费用,由于大多数情况下是按时期发生,难以按产品汇集,都作为期间费用处理。产品成本的实际内容,一方面要反应成本的客观经济内容,另一方面又要体现国家方针政策和企业成本管理的要求。因此,实际工作中的成本开支范围(实际成本)与理论成本包括的内容是有一定差别的,两者并不完全一致。

为了统一成本所包含的内容,使各企业成本的支出项目和内容保持一致,同时也便于各种成本的比较、评估和分析,防止乱挤乱摊成本、人为地调节成本的高低,促使企业努力挖掘降低成本的潜力,正确计算成本、利润和税金,国家通过法规制度来界定企业的成本开支范围,并作为成本管理的依据。

二、成本的作用

成本的经济实质决定了成本在经济管理中的重要地位和作用。就企业而言,产品的生产是使用价值的形成过程,也是价值的形成过程。因此,成本的作用主要体现在以下几个方面:

1. 成本是补偿生产耗费的尺度

为了保证企业再生产的不断进行,必须对生产耗费进行及时、足额的补偿。企业是自负盈亏的产品生产者和经营者,其生产耗费是用自身的生产成果,即通过销售产品获得收入来得以补偿的。而成本就是衡量这一补偿份额大小的尺度。

企业在取得销售收入后,必须把相当于成本的数额划分出来,用以补偿生产中的资产耗费,这样才能维持资金周转按原有(或超过原有)的规模进行。否则,如果企业不能按照成本来补偿生产耗费,企业资金就会短缺,再生产就不能顺利进行。由此可见,成本是划分生产经营耗费和企业纯收入的依据,在一定的销售收入中,成本越低,企业纯收入就越高。成本作为补偿生产耗费的尺度,对经济发展有着重要的影响。

2. 成本是制定产品价格的重要基础

产品价格是产品价值的货币表现。产品价格应大体上符合其价值。无论是国家还是企业,在制定产品价格时都应遵循价值规律的基本要求。但在现阶段,人们还不能直接计算产品的价值,而只能计算成本,通过成本间接地、相对地掌握产品的价值。因此,成本就成了制定产品价格的重要基础和重要因素。

当然,产品的价格制定是一项复杂的工作,应考虑的因素很多。如国家的价格政策及其经济政策、各种产品的比价关系、产品在市场上供求关系及其竞争力等,所以,成本只是制定产品价格的重要因素,而不是唯一的因素。

3. 成本是反映企业经营管理质量的综合指标

成本是一项综合性的经济指标,企业经营管理中的各方面工作业绩,都可以直接或间接地从成本中反映出来。例如,产品设计的好坏、生产工艺的合理程度、固定资产的利用情况、原材料消耗的节约和浪费情况、劳动生产率的高低、产品质量的高低、产量的增减及供、产、销环节的工作是否协调等,都可以通过成本直接或间接地反映出来。

企业可以通过对成本的计划、控制、监督、考核和分析等手段,来促使企业及内部各单位加强经济核算、改进经营管理、努力压缩开支、不断降低成本,提高经济效益。

4. 成本是企业进行经营决策的重要依据

努力提高企业在市场上的竞争力和经济效益,是社会主义市场经济条件下对企业的客观要求。要做到这一点,企业首先必须进行正确的生产经营决策。进行生产经营决策,需要考虑的因素很多,成本是其中应考虑的主要因素之一。

在社会主义市场经济中,任何企业都很难控制产品的价格,在价格等因素一定的前提下,成本的高低直接影响企业盈利的多少;而较低的成本,可以使企业在激烈的市场竞争中处于有利地位。

任务二　明确成本、费用和支出的关系

一、支出、费用、成本的关系

1. 支出的概念及特征

支出是指为了达到特定的目的而由经济主体的支付行为所导致的资源减少。在会计上,它是指一个会计主体对外界以资产形式进行的支付,即一个会计主体对外界发生的一切交换关系。判断支出的标准应该是资产是否最终流出企业。因此,支出应具有以下基本特征:

(1) 支出的发生必然伴随企业资产的减少;
(2) 支出是一个会计主体与外界发生的一种交换关系;
(3) 支出是可以用货币计量的;
(4) 支出的计量以其是否实际发生为标准。

支出一般包括资本性支出、收益性支出、偿债性支出、权益性支出和投资性支出。

2. 费用的概念和特征

我国企业会计制度将费用定义为"企业为销售商品、提供劳务等日常活动所发生的经济利益的流出"。费用也是为了取得收入而发生的资源耗费。费用具有以下基本特征:

(1) 费用最终会减少企业的资源;
(2) 费用最终会减少企业的所有者权益;
(3) 费用的发生是企业的主动行为。

3. 成本的概念及特征

狭义的成本概念,我国财政部制定的《企业会计制度》对成本所下的定义为:"成本是指企业为生产产品,提供劳务而发生的各种耗费。"广义的成本观指的是企业为获得一项资产或一项劳务而付出的代价,而狭义的成本观仅指生产产品或提供劳务而付出的代价。成本具有以下基本特征:

(1) 成本是资源转化的量度。现行制度(或准则)是以成本为计量基础的,即企业为取得这一资源付出了多少代价(成本),就是获得资源的入账价格(历史成本)。成本没有独立的存在形式,它必须依附于特定的资产或劳务而存在,离开了特定的资产或劳务而谈成本是没有意义的。成本只用来说明企业为获得一项资产或一项劳务付出了多少代价,因此成本是资源转化的量度。

(2) 成本不会减少所有者权益。由于成本是企业资源转化的量度,因此企业发生成本,并没有发生资源的纯耗费,而是资源从一种形态转变成了另外一种形态,企业的总资源未发生变化,因而不会减少所有者权益。这是成本与费用的根本区别,也是"代价"和"耗费"的差异之所在。

4. 支出、成本、费用之间的关系

收益性支出形成费用,资本性支出形成资产,但它可以通过提取折旧、摊销等形式,分期

转化为费用。成本与企业特定资产或劳务相关,而费用则与特定期间相关,即成本强调的是一定对象的负担数,而费用强调的是一定时期的发生数;成本是企业为取得某种资产或劳务所付出代价的量度,而费用则是为取得收入而发生的资源耗费金额;成本不能抵减收入,只能以资产的形式反映在资产负债表中,而费用则必须冲减当期的收入反映在利润表中。

二、费用的分类

为了对各项费用进行分类归集,正确计算产品成本和期间费用,可以对种类繁多的费用按不同的标准分类,其中最基本的是按经济内容(性质)和经济用途分类。

(一) 费用按经济内容(性质)分类

费用按其经济内容或经济性质划分,可分为劳动对象的消耗、劳动手段的消耗和活劳动的消耗三大类。为了具体反映各种费用的构成和水平,在此基础上,将其进一步划分为若干费用要素。

(1) 外购材料。指企业为进行生产而消耗的一切从外部购进的原料及主要材料、半成品、辅助材料、包装物、修理用备件、低值易耗品等。

(2) 外购燃料。指企业为进行生产而消耗的一切从外部购进的各种燃料,包括固体、液体和气体燃料。

(3) 外购动力。指企业为进行生产而消耗的一切从外部购进的各种动力,包括电力、热力和蒸汽等。

(4) 职工薪酬。指企业为获得职工提供的服务而支付的各种形式的报酬及其他相关支出。包括:职工工资、奖金、津贴和补贴、职工福利费、医疗保险费、养老保险费、失业保险费、工伤保险费和生育保险费等社会保险、住房公积金、工会经费、职工教育经费、非货币性福利、因解除劳动关系给予的补偿及其他与获得职工提供服务的相关支出。

(5) 折旧费。指企业按照规定对固定资产计算提取的折旧费。出租的固定资产折旧费不包括在内。

(6) 利息支出。指企业应计入财务费用的借款利息减去存款利息后的净额。

(7) 税金。指企业应计入管理费用的各种税金,如房产税、车船使用税、土地使用税、印花税等。

(8) 其他支出。指不属于以上各要素费用但应计入产品成本或期间费用的费用支出,如差旅费、邮电费、租赁费、外部加工费和保险费等。

将费用按经济内容分类,可以反映企业一定时期内在生产经营过程中发生了哪些费用、数额是多少,以此分析企业各个时期费用的构成和水平;可以反映外购材料、外购燃料、外购动力和职工薪酬的实际支出,为编制企业的材料采购资金计划和劳动工资计划提供资料;能为企业核定储备资金和考核储备资金周转速度提供资料;有利于将物化劳动的消耗明显地划分出来,为企业计算工业净产值和国家计算国民收入提供资料。

但是,这种分类不能反映各种费用的经济用途,因而不便于分析这些费用支出是否合理、节约;无法确定费用的发生与各种产品之间的关系,不利于寻求降低产品成本的途径。

(二) 费用按经济用途分类

费用按经济用途,首先可以分为计入产品成本和不计入产品成本的费用(期间费用)两

大类。对于计入产品成本的费用再按其用途进一步分为若干个项目,称为成本项目。制造业一般可以分为以下几个成本项目:

(1) 直接材料,也称原材料。它是指直接用于产品生产、构成产品实体的主要材料、外购半成品、包装物、修理备用件以及有助于产品形成的辅助材料和其他材料。

(2) 直接人工,也称工资及福利费。它是指直接从事产品生产的生产工人工资及其福利费等。

(3) 燃料及动力。它是指直接用于产品生产的各种燃料和动力费用。

(4) 制造费用。它是指企业生产单位用于组织和管理产品生产所发生的各种间接费用,包括生产单位的办公费、水电费、折旧费、机物料消耗、劳动保护费及管理人员薪酬等。

费用按经济用途分类,可以反映各种费用水平的具体经济用途,便于考核各种费用定额或计划的执行情况,分析费用支出是否合理、节约;将计入产品成本的费用分为若干个成本项目,便于分析产品成本的构成情况,寻求降低产品成本的途径,提高管理水平。

企业可根据生产特点和成本管理要求对上述成本项目作适当的调整或增加,例如为了反映生产中耗用的半成品情况,可以设立"自制半成品"(相当于"直接材料")项目;为了专项反映生产性损失,可设立"废品损失"、"停工损失"项目等。

(三) 费用的其他分类

1. 费用按与生产工艺的关系分类

计入产品成本的各项费用,按其与生产工艺的关系可以分为直接生产费用和间接生产费用。

直接生产费用是指由于生产工艺本身引起的、直接用于产品生产的各项费用,如原料、主要材料、生产工人工资和生产机器设备的折旧等。

间接生产费用是指与生产工艺过程没有联系、间接用于产品生产的各项费用,如车间机物料消耗、车间厂房折旧费、办公费、取暖费等。

该种分类便于考察和分析企业的管理水平。一般来说,管理水平越高,产品成本中的间接费用所占比例越低。

2. 费用按计入产品成本的方式分类

计入产品成本的费用,按其计入产品成本的方式可分为直接计入费用和间接计入费用。

直接计入费用(也称直接费用),是指费用发生时能及时分清哪种产品耗用、可以直接计入该种产品成本的费用,如直接用于某产品的材料消耗费用。

间接计入费用(也称间接费用),是指费用发生时暂时无法分清由哪种产品所耗用,不能直接计入某种产品成本,而必须采用一定方法计算分配计入有关产品成本的费用。如几种产品共同耗用的材料费用、生产工人工资、制造费用等。

该种分类便于正确组织产品成本核算。对于直接计入费用应根据原始凭证直接计入产品成本,对于间接计入费用应选择适当的分配方法计入有关产品成本。

3. 费用按与产品产量的关系分类

计入产品成本的费用,按其与产品产量的关系可分为变动费用和固定费用。

变动费用是指费用总额随着产品产量的变动而成正比例变动的费用。如材料费用、计件工资等。但须注意,一般情况下,单位产品的变动费用是基本不变的。

固定费用是指费用总额不受产品产量的变动影响，相对固定的费用。如车间管理人员的薪酬、办公费、水电费等。但须注意，一般情况下，单位产品的固定费用是变动的。

该种分类有利于加强产品成本控制和科学地进行成本分析，寻求降低成本费用的途径。

任务三　认识成本会计

一、成本会计与财务会计、管理会计的关系

通常情况下，人们容易将成本会计和财务会计、管理会计混淆，其实成本会计和财务会计、管理会计之间既有联系又有区别。成本会计是从财务会计中逐渐分离出来的一门专业会计。首先，成本会计和财务会计是密不可分的，不仅成本核算需要财务会计的信息支持，而且成本会计就存在于以复式簿记为基础的财务会计总框架之中。其次，成本会计提供的有关成本、费用核算信息是财务会计用来进行资产、损益的计量依据，为财务会计报表的编制提供相关资料。最后，成本会计向企业内部的管理者提供的财务成本方面的信息与财务会计向企业外部的利益相关者提供的财务成本方面的信息是一致的。

而从发展历史来看，管理会计的前身是成本会计，即管理会计是在成本会计的基础上产生和发展起来的一门企业会计。

二、成本会计的含义和职能

成本会计就是按照会计准则和制度以及企业管理的需要，以货币计量的方式，通过算账、记账和报账等工作，为企业管理者提供有关费用和成本信息的管理活动。

成本会计的职能是指成本会计作为一种管理活动，在生产经营过程中所发挥的功能和作用。成本会计不仅具有会计核算和监督的基本职能，同时还具有管理的职能，因此，它实际上包括了成本预测、成本决策、成本计划、成本控制、成本核算、成本分析和成本考核等多个环节。

（1）成本预测是指根据成本的有关数据和具体情况，运用一定的技术方法对未来的成本水平及其发展趋势做出科学的预计和测算。成本预测便于为成本决策、成本计划和成本控制提供及时有效的信息，提高成本管理的科学性和预见性。

（2）成本决策是指在成本预测的基础上，结合其他有关资料，运用一定的方法，选择最优成本方案所做的一种决定。成本决策对于促使企业正确地制订成本计划、提高经济效益具有十分重要的意义。

（3）成本计划是指根据成本决策所确定的目标成本，规定在计划期内企业完成一定的生产任务所需要的成本、费用，并确定各个成本计算对象的成本水平，提出为达到目标成本所采取的各种措施。成本计划是降低成本、费用的具体目标，也是进行成本控制、成本分析和成本考核的依据。

（4）成本控制是指在生产经营过程中，根据成本计划具体制定成本管理目标，由成本控制主体在其职责范围内，在生产耗费发生以前和成本控制过程中，对各种影响成本的因素和条件采取的一系列预防和调节措施，以保证成本管理目标实现的管理行为。成本控制是成本管理的一部分，主要分为事前控制、事中控制和事后控制，它对于最大限度地挖掘降低成

本、费用的潜力,提高经济效益有着重要的现实意义。

（5）成本核算是指对生产经营过程中实际发生的成本、费用进行分类归集、分配、汇总核算,计算出生产经营费用总额及各种产品的实际成本和单位成本的管理活动。成本核算是成本的最基本的职能,通过成本核算资料,可以反映计划的完成情况,为编制下期成本计划,进行成本预测和决策提供依据。

（6）成本考核是指在成本核算的基础上,定期地对成本计划的执行结果进行评定和考核。成本考核应当与奖惩制度相结合,根据考核结果进行奖惩,以便充分调动企业职工执行成本计划、提高经济效益的积极性。

（7）成本分析是指根据成本核算所提供的成本数据和其他有关资料,与本期计划、上年同期实际水平、本企业历史最好水平,以及国内外先进企业的成本等进行比较,分析成本水平与构成的变动情况,研究成本变动的因素和原因,挖掘降低成本的潜力。通过成本分析,可以为成本考核提供依据,为未来的成本预测和决策、编制新的成本计划提供资料。

上述成本会计的各项职能是互相配合、互相依存的一个有机整体。成本预测是成本决策的前提,成本决策是成本预测的结果;成本计划是成本决策所确定目标的具体化;成本控制是对成本计划的实施进行监督,保证目标的实现;成本核算是对决策目标实现与否的最后检验,是最基本的职能,没有成本核算,成本的预测、决策、计划、控制、分析和考核都无法进行,没有成本核算就没有成本会计;通过成本分析,才能查明原因,对决策正确性作出判断;成本考核是实现决策目标的重要手段,通过考核,正确评价各成本责任中心的业绩,并与奖惩相结合,激发职工的积极性,促进经济效益的提高。

三、成本会计工作的组织

（一）成本会计机构

成本会计机构是企业从事成本会计工作的职能单位,是企业会计机构的一部分,一般包括成本会计的领导机构、职能执行机构、岗位分工及归口管理等,并配备专职或兼职的成本会计或成本核算人员。它是根据企业规模的大小和成本管理的具体要求设置的。

成本会计机构内部可以按成本会计所担负的各项任务分工,也可按成本会计的对象分工,在分工的基础上建立岗位责任制,使每一个成本会计人员都明确自己的职责,每一项成本会计工作都有人负责。

成本会计机构之间的组织分工有集中工作和分散工作两种方式。

1. 集中工作方式

集中工作方式,是指企业的成本会计工作主要由厂部成本会计机构集中进行,车间等其他单位的成本会计机构或人员只负责原始记录和原始凭证的填制,并对它们进行初步的审核、整理和汇总,为厂部成本会计机构进一步工作提供基础资料。

在这种方式下,车间等单位大多数只配备专职或兼职的成本会计或成本核算人员。采用集中工作方式,厂部成本会计机构可以比较及时地掌握企业有关成本的全面信息,便于集中进行数据处理,还可以减少成本会计机构的层次和人员的数量。但该种方式不便于实行责任成本核算,不便于直接从事生产经营活动的各单位和职工及时掌握本单位的成本信息,因而不利于调动他们自我控制成本费用、提高经济效益的积极性。集中工作方式一般适用于成本会计工作比较简单的企业。

2. 分散工作方式

分散工作方式,也称非集中工作方式,是指成本会计工作中的计划、控制、核算和分析工作,由车间等其他单位的成本机构或人员分别进行,成本考核工作由上一级的成本会计机构对下一级的成本会计机构逐级进行。厂部成本会计机构负责对部门或车间成本会计机构或成本核算人员进行业务上的指导和监督,并对全厂成本数据进行汇总核算工作。成本预测和决策工作一般仍由厂部成本会计机构集中进行。

这种方式有利于车间、有关职能部门及时了解本车间或部门的成本费用信息,分析本车间或部门的成本费用指标,进而进行控制,寻求降低成本费用的途径,激发他们关注效益的积极性。但该方式会增加成本核算的层次和人员,会计人员的合理分工受到一定限制,核算工作量较大,核算成本较高,影响核算的及时性。一般适用于成本会计工作比较复杂、各部门相对独立的企业。

(二) 成本会计工作制度

(一) 成本会计工作制度制定的原则

成本会计的法规和制度是组织和从事成本会计工作的规范,也是会计法规和制度的重要组成部分。成本会计的工作制度,应该按照统一领导、分级归口管理的原则制定。每一个企业的成本会计工作制度,应由企业根据国家的有关规定,结合本企业生产经营特点和管理要求制定。

(二) 成本会计工作制度的种类

1. 国家统一的法规制度

包括《中华人民共和国会计法》《企业财务会计报告条例》《企业会计准则——基本准则》等法规制度。

2. 企业自行制订成本会计制度

各行业企业由于生产经营的特点和管理的要求不同,所制定的成本会计制度有所不同。就制造业来说,成本会计制度一般包括:

(1) 关于成本预测和决策的制度。

(2) 关于成本定额的制度和成本计划编制的制度。

(3) 关于成本控制的制度。

(4) 关于成本核算规程的制度。

(5) 关于责任成本制度。

(6) 关于成本报表制度。

(7) 其他有关成本会计的制度。

成本会计制度一经确定,就应当在一定期间内保持相对稳定,并认真贯彻执行。但随着情况的变化,应及时对成本会计制度进行修订和完善,以保证成本会计制度的科学性、先进性和有效性。

任务四　熟悉成本核算的基础知识

一、成本核算的基本原则

成本核算的基本原则是指企业在成本核算过程中应遵循的准则,是保证成本信息质量的基本会计技术要求。

1. 分期核算原则

分期核算原则是指为了取得一定时期内的成本信息,为损益计算或预测、决策、计划服务,必须将企业连续不断的生产经营活动划分为若干相等的时期,分别计算每一期间的产品或劳务成本。

2. 一贯性(一致性)原则

一贯性原则是指企业各项生产费用归集和分配的程序、步骤,以及成本计算方法前后应当保持连贯,从而保持成本资料的可比性。

3. 合法性原则

合法性原则是指计入成本的费用都必须符合政策法规制度。符合成本开支范围的费用列入成本,不符合成本开支范围的费用不能计入产品成本。

4. 历史成本原则

历史成本原则是指各项财产物资应按取得或购建时发生的实际成本入账,并在会计报告中也按历史成本反映,也称实际成本计价原则。历史成本具有客观性,便于事后审核。

5. 受益性原则

受益性原则是指在成本核算中,凡是涉及费用分配问题都应当按照谁受益谁负担、谁受益多谁负担多的原则进行分配。在受益性原则下,分配共同费用时应注意分配标准选择的科学性和合理性。

6. 重要性原则

重要性原则是指对成本有着重要影响的内容和项目,把它作为重点单独设立项目进行核算和反映,力求准确而有用;而对于那些次要的内容和项目从简核算或合并反映。重要性原则也是对上述原则的补充。

除上述原则外,成本核算时也同样要坚持其他的核算原则,如划分资本性支出与收益性支出的原则、及时性原则、可比性原则、权责发生制原则等。

二、成本核算的基本要求

成本核算的要求是:严格执行成本开支范围,正确划分成本、费用界限,认真做好成本核算的基础工作,选择适当的成本计算方法。具体来说,应满足以下要求:

(一)管算结合,算为管用

成本核算应当与提高企业成本管理水平相结合,提供的成本信息能够满足企业经营管理和决策的需要。如何进行成本核算,计算什么成本,计算得细一点还是粗一点,设置哪些会计科目和成本项目等,都要考虑企业管理的要求。

要加强对各项费用的审核和控制工作。根据有关的法规和制度、计划和定额,审核某项费用应不应该支出,是否符合计划或定额;应该支出的费用,是否应该计入产品成本,是否符合成本开支范围。对于不合法、不合理的开支要坚决予以制止;对于已经造成的损失和浪费要追究责任,采取措施防范;对于定额或计划不符合实际情况产生的差异,应该按规定程序进行修订和完善。

在成本核算中,既要防止片面追求简化,以致不能为管理提供所需资料的做法,也要防止为算而算,脱离管理实际需要的做法。

(二) 正确划分各种费用界限

1. 正确划分计入产品成本与不计入产品成本的费用界限

根据成本开支范围和谁受益谁负担的原则,凡生产过程中消耗的各种材料、人工和其他费用都应计入产品成本,否则,就不能计入产品成本。如企业发生的各种滞纳金、赔款、捐赠、赞助款、支付股利等支出,就不能计入产品成本;发生的管理费用、财务费用、销售费用等也不应计入产品成本,而列作期间费用。

2. 正确划分各个期间的费用界限

根据分期原则,需要定期分月进行成本计算。根据权责发生制原则,划清各个会计期间的费用界限,应由本月产品负担的费用,应全部计入当月的产品成本;不应由本月负担的费用,则不应计入本月的产品成本。这样,可以从时间上正确反映产品成本和期间费用水平,便于分析和考核企业生产经营费用计划和产品成本计划的完成情况。因此,它是正确计算产品成本的重要保证。

3. 正确划分不同产品成本的界限

如果企业只生产一种产品,那么全部成本就是这种产品的成本;如果企业生产多种产品,就需要把全部成本采用比较科学合理、适当简便的分配方法,分配计入各种产品成本。为了考核、分析可比产品成本降低计划的完成情况,必须注意划清可比产品和不可比产品的成本界限,不得乱挤乱占彼此的成本。

4. 正确划分完工产品与在产品的成本界限

由于产品生产周期与会计核算周期存在不一致性,往往导致企业月末有在产品。因此,计算产品成本时,必须将本期的生产费用总额在产成品与月末在产品之间采用适当的方法进行分配,从而计算完工产品的总成本和单位成本,以及月末在产品的成本。当然,如果企业在月末产品全部完工,则归集起来的全部费用,即为完工产品成本;如果全部为在产品,则归集的费用为在产品成本。

(三) 正确确定财产物资的计价和价值转移的方法

企业的生产费用是生产经营过程中物化劳动和活劳动耗费的货币表现。其中,物化劳动耗费的大部分是生产资料,它们的价值随着生产经营过程中的耗费而转移到产品成本和期间费用中去。因此,这些财产物资的计价和价值转移的方法也会影响成本和费用。企业财产物资的计价和价值转移方法主要包括:固定资产原值计算方法、折旧方法;材料成本的组成内容及计价方法;低值易耗品的摊销方法;半成品成本的结转方法等。各种财产物资的计价和价值转移方法必须严格执行国家统一的会计制度,各种方法一经确定,不能随意改

变,以保证成本信息的可比性。

(四) 认真做好各项基础工作

1. 建立健全原始记录工作

原始记录是企业最初记载各项业务实际情况的书面凭证。它是编制成本计划、制定各项定额的主要依据,也是成本管理的基础。企业应健全材料、生产、成品、人事工资、财务会计、设备动力等方面的原始凭证,统一规定各种原始凭证的格式、内容和计算方法,做到及时、准确地反映生产经营活动的情况。原始记录要符合企业管理和成本管理的要求,要有利于开展班组经济核算,力求简便易行,讲求实效,并根据实际使用情况和提高企业管理水平的要求,随时补充和修订,以充分发挥原始记录的作用。

2. 建立健全定额的制定与修订制度

定额是企业在一定的生产技术和组织条件下,在充分考虑人的能动性的基础上,对生产过程中消耗的人力、物力和财力所作的规定和应达到的数量标准。定额是企业进行成本决策、制定定额成本、编制成本计划的基础,是进行成本控制、分析、考核的依据,也是评价和衡量企业经营活动好坏的尺度。因此,定额工作要求做到"全、准、快"。"全"就是定额要全面;"准"就是要正确地确定额定水平,提高定额的准确性;"快"就是要及时地制定定额,适时地修订定额,以保持定额的先进性。

3. 建立健全材料物资的计量、收发、领退与盘点

计量和验收工作是企业管理的必要条件。从购置、采购材料到产品出厂各个环节,都离不开计量和验收工作。计量和验收为企业生产、科学实验、经济核算提供可靠的数据,对保证生产、提高质量、降低成本都有重要作用,应当建立健全材料物资的计量、收发、领退和盘点制度,并切实执行。

4. 做好厂内计划价格的制定和修订工作

企业应当根据进行内部经济核算和成本管理的需要,对原材料、辅助材料、燃料、动力、工具、配件、在产品、半成品及其他劳务等,制定合理的厂内计划价格,以便划分经济责任,计算经济效果。计划价格要尽可能符合实际,并定期进行修订,使之在计划、核算和内部结算过程中更好地发挥作用。

(五) 适应生产特点和管理要求,采用适当的成本计算方法

产品生产组织和工艺特点及管理的不同要求,是影响产品成本计算方法选择的重要因素。而成本计算方法的选择正确与否,将直接影响产品成本计算的准确性。因此,企业必须适应各种生产类型的特点及其成本管理要求,确定成本计算的具体方法。目前,经过长期实践,形成了品种法、分批法和分步法等成本计算的基本方法。

二、成本核算的一般程序及账户设置

(一) 成本核算的一般程序

成本核算的一般程序是指对企业在生产经营过程中发生的各种费用,按照成本核算的要求,逐步进行归集和分配,最后计算出各种产品成本和期间费用的基本过程。

1. 合理确定成本计算对象

成本计算对象是指成本归属的对象,或者说费用归集的对象。一般来说,成本计算的对象就是各种耗费的受益者,也就是耗费各种投入后形成的产出物,是制造活动取得的直接成果,即生产费用的承担者。企业进行成本计算,首先要确定成本计算对象,否则,就会加大成本计算的难度,计算出来的结果也不能满足企业管理的需要,甚至不能完成成本计算任务。

2. 设置账户及成本项目

确定成本计算对象后,还要根据成本计算对象设置符合本企业使用的成本、费用类的总分类账户及其明细分类账户。账户内还要根据企业管理要求及核算原则,确定若干成本项目,用以反映产品的成本构成和水平。

3. 归集和分配各种费用要素

企业通过对与各种费用要素支出相关的原始凭证进行审核后,编制要素费用的分配表,采用适当的方法进行分配,按费用发生的地点和经济用途进行归集,从而汇总计算出各费用承担者发生的费用总额。其中,属于生产经营管理费用的,应分别计入"基本生产成本"、"辅助生产成本"、"制造费用"、"管理费用"等账户;不属于生产经营管理费用的,应计入相关账户。

4. 归集和分配综合性费用

月末,将归集在"辅助生产成本"、"制造费用"、"生产性损失"(废品损失、停工损失)账户的费用,按其受益对象采用适当的方法进行分配,计入相关的账户。

5. 正确计算完工产品成本和月末在产品成本

通过对要素费用和综合性费用的分配,将所有由产品负担的成本费用均归集到"基本生产成本"账户及有关的产品成本明细中。如果没有完工产品,则产品成本明细账中所归集的费用即为在产品成本;反之,则为完工产品成本。如果既有完工产品,又有在产品,则需要将产品成本明细账中归集的费用,采用适当的方法在完工产品和月末在产品之间进行分配,从而计算出完工产品总成本、单位成本和月末在产品成本,并编制完工产品成本汇总表。

(二) 成本核算的主要账户设置

为了核算企业产品生产的全过程,一般应设置"生产成本"、"制造费用"等成本费用类账户。

"生产成本"账户用来核算企业进行工业性生产(包括生产各种产品和提供劳务、自制材料、自制工具、自制设备等)所发生的各项生产费用,计算产品和劳务实际成本。

工业企业的生产根据生产单位任务不同,可以分为基本生产和辅助生产,由此根据企业生产费用核算和产品成本计算的需要,一般可以在"生产成本"总分类账户下,分设"基本生产成本"和"辅助生产成本"两个二级账户;也可以将"生产成本"这一账户,分设为"基本生产成本"和"辅助生产成本"两个总分类账户;如果是业务量较小的企业,还可以将"生产成本"和"制造费用"两个总分类账户,合并为"生产费用"一个总分类账户。

本教材按照一般工业企业的情况,设置"基本生产成本"、"辅助生产成本"和"制造费用"三个成本类总分类账户,现分别介绍如下:

1. "基本生产成本"账户

基本生产是指为完成企业主要生产目的而进行的产品生产。为了归集和反映基本生产所发生的各种生产费用,计算基本生产的产品成本,应设置"基本生产成本"账户。该账户属成本类账户,其借方登记企业为进行基本生产而发生的各种费用;贷方登记转出的完工入库的产品成本;余额在借方,表示基本生产期末尚未完工的在产品成本,即基本生产在产品所占用的资金。

"基本生产成本"明细账应按成本计算对象设立,并按成本项目设立专栏核算。其基本格式如表1-1所示。

表1-1　基本生产成本明细账

年　　月

车间名称:×车间　　　　　产品名称:×产品　　　　　　　　　　单位:元

月	日	凭证号	摘　　要	直接材料	直接人工	制造费用	合　计
			月初在产品成本				
			本月发生额				
			生产费用合计				
			完工产品成本				
			月末在产品成本				

2."辅助生产成本"账户

辅助生产是指为基本生产服务而进行的产品生产或劳务供应。为了归集和核算辅助生产所发生的各种生产费用,计算辅助生产所提供的产品或劳务成本,应设置"辅助生产成本"账户。该账户属于成本类账户,其借方登记为进行辅助生产所发生的各种费用;贷方登记完工产品或劳务的分配转出额;如有余额在借方,表示辅助生产期末未完工的在产品成本,即辅助生产在产品所占用的资金。

"辅助生产成本"明细账应按辅助生产车间或部门及其产品或劳务为对象设立,并按成本项目或费用项目进行专栏核算。其格式如表1-2、表1-3所示。

表1-2　辅助生产成本明细账(格式一)

年　　月

车间名称:×车间(部门)　　　　产品(劳务)名称:×产品　　　　　　单位:元

月	日	凭证号	摘　　要	直接材料	直接人工	制造费用	合　计
			月初在产品成本				
			本月发生额				
			生产费用合计				
			分配转出额				
			月末在产品(劳务)成本				

表1-3　辅助生产成本明细账（格式二）
　　　　　　　　　　　　　　　年　　月

车间名称：×车间（部门）　　　产品（劳务）名称：×产品　　　　　单位：元

月	日	凭证号	摘　要	材料	薪酬	折旧	修理费	办公费	水电费	合计
			月初在产品成本							
			本月发生额							
			生产费用合计							
			分配转出额							
			月末在产品成本							

3. "制造费用"账户

制造费用是指企业各生产车间（包括基本生产车间、分厂）为组织和管理产品生产或提供劳务所发生的各项间接费用。为了归集和核算各生产车间组织管理产品生产或提供劳务所发生的各项费用，应设置"制造费用"账户。该账户属于成本费用类账户，其借方登记企业各生产单位在组织和管理生产活动中所发生的各项间接费用；贷方登记期末分配转出额。除季节性生产企业外，该账户结转后期末应无余额。

"制造费用"明细账应按生产单位（如基本生产单位、辅助生产单位）设置，并按费用项目进行专栏核算。其格式如表1-4所示。

表1-4　制造费用明细账
　　　　　　　　　　　　　　　年　　月

车间名称：×车间（部门）　　　　　　　　　　　　　　　　　　　单位：元

月	日	凭证号	摘　要	材料	薪酬	折旧	修理费	办公费	水电费	合计
			本月发生额							
			生产费用合计							
			分配转出额							

在成本核算中，除设置上述账户外，还可根据核算需要和管理要求，设立相关的账户，如"废品损失""停工损失""自制半成品"账户及跨期账户、期间费用账户等。

项目小结

成本是经济发展的产物，并随着经济发展而发展。成本就是一种付出，是一种耗费，是对某种资源的耗费。产品成本是以货币表现的，为制造一定种类和数量的产品而耗费的物化劳动和活劳动中必要劳动的价值之和；费用是在某一期间内进行生产经营活动而发生的各种耗费。费用发生的过程也就是成本的形成过程，二者既有共同点，即成本是对象化的费用；也有不同点，即费用强调的是一定时期内的发生数，而成本强调的是一定对象的负担数。

成本会计是会计人员运用会计的原理和一般原则，采用一定的技术方法，对企业生产费用进行核算和监督的一种管理活动。它与财务会计、管理会计既有区别又有联系。成本会计具有成本预测、成本决策、成本计划、成本控制、成本核算、成本分析和成本考核等职能，其最基本职能是成本核算,但它不仅仅是成本核算的会计。

成本会计机构是企业会计机构的一部分,是企业中专门从事成本会计工作的部门。企业根据生产类型的特点、生产规模的大小、成本管理的要求以及成本会计业务的需要等情况来设置成本会计机构和配备成本会计人员,选择核算的方式。在大中型企业中,应单独设置会计机构,一般采用分散核算方式;在规模较小的企业,可不设置专门的成本会计机构,但应配备专职的成本会计工作人员,一般采用集中核算方式。

企业在成本核算过程中,应遵循成本核算的原则,符合以下几方面的成本核算要求:一是管算结合,算为管用;二是正确划分各种费用界限;三是正确确定财产物资的计价和价值转移的方法;四是做好各项基础工作;五是选择采用适当的成本计算方法。此外,还要遵循以下核算程序:合理确定成本计算对象;设置成本项目;按成本项目归集生产费用;进行要素费用的分配;进行完工产品与在产品成本的划分;编制成本计算单,计算产品的总成本和单位成本。

企业发生的费用可以按不同的标准分类。按经济内容或经济性质不同,可以分为外购材料、外购燃料、外购动力、职工薪酬、折旧费、利息支出、税金和其他支出等费用要素;按经济用途不同可分为生产成本和期间费用,其中生产成本又可分为直接材料、燃料及动力、直接人工和制造费用等成本项目;还可以按照其他标准进行分类。

为了正确核算产品成本的全过程,应设置"基本生产成本"、"辅助生产成本"、"制造费用"等账户。在成本核算过程中,在严格执行国家有关规定的基础上,制定适合于本企业的成本会计工作制度。

项目测试题

一、单项选择题

1. 成本会计职能中,最基础的职能是( )。
   A. 成本控制　　B. 成本核算　　C. 成本分析　　D. 成本考核
2. 成本的经济内涵是( )。
   A. 已耗费的生产资料转移价值
   B. 劳动者为自己劳动所创造的价值
   C. 劳动者为社会劳动所创造的价值
   D. 已耗费的生产资料的价值和劳动者为自己劳动所创造的价值
3. 下列各项中可以列入产品成本的开支是( )。
   A. 购置和建造固定资产的支出　　B. 购置和建造无形资产的支出
   C. 废品损失和停工损失　　D. 企业行政管理部门发生的各项费用
4. 实际工作中的成本开支范围与理论成本包括的内容( )。
   A. 是有一定差别的　　B. 是完全一致的
   C. 是完全不同的　　D. 是可以相互替代的
5. 产品成本按其经济用途分类,一般可分为以下项目( )。
   A. 外购材料　　B. 工资和提取的福利费用

C. 制造费用 D. 其他支出

6. 下列各项中应计入管理费用的是（ ）。
   A. 企业专设销售机构人员的工资　　B. 销售产品发生的广告费用
   C. 企业的职工教育经费　　D. 生产单位管理和组织生产发生的费用

7. 下列各项中属于成本项目的是（ ）。
   A. 直接材料　　B. 外购动力　　C. 折旧费用　　D. 职工薪酬

8. 下列各项中属于直接生产成本的是（ ）。
   A. 辅助生产工人的薪酬　　B. 基本生产工人的薪酬
   C. 车间管理人员的薪酬　　D. 生产车间的办公费

9. 下列费用中，应计入产品成本的是（ ）。
   A. 营业费用　　B. 制造费用　　C. 销售费用　　D. 财务费用

10. 下列各项费用中，不属于期间费用的是（ ）。
    A. 财务费用　　B. 管理费用　　C. 销售费用　　D. 制造费用

11. 下列费用中属于销售费用的是（ ）。
    A. 印花税　　B. 产品广告费用
    C. 融资租赁手续费　　D. 产品销售税金及附加

12. 下列各项中属于费用要素的是（ ）。
    A. 直接材料　　B. 直接人工　　C. 外购材料　　D. 制造费用

13. 下列各项费用中属于成本项目的是（ ）。
    A. 废品损失　　B. 职工薪酬　　C. 管理费用　　D. 销售费用

14. 下列各项中应计入制造费用的是（ ）。
    A. 构成产品实体的原材料费用　　B. 产品生产工人的薪酬
    C. 车间管理人员的薪酬　　D. 工艺用燃料费用

15. 下列各项中不应计入产品成本的是（ ）。
    A. 企业行政管理部门用固定资产折旧费用
    B. 车间厂房设备的折旧费用
    C. 车间生产用设备的折旧费用
    D. 生产车间主任的薪酬

16. 下列各项费用中应计入管理费用的是（ ）。
    A. 银行贷款利息支出　　B. 银行存款利息收入
    C. 企业的技术开发费　　D. 车间管理人员的薪酬

17. 基本生产成本明细账内应该按照（ ）分设专门栏或专行进行登记。
    A. 费用项目　　B. 费用要素　　C. 成本项目　　D. 产品名称

18. 企业的各项财产物资应当按取得时的实际成本计价，物价变动时（ ）。
    A. 可以随其变动计价　　B. 不能随其变动计价
    C. 不得调整其账面价值　　D. 除国家另有规定者外，不得调整其账面价值

19. 正确计算产品成本，应做好的基础工作是（ ）。
    A. 各种费用的分配　　B. 正确划分各种费用界限
    C. 建立和健全原始记录工作　　D. 确定成本计算对象

20. 制造费用是指( )。
 A. 间接生产费用
 B. 间接计入费用
 C. 应计入产品成本的车间生产费用
 D. 应计入产品成本,但没有专设成本项目的各项生产费用
21. 工业企业的制造成本是指( )。
 A. 生产费用、销售费用、管理费用和财务费用之和
 B. 生产一定种类和数量的产品耗费的各种生产费用之和
 C. 生产费用和管理费用之和
 D. 生产费用、管理费用和财务费用之和
22. 企业为生产产品而耗费的原材料费用是( )。
 A. 直接生产费用　　　　　　B. 间接生产费用
 C. 直接计入费用　　　　　　D. 间接计入费用
23. 计入产品的生产费用按( )划分为若干成本项目。
 A. 费用的经济用途　　　　　B. 费用的经济内容
 C. 费用与产品产量的关系　　D. 费用计入产品成本的方式
24. 费用按( )具体可划分为若干要素费用。
 A. 费用的经济用途　　　　　B. 费用的经济内容
 C. 费用与产品生产工艺的关系　D. 费用计入产品成本的方式
25. 企业的房产税、车船使用税、印花税等应计入( )。
 A. 管理费用　　　　　　　　B. 制造费用
 C. 销售费用　　　　　　　　D. 财务费用

二、多项选择题

1. 工业企业的生产经营管理费用包括( )。
 A. 生产费用　　　　　　　　B. 销售费用
 C. 管理费用　　　　　　　　D. 财务费用
2. 在成本核算工作中,应当贯彻实施的要求为( )。
 A. 审核和控制费用,做到管算结合,算为管用
 B. 正确划分各种费用界限
 C. 确定财产物资的计价和价值结转方法
 D. 根据企业生产特点和管理要求,采用适当的成本计算方法
3. 下列不计入生产经营费用的有( )。
 A. 企业购置固定资产的支出　B. 企业对外投资
 C. 企业的固定资产报废清理损失　D. 由于自然灾害造成的非常损失
4. 为了进行成本审核和控制,正确计算产品成本和经营管理费用,必须做好( )基础工作。
 A. 定额的制定和修订　　　　B. 材料物资的计量、收发、领退和盘点
 C. 原始记录　　　　　　　　D. 厂内计划价格的制定和修订

5. 工业企业费用的三大要素是( )。
   A. 物质消耗中的劳动对象方面的费用
   B. 物质消耗中的活劳动方面的费用
   C. 物质消耗中的劳动手段方面的费用
   D. 非物质消耗,即活劳动方面费用
6. 下列属于成本项目的是( )。
   A. 直接材料
   B. 燃料及动力
   C. 直接人工
   D. 制造费用
7. 下列属于要素费用的是( )。
   A. 外购材料
   B. 外购燃料
   C. 职工薪酬
   D. 折旧费
8. 下列属于直接生产费用的是( )。
   A. 生产工人计时工资
   B. 生产工人计件工资
   C. 生产产品用原材料
   D. 车间厂房折旧费用
9. 生产过程中发生的各种耗费包括( )。
   A. 劳动对象的耗费
   B. 劳动手段的耗费
   C. 活劳动的耗费
   D. 对外投资支出
10. 产品成本开支范围包括( )。
    A. 行政管理部门为管理和组织生产而发生的各种管理费用
    B. 为制造产品而消耗的材料费用
    C. 为制造产品而消耗的动力费用
    D. 生产单位为管理和组织生产而发生的费用
11. 要素费用中的薪酬费用,可能计入的会计科目有( )。
    A. 制造费用
    B. 销售费用
    C. 财务费用
    D. 基本生产成本
12. 下列各项费用中属于销售费用的有( )。
    A. 广告费
    B. 委托代销手续费
    C. 展览费
    D. 专设销售机构的办公费
13. 下列各项费用中属于管理费用的有( )。
    A. 工会经费
    B. 职工教育经费
    C. 无形资产摊销
    D. 业务招待费
14. 下列各项费用中属于财务费用的有( )。
    A. 金融机构手续费
    B. 利息费用
    C. 汇兑损失
    D. 坏账损失
15. 下列不能计入产品成本的是( )
    A. 生产单位发生的低值易耗品摊销费
    B. 生产单位购建固定资产的支出
    C. 生产单位发生的季节性停工损失
    D. 生产单位因违约而支出的违约金

16. 成本的作用有(　　)。
   A. 成本是生产耗费的补偿尺度
   B. 成本是进行经营决策和分析的重要依据
   C. 成本是进行经营预测的重要依据
   D. 成本是反映企业工作质量的一个综合性指标
17. 下列应计入管理费用的是(　　)。
   A. 房产税　　　　　　　　　B. 车船使用税
   C. 印花税　　　　　　　　　D. 土地使用税
   E. 增值税
18. "废品损失"账户借方反映的是(　　)。
   A. 可修复废品成本　　　　　B. 可修复废品修复费用
   C. 不可修复废品成本　　　　D. 不可修复废品修复费用
19. 计入产品成本的薪酬费用,按其发生的地点和用途应分别借记(　　)账户。
   A. 基本生产成本　　　　　　B. 制造费用
   C. 辅助生产成本　　　　　　D. 管理费用
20. 下列各项费用应明确计入产品成本的有(　　)。
   A. 生产单位固定资产修理费　B. 生产单位的折旧费
   C. 生产工人薪酬　　　　　　D. 生产单位管理人员的薪酬

三、判断题

1. 产品成本是以货币表现的,为制造产品而耗费的物化劳动中必要劳动的价值之和。(　)
2. 费用按经济内容不同可以分为生产成本和期间费用。(　)
3. 产品成本应当包括生产和销售过程中发生的各种费用,产品成本也称为制造成本。(　)
4. 成本预测是成本决策的结果,正确的成本决策是进行成本预测的前提。(　)
5. 在实际工作中,哪些费用应计入产品成本,哪些费用不计入产品成本,由企业自行决定。(　)
6. 材料费用、外购动力费用、折旧费、制造费用属于要素费用。(　)
7. 燃料费用和职工薪酬都是产品成本项目。(　)
8. 产品成本项目就是计入产品成本的生产费用按经济内容进行分类核算的项目。(　)
9. 成本的经济内涵,就是生产过程中所耗费的生产资料转移价值的货币表现。(　)
10. 生产费用是指企业在生产经营过程中发生的全部支出。(　)
11. 废品损失不应计入产品成本。(　)
12. 产品成本的开支范围是由国家统一规定的。(　)
13. 期间费用是企业在生产经营过程中发生的,应在发生时计入产品成本。(　)
14. 生产费用按其经济用途所进行的分类称为生产费用要素。(　)
15. 企业除对外投资的支出和分配给投资者的利润支出外,其他各项支出均可计入产

品成本。 （　）

16．为了正确计算产品成本，应该也可能绝对地正确划分各个会计期间的费用界限。
（　）

17．为了正确计算产品成本，应该也可能绝对地正确划分各种产品的费用界限。
（　）

18．为了正确计算产品成本，应该也可能绝对地正确划分完工产品和在产品的费用界限。 （　）

19．制定和修订定额，只是为了进行成本控制，与成本核算没有关系。 （　）

20．"辅助生产成本"账户月末应无余额。 （　）

21．"基本生产成本"账户应按成本计算对象设立明细账，账内按成本项目分设专栏或专行。 （　）

22．宪法、会计法、企业会计准则等法规制度均与企业成本会计有关。 （　）

23．生产费用按其计入产品成本的方式可分为直接计入费用和间接计入费用。（　）

24．直接用于产品生产的费用称为直接生产费用，因此它们都能直接计入某产品成本。
（　）

25．实际工作中核算的产品成本，就是理论成本。 （　）

四、实务操作题

1．某企业为进行生产耗用全部外购原材料 15 000 元，辅助材料 7 000 元，低值易耗品 4 000 元。其中：生产产品耗用外购材料 18 000 元，耗用自制材料 5 000 元，基本生产车间消耗材料 3 000 元。本月应计入产品成本的生产工人工资 10 000 元，基本生产车间管理人员工资 2 000 元，行政管理部门人员工资 3 000 元，按工资 14% 提取应付福利费。

要求：（1）计算生产费用要素：外购材料、工资、应付福利费金额。（2）计算成本项目：直接材料、直接人工、制造费用的金额。

2．某企业基本生产车间生产甲、乙、丙三种产品，共计生产工时 25 000 小时，其中：甲产品 5 000 小时，乙产品 10 000 小时，丙产品 10 000 小时。

本月共发生各种间接费用如下：

（1）以银行存款支付劳动保护费 2 400 元。

（2）车间管理人员工资 3 000 元。

（3）按车间管理人员工资的 14% 提取福利费。

（4）车间消耗材料 2 000 元。

（5）车间固定资产折旧费 1 800 元。

（6）车间固定资产修理费 800 元。

（7）支付财产保险费 600 元。

（8）辅助生产成本（修理、运输）转入 1 400 元。

（9）以银行存款支付办公费、水电费、邮电费及其他支出共计 1 880 元。

要求：说明上述资料中哪些支出可以计入产品成本，并尝试按生产工时比例计算出甲、乙、丙三种产品应负担的间接成本金额。

3．某企业 2016 年 3 月发生下列部分经济业务：

(1) 为制造产品消耗材料费用 250 000 元。

(2) 支付本月行政管理人员工资 50 000 元。

(3) 生产设备和生产用房屋计提折旧费用 80 000 元，行政管理部门办公设备和办公用房屋计年折旧费 30 000 元。

(4) 生产过程中发生的废品损失费用 5 000 元。

(5) 购买新的生产设备支付银行存款 500 000 元。

(6) 维修生产厂房支付现金 3 000 元。

(7) 对外投资 20 000 元。

(8) 向投资人分配利润 30 000 元。

(9) 以现金支付职工住院押金 10 000 元。

(10) 以现金支付厂部办公费用 4 000 元。

(11) 以银行存款支付广告费 50 000 元。

(12) 支付财产保险费 8 000 元，其中：生产车间 5 000 元，行政管理部门 3 000 元。

(13) 因违反税法有关规定支付罚金 6 000 元。

(14) 支付本期银行利息支出 600 元。

(15) 支付生产工人薪酬 80 000 元。

(16) 支付生产车间水电费 1 000 元。

(17) 向长期合作单位捐赠货币资金 40 000 元。

要求：对企业上述各项支出做分析评述，并按照其经济用途确定列支渠道。

4. 某工业企业有一个基本生产车间和一个辅助生产车间。前者生产甲、乙两种产品；后者提供一种劳务。9 月份发生有关的经济业务如下：

(1) 生产耗用原材料 13 590 元，其中直接用于甲产品生产 4 500 元，用于乙产品生产 3 200 元，用作基本生产车间机物料 1 210 元；直接用于辅助生产 2 700 元，用作辅助生产车间机物料 930 元；用于企业行政管理部门 1 050 元。

(2) 发生工资费用 7 800 元。其中：基本生产车间生产工人工资 3 400 元（甲产品 1 800 元，乙产品 1 600 元），管理人员工资 1 300 元；辅助生产车间生产工人工资 1 100 元，管理人员工资 500 元；企业行政管理人员工资 1 500 元。

(3) 按工资总额的 14% 计提职工福利费。

(4) 计提固定资产折旧费 6 430 元。其中基本生产车间 2 740 元，辅助生产车间 1 530 元，行政管理部门 2 160 元。

(5) 用银行存款支付其他费用 5 900 元。其中基本生产车间 2 600 元，辅助生产车间 1 400 元，行政管理部门 1 900 元。

该企业辅助生产的制造费用不通过"制造费用"账户核算。辅助生产车间提供的劳务采用直接分配法分配。其中应由基本生产车间负担 5 280 元，应由行政管理部门负担 3 104 元。

要求：(1) 编制各项费用要素及辅助生产费用分配的会计分录。(2) 设置并登记辅助生产成本明细账。(3) 设置并登记制造费用明细账。

5. 根据下表所列经济业务，按正确划分各种费用界限的要求填列相关专栏的合计数。

经济业务	生产成本	期间费用			营业外支出	资本性支出
		管理费用	财务费用	销售费用		
以现金支付生产工人薪酬30 000元	30 000					
支付广告费4 000元				4 000		
公司经理差旅费500元		500				
生产产品直接耗用材料60 000元	60 000					
计提生产工人福利费4 200元	4 200					
支付银行借款利息1 120元			1 120			
行政人员薪酬6 500元		6 500				
财务处购买电脑8 400元						8 400
支付融资手续费50元			50			
支付印花税80元		80				
罚款支出400元					400	
公益性捐赠5 000元					5 000	
车间保险费700元	700					
车间修理费1 000元	1 000					
出售固定资产净损失1 280元					1 280	
固定资产盘亏损失2 500元					2 500	
购买专用车床100 000元						100 000
销售机构办公费5 000元				5 000		
在建工程领用材料8 000元						8 000
购买专利权一项50 000元						50 000
合计	95 900	7 080	1 170	9 000	9 180	166 400

项目二 核算要素费用和综合费用

知识目标

1. 掌握原材料、燃料、低值易耗品费用的归集和分配。
2. 掌握职工薪酬费用的归集和分配。
3. 掌握外购动力费用及其他费用的核算。
4. 理解辅助生产费用的含义及其内容；掌握辅助生产费用分配方法的原理、优缺点及适用范围。
5. 理解制造费用的含义及其内容；掌握制造费用分配方法的原理。
6. 理解废品损失的含义及分类；掌握废品损失的核算原理。
7. 理解停工损失的含义、内容及原因；掌握停工损失的核算原理。

技能目标

1. 能够对给出的各项支出分清费用要素和成本项目。
2. 能够合理地选择材料、燃料及动力费用的分配方法并熟练地运用。
3. 利用所提供资料，进行计件工资和计时工资的计算，并编制工资结算表及汇总表。
4. 能利用相应的工资费用资料进行正确的归集和分配，合理确定人工成本。
5. 能够根据有关费用分配表或其他有关资料编制会计分录。
6. 熟练运用直接分配法、交互分配法、计划成本分配法分配辅助生产费用；能够运用代数分配法、顺序分配法分配辅助生产费用；掌握辅助生产费用分配表的编制及账务处理。
7. 熟练运用生产工时比例法、生产工人工资比例法、机器工时比例法和年度计划分配率法分配制造费用；掌握制造费用分配表的编制及账务处理。
8. 掌握运用按废品实际费用计算法和按废品所耗定额费用计算法计算不可修复废品损失及其账务处理；掌握可修复废品损失的核算及其账务处理。
9. 掌握停工损失的核算。

任务一　构成产品成本的要素费用核算

一、专设成本项目的费用要素的核算

在产品成本核算中,基本生产成本明细账是按照成本计算对象设立、账内分成本项目进行专栏反映。因此,在发生的材料、动力、工资等各项费用要素中,对于直接计入基本生产的产品生产专门设有成本项目的费用,例如构成产品实体的材料费用、用于产品生产的燃料费用或动力费用、生产工人工资等,应单独计入"直接材料"、"燃料及动力"、"直接人工"等专设成本项目中。如果是一种产品生产所发生的费用,则直接计入该种产品成本明细账中相应成本项目;如果是几种产品共同发生的费用,则应采用适当的方法分配计入各种产品成本的明细账中的相应成本项目。即直接费用直接计入,间接费用分配计入。

对于几种产品共同耗用的费用,应采用适当的方法进行分配,其分配方法的关键是"分配标准"的选择。"分配标准"的选择主要考虑以下因素:标准与所分配费用的紧密关联性;标准的资料比较容易取得;计算比较简便且结果相对准确。一般来说,分配标准主要有三类:(1)成果类,如产品的重量、体积、产量、产值等;(2)消耗类,如生产工时、生产工人工资、机器工时、材料消耗量或材料费用等;(3)定额类,如定额消耗量、定额费用(成本)等。

分配共同费用的计算公式,可以概括为:

$$费用分配率 = 待分配的费用总额 \div 分配标准总和$$
$$某分配对象应负担的费用 = 该对象的分配标准 \times 费用分配率$$

二、费用要素中其他用途费用的核算

用于产品生产但没有专设成本项目的费用,例如生产车间的机物料消耗、管理人员工资、办公费用、水电费用、折旧费用等,应计入"制造费用"总账及明细账;用于辅助生产车间的费用,应计入"辅助生产成本"总账及明细账(假设在辅助生产部门不设立"制造费用"账户);用于产品销售、管理和组织企业生产经营活动、筹集生产经营资金等所发生的费用,应分别计入"销售费用"、"管理费用"、"财务费用"等期间费用;用于固定资产购置和建造的非生产经营管理费用,则计入"在建工程"账户。

各种要素费用的分配,都应编制相应的费用分配表,据以编制费用分配的会计分录,并登记相应的总账及明细账。

子任务一 材料费用的核算

一、材料的分类和计价

（一）材料的分类

材料是生产经营过程中耗用的劳动对象,是产品生产过程中不可缺少的物质要素。企业材料品种繁多,收发频繁,为了便于管理和核算,应按材料在生产过程中的用途和所起的作用不同,进行必要的分类。材料一般可分为：

1. 原料及主要材料

它是指经过加工后能够构成产品实体的各种原料和材料。原料一般是指直接取自于自然界的天然状态的劳动对象,如原棉、矿石、原油等。材料一般是指来自于企业已被劳动加工过的劳动对象,如棉纱、钢材等。

2. 辅助材料

它是指直接用于生产,有助于产品形成或便于产品生产进行的,但不构成产品主要实体的各种材料。有的辅助材料同原料及主要材料相结合,有助于产品形成或成为产品的实体,如催化剂、染料、油漆等；有的则是用于创造正常的劳动条件,如照明用具、清洁用具、用品等。

3. 燃料

它是指在生产过程中用来燃烧、发热或为创造正常劳动条件所耗用的各种燃料,包括固体燃料、气体燃料和液体燃料,如煤、燃气、油等。燃料就其在生产过程中的作用来讲,一般属于辅助材料,但由于它是重要能源,其在经济发展中的作用越来越重要,且耗用量在不断增大,在收发保管时具有特殊的要求,因此,将燃料单独列作一类进行管理,在当今尤为必要。

4. 低值易耗品

它是指单位价值在国家规定的标准以下,或使用期限在一年以内,不能列作固定资产的各种物品,如工具、管理用具、玻璃器皿,以及在生产过程中周转使用的包装容器等。

5. 包装物

它是指为了包装本企业产品,并准备随同产品一同出售以及在销售过程中借给或租给供货单位使用的各种包装物品,如箱、桶、瓶、坛、袋等。

6. 修理用备件

它是指用于本企业机器设备和运输设备所专用的各种零件和备件,如轴承、齿轮、阀门、轮胎等。

7. 外购半成品

它是指企业从外部购进需要进一步加工或装配于企业产品、构成产品的主要实体的半成品及零配件,如织布用的棉纱、生产汽车配套的轮胎等。

（二）材料采购成本的核算

财务会计中已讲过,材料采购成本可按计划成本和实际成本计价,本书仅作简略介绍。

1. 材料采购成本的构成内容

材料采购成本包括买价、运杂费、运输途中的合理损耗、入库前的挑选整理费、应负担的税金、外汇价差及其他费用。

2. 材料采购成本的核算

（1）材料采购成本是通过"材料采购"账户进行核算的。该账户借方登记材料的买价和采购费用，贷方登记已验收入库的原材料的实际成本或计划成本。期末一般无余额。若有则在借方，表明尚未到达或已到达但尚未验收入库的在途材料。

（2）按实际成本计价的材料采购成本：主要是采购费用的分摊问题。

（3）按计划成本计价的材料采购成本：主要是核算材料成本差异问题。

"材料成本差异"账户属于资产类账户，是"原材料"账户的备抵账户，其借方登记材料实际成本大于计划成本超支差异；贷方登记实际成本小于计划成本的节约差异以及发出材料的实际成本与计划成本的差异（超支用蓝字，节约用红字）。月末余额若在借方，表明超支；若在贷方，表明节约。

二、材料发出的核算

（一）材料发出的凭证

企业发出材料，主要是发给生产车间或管理部门使用，另外也可以对外销售或委托外单位加工等。而材料的领发，不仅数量频繁，而且涉及面广。因此，应严格材料收发制度，完善手续，填制正确的领发凭证。通常材料的领发凭证主要有以下几种：

1. 领料单

领料单是一次性使用有效的凭证。一般适用于没有材料消耗定额或不经常使用的材料。领料单采用一单一料制，一式三联，一联留存备查，一联由仓库据以记录材料明细账，一联交财会部门用来进行材料发出核算。其一般格式如表 2-1 所示。

表 2-1 领料单

领料单位：　　　　　　　　　　　　　　　　　　凭证编号：
用　　途：　　　　　　年　　月　　日　　　　　发料仓库：

| 材料类别 | 材料编号 | 材料名称 | 规格型号 | 数量 | | 单价 | 金额 |
				请领	实领		

登账：　　　　　　　　　　组长：　　　　　　　　　　领料人：

2. 领料登记表

领料登记表是一种多次使用有效的凭证，一般采用一单一料制。适用于生产车间、班组常用的、不便于采用其他凭证进行核算的消耗材料。其格式如表 2-2 所示。

表 2-2　领料登记表

领料部门：　　　　　　　　　　年　月　日　　　　　　　发料仓库：

材料类别	材料编号	材料名称	规格	计量单位

日期	领用数量	累计领用数量	领料人	发料人

材料单价(元)		金额合计(元)		

3. 限额领料单

限额领料单是一种多次使用的累计领料凭证，在有效期内只要领用的数量不超过限额，就可以连续领料。适用于经常使用且有领用限额的材料发出业务。限额领料单一般一式三联，一联由供应部门或生产计划部门签发后留存备查，一联交给材料领用单位据以领料，另一联则由材料仓库保管并据以发料。限额领料单一般格式如表 2-3 所示。

表 2-3　限额领料单

编号：　　　　　　　　　　　年　月　日　　　　　　　材料名称：
领料部门：　　　　　　　　　　　　　　　　　　　　　计划产量：
发料仓库：　　　　　　　　　　　　　　　　　　　　　单位消耗定额：

材料类别	材料编号	材料名称	规格	计量单位	领料数量	实发数量	单价	金额	备注

领料日期	请领数量	实发数量	限额结存额	领料人签章	发料人签章

供应部门负责人：　　　　　　　　　　　　　　　生产部门负责人：

4. 退料单

采用上述各种领料凭证领到车间或部门的材料，月末如果未用完，应办理退料手续。对于下月不再使用的材料，应填写"退料单"；对于下月还要继续使用的材料，可办理假退料手续，即填制本月的"退料单"与下月的"领料单"，并在仓库办理退料和领料手续，但材料仍在原车间或部门，并不退回仓库。退料单的一般格式如表 2-4 所示。

表 2-4　退料单

退料部门：　　　　　　　　　　　　　　　　　编号：
原领料批号：　　　　　　　　　　　　　　　　日期：　年　月　日

退料名称	料号	退料量	实收量	退料原因

登账：　　　　　　点收：　　　　　　主管：　　　　　　退料人：

(二)材料发出的数量核算

发出材料的数量核算有两种方法,即永续盘存制和定期盘存制。

1. 永续盘存制

也称账面盘存制。采用这种方法,必须按材料的具体品种设置材料明细账,逐笔或逐日登记收入和发出的数量,因而随时可以从账上结算出每种材料的收、发、存数量。其计算公式如下:

$$期末结存数量 = 期初结存数量 + 本期收入数量 - 本期发出数量$$

2. 定期盘存制

也称实地盘存制。采用这种方法,是在期末通过实地盘点实物来确定材料发出的数量。其计算公式如下:

$$材料发出数量 = 期初结存数量 + 本期收入数量 - 期末结存数量$$

(三)材料发出的计价

材料发出的核算,其关键是必须对发出材料进行正确计价。材料发出的计价有按实际成本计价和按计划成本计价两种方法。

1. 按实际成本计价

按实际成本计价进行材料收发核算时,由于各批材料购入时实际成本不一致,发出材料按哪批材料的实际成本计价就成为核算工作中应解决的一个重要课题。通常情况下,耗用材料的实际成本计价方法有以下几种:

(1)先进先出法。它是以发出材料按最早购进材料价格进行计价的一种方法。在发出的材料数量超过最早购进的数量时,超过部分要依次按随后购进的价格计算。这种方法是假定先收到材料先发出使用,并根据这种假定的成本计算顺序对发出材料和期末库存材料进行计价。采用该种方法计算的耗用材料成本和结存材料成本都比较实际,并能逐笔登记发出材料的金额,减少月末核算工作量,有助于月末结账速度。但计算耗用材料成本时,要依次查明各批次购进材料的实际成本,核算手续烦琐。它适用于收发业务次数不多的企业。

(2)加权平均法。它是以材料的数量作为权数计算每一种材料的平均单价,由于计算的数据不同,可以分为移动加权平均法和一次加权平均法两种。

移动加权平均法,是以收入各批材料数量与各批收入前的结存数量为权数计算平均单价的一种方法。每次进货后都要重新计算材料平均单价,单价随每次进货而变动。

$$移动平均单价 = (本次收货前结存金额 + 本次进货实际成本) \div (本次收货前结存数量 + 本次进货的数量)$$

$$发出材料实际成本 = 发出材料数量 \times 移动平均单价$$

采用该种方法,可以加快结账速度,有利于会计核算工作和会计报表的编制及时进行。但平时核算工作量较大。它适用于进货次数不多的企业。

一次加权平均法,是以月初和各批进货数量为权数计算材料平均单价的一种方法。计算公式如下:

$$加权平均单价 = (期初结存材料实际成本 + 本期各批进货材料实际成本) \div (期初结存材料数量 + 本期各批进货材料的数量)$$

发出材料实际成本＝发出材料数量×加权平均单价

采用该种方法，全月只计算一次平均单位，月内发出材料和结存材料的单价和金额均不能计算登记，发料凭证的计价和材料明细账登记金额的工作只能集中在月末进行，也会影响材料核算工作的均衡性和及时性。但该方法可以大大减少计价的工作量。它适用于材料收发业务频繁的企业。

（3）个别计价法。它是对每次购进的材料分别进行记录，并在每次购进的材料上标明单价。实际领用时，领用哪批材料就用哪批材料的单价。这种方法的工作量较大，但结果较为准确，一般适用于价值较高、数量较少的材料。

2．按计划计价

采用计划成本计价，发出材料时按材料的类别和用途，根据事先确定的计划单价，按月汇总编制"发出材料汇总表"，据以登记材料总分类账。在计算产品成本时，应将发出材料的计划成本调整为实际成本。其调整方法如下：

首先，根据材料差异明细账计算材料成本差异率，即材料成本差异额与材料计划成本之间的比率，计算结果为正数表示超支，结果为负数表示节约。

材料成本差异率＝（材料实际成本－材料计划成本）÷材料计划成本

本月发出材料的成本差异额＝发出材料计划成本×材料成本差异率

本月发出材料的实际成本＝本月发出材料计划成本±发出材料成本差异额

材料成本差异率的计算方法有本月材料成本差异率和上月材料成本差异率两种方法。通常情况下，本月发出材料应负担的材料成本差异，应按本月的成本差异率计算。

采用计划成本计价，可以考核和分析材料采购成本计划的执行情况；有利于考核和分析各车间、部门的成本；可以简化和加速材料核算和产品成本核算工作。一般适用于材料品种、规格繁多，材料的计划成本比较准确、稳定的企业。

（四）材料费用的分配方法

材料费用的分配是指按材料用途，把费用计入相关的成本费用账户。

（1）用于产品生产耗用的原料及主要材料，属于直接费用，构成产品实体并能直接确认归属对象的材料费用，应直接计入该成本计算对象成本明细账中的直接材料项目；由几种产品共同耗用的材料费用，属于间接费用，应选择适当的方法分配计入各成本计算对象成本明细账中的直接材料项目。

（2）基本生产车间一般消耗的材料费用应计入"制造费用"总账及其明细账。

（3）辅助生产车间消耗的材料费用应计入"辅助生产成本"总账及其明细账。

（4）行政管理部门消耗的材料费用应计入"管理费用"总账及其明细账。

（5）销售部门消耗的材料费用应计入"销售费用"总账及其明细账。

（6）在建工程领用的材料费用应计入"在建工程"总账及其明细账。

对于由几种产品共同耗用的材料费用，应采用适当的分配标准在各产品之间进行分配。分配标准的选择应与费用的发生具有一定的因果关系。一般材料费用的分配方法有：定额耗用量比例法、定额费用比例法、重量比例法、实际产量分配法等。下面着重介绍前两种分配方法。

(一) 定额耗用量比例法

定额耗用量比例法,是指以各种产品的材料定额耗用量为分配标准,来分配材料费用的一种方法。材料费用分配是通过编制"材料费用分配表"来进行的。其计算公式如下:

某产品材料定额耗用量 = 该产品实际产量 × 单位产品材料消耗定额

材料费用分配率 = 被分配材料费用总额 ÷ ∑各种产品材料定额耗用量

某产品应负担的材料费用 = 该种产品材料定额耗用量 × 材料费用分配率

【例 2-1】 某企业 2016 年 3 月生产甲、乙、丙三种产品,产量分别为 20 件、40 件和 60 件,共同耗用 A 种原材料 1 000kg,单价 12 元,计 12 000 元,产品单位消耗定额为甲产品 30kg、乙产品 20kg、丙产品 10kg。根据以上资料编制"直接材料费用分配表"(如表 2-5 所示),编制会计分录。

表 2-5 材料费用分配表

材料名称:A 材料　　　　　　　　　　2016 年 3 月　　　　　　　　　　单位:元

产品名称	产量(件)	单耗定额(kg)	定额耗用量(kg)	分配率	分配金额
甲产品	20	30	600	6	3 600
乙产品	40	20	800	6	4 800
丙产品	60	10	600	6	3 600
合 计			2 000	6	12 000

计算过程如下:

① 甲产品材料定额耗用量 = 20 × 30 = 600(kg)

乙产品材料定额耗用量 = 40 × 20 = 800(kg)

丙产品材料定额耗用量 = 60 × 10 = 600(kg)

② 材料费用分配率 = (1 000 × 12) ÷ (600 + 800 + 600) = 6(元/kg)

③ 甲产品应负担的材料费用 = 600 × 6 = 3 600(元)

乙产品应负担的材料费用 = 800 × 6 = 4 800(元)

丙产品应负担的材料费用 = 600 × 6 = 3 600(元)

会计分录:

借:基本生产成本——甲产品(直接材料)　　　　　　　　　　3 600.00

　　　　　　——乙产品(直接材料)　　　　　　　　　　4 800.00

　　　　　　——丙产品(直接材料)　　　　　　　　　　3 600.00

　　贷:原材料——A 材料　　　　　　　　　　　　　　　　12 000.00

本例中如果需要考核企业材料定额执行情况,分析产品成本中的材料费用支出的节约或超支原因,可采用计算材料消耗量分配率的办法分配材料费用。计算过程如下:

① 甲产品材料定额耗用量 = 20 × 30 = 600(kg)

乙产品材料定额耗用量 = 40 × 20 = 800(kg)

丙产品材料定额耗用量 = 60 × 10 = 600(kg)

② 材料消耗量分配率 = 1 000 ÷ (600 + 800 + 600) = 0.5

③ 甲产品消耗的材料数量 = 600×0.5 = 300(kg)

乙产品消耗的材料数量 = 800×0.5 = 400(kg)

丙产品消耗的材料数量 = 600×0.5 = 300(kg)

④ 甲产品应负担的材料费用 = 300×12 = 3 600(元)

乙产品应负担的材料费用 = 400×12 = 4 800(元)

丙产品应负担的材料费用 = 300×12 = 3 600(元)

则 A 材料费用分配表可编制如表2-6 所示。

表2-6 材料费用分配表

材料名称:A 材料　　　　　　　　　　2016 年 3 月　　　　　　　　　　单位:元

产品名称	产量	单耗定额	定额耗用量	分配率	分配数量	单价	分配金额
甲产品	20	30	600	0.5	300	12	3 600
乙产品	40	20	800	0.5	400	12	4 800
丙产品	60	10	600	0.5	300	12	3 600
合　计			2 000	0.5	1 000	12	

在实际工作中,材料费用的分配表是根据领料凭证、发料凭证汇总表等原始凭证,按用途及部门编制的。

【例2-2】 大华公司2016年3月根据领料单、退料单、发出材料汇总表等编制材料费用分配表如表2-7 所示。

表2-7 材料费用分配汇总表

2016 年 3 月　　　　　　　　　　单位:元

应借科目		成本或费用项目	直接计入	分配计入			合计
				耗用量	分配率	金额	
基本生产成本	甲产品	直接材料	20 000	1 400	12	16 800	36 800
	乙产品	直接材料	35 000	3 600	12	43 200	78 200
	小　计		55 000	5 000	12	60 000	115 000
制造费用	一车间	机物料	3 000				3 000
	二车间	机物料	2 800				2 800
	小　计		5 800				5 800
辅助生产成本	供电车间	机物料	5 600				5 600
	机修车间	机物料	3 800				3 800
	小　计		9 400				9 400
管理费用		材料费	1 300				1 300
销售费用		材料费	2 400				2 400
在建工程		材料费	40 000				40 000
合　计			113 900			60 000	173 900

会计分录：

借：基本生产成本——甲产品（直接材料） 36 800.00
　　　　　　　　——乙产品（直接材料） 78 200.00
　　制造费用——第一车间（机物料） 3 000.00
　　制造费用——第二车间（机物料） 2 800.00
　　辅助生产成本——供电车间（机物料） 5 600.00
　　辅助生产成本——机修车间（机物料） 3 800.00
　　管理费用——材料费 1 300.00
　　销售费用——材料费 2 400.00
　　在建工程——材料费 40 000.00
　　贷：原材料——×材料 173 900.00

（二）定额费用比例法

定额费用比例法，是以各种产品材料定额费用为分配标准，来分配材料费用的一种方法。其计算公式如下：

某产品材料定额费用 = 该产品实际产量 × 单位产品材料消耗定额 × 材料计划单价

材料费用分配率 = 材料费用总额 ÷ Σ 各产品材料定额费用

某产品应负担的材料费用 = 该产品材料费用定额 × 材料费用分配率

【例 2-3】 某企业生产甲产品 100 件，乙产品 30 件，甲产品材料消耗定额为 10 公斤，乙产品为 20 公斤，材料的计划单价为 5 元。本月发生共同费用 8 800 元。

根据以上资料编制"直接材料费用分配表"（如表 2-8），编制会计分录。

表 2-8　直接材料费用分配表

材料名称：A 材料　　　　20××年　月　　　　　　　　　　单位：元

产品名称	单位	产量	单位定额成本 消耗定额	单位定额成本 计划单价	单位定额成本 金额	定额成本	分配率	分配金额
甲产品	件	100	10	5	50	5 000		5 500
乙产品	件	30	20	5	100	3 000		3 300
合计						8 000	1.1	8 800

注：材料费用分配率 = 8 800 ÷ 8 000 = 1.1

会计分录：

借：基本生产成本——甲产品 5 500.00
　　　　　　　　——乙产品 3 300.00
　　贷：原材料——A 材料 8 800.00

在生产多种产品或多种产品共同耗用多种材料费用的情况下，可采用定额费用比例分配法进行分配。

【例 2-4】 某企业生产甲、乙两种产品，共同耗用 A、B 两种材料，共计 37 620 元。本月投产甲产品 150 台，乙产品 120 台。甲产品材料消耗定额为：A 材料 6 千克，B 材料 8 千克；乙产品消耗定额为：A 材料 9 千克，B 材料 5 千克。A 材料的单价为 10 元，B 材料的单价为 8

元。试计算分配甲、乙产品各自应负担的材料费。

① 计算甲、乙产品材料定额费用：
甲产品 A 材料定额费用 = 150 × 6 × 10 = 9 000（元）
甲产品 B 材料定额费用 = 150 × 8 × 8 = 9 600（元）
甲产品材料定额费用合计　　　　18 600（元）
乙产品 A 材料定额费用 = 120 × 9 × 10 = 10 800（元）
乙产品 A 材料定额费用 = 120 × 5 × 8 = 4 800（元）
乙产品材料定额费用合计　　　　15 600（元）

② 计算材料费用分配率 = 37 620 ÷ (18 600 + 15 600) = 1.1

③ 计算各产品负担的材料费用：
甲产品应负担的材料费用 = 18 600 × 1.1 = 20 460（元）
乙产品应负担的材料费用 = 15 600 × 1.1 = 17 160（元）

编制材料费用分配表如表 2-9 所示。

表 2-9　材料费用分配表

产品	产量（台）	单耗定额				定额费用（元）			分配率	分配金额（元）
		A 材料		B 材料		A 材料	B 材料	合计		
		数量	单价	数量	单价					
甲产品	150	6	10	8	8	9 000	9 600	18 600	1.1	20 460
乙产品	120	9	10	5	8	10 800	4 800	15 600	1.1	17 160
合计								34 200	1.1	37 620

会计分录：(略)。

三、低值易耗品摊销的核算

低值易耗品在领用以后，其价值应该摊销计入成本、费用。用于生产的低值易耗品摊销计入制造费用；用于辅助生产的，应计入辅助生产成本；用于企业组织和管理生产经营活动的，应计入管理费用。

低值易耗品的摊销方法主要有：一次摊销法、五五摊销法。

1. 一次摊销法

领用时，其价值一次计入当期成本、费用。即借记"制造费用"、"管理费用"、"辅助生产成本"等账户，贷记"周转材料"账户。

报废时，其残料价值冲减有关成本、费用。即借记"原材料"等账户，贷记"制造费用"、"管理费用"等账户。

【例 2-5】　2015 年 10 月 5 日，某企业第二基本生产车间刀具报废一批，残料价值 200 元，已入材料库。当月领用刀具一批，计划成本 2 000 元，材料成本差异率 2%。采用一次摊销法核算。

编制会计分录如下：

（1）本月领用刀具一批的会计分录：

借：制造费用——第二基本生产车间　　　　　　　　　　　　2 040.00
　　贷：周转材料——低值易耗品——在库低值易耗品　　　　　　　　　　2 000.00
　　　　材料成本差异——低值易耗品　　　　　　　　　　　　　　　　　　40.00

（2）报废刀具残料回收

借：原材料　　　　　　　　　　　　　　　　　　　　　　　　200.00
　　贷：制造费用——第二基本生产车间　　　　　　　　　　　　　　　　200.00

一次摊销法的特点是核算简便，但没有如实反映在用低值易耗品的数量情况以及在用低值易耗品的价值变化过程，这不利于对在用低值易耗品的实物进行控制。同时，将一批低值易耗品的价值一次全部摊销到成本费用中去，也在一定程度上影响成本、费用的均衡性。所以，这种摊销方法只适用于单位价值较低或容易损耗，而且一次领用数量不大的低值易耗品。

2. 五五摊销法

五五摊销法是指在领用低值易耗品时，将低值易耗品计划成本或实际成本从"在库低值易耗品"账户转入"在用低值易耗品"账户，同时将领用的低值易耗品价值的50%作为摊销额，摊入有关成本、费用；低值易耗品报废时，再摊销剩余的50%价值，同时处理报废低值易耗品的残值，注销摊销额并注销在用低值易耗品价值，分摊材料成本差异。

【例2-6】　某制造企业库存低值易耗品采用计划成本计价核算。2015年5月第一基本生产车间领用刀具一批，计划成本8 000元，材料成本差异率2%。采用五五摊销法核算。编制会计分录如下：

（1）低值易耗品出库的会计分录：

借：周转材料——低值易耗品——在用低值易耗品　　　　　　8 000.00
　　贷：周转材料——低值易耗品——在库低值易耗品　　　　　　　　　8 000.00

（2）领用时摊销50%价值的会计分录：

借：制造费用——第一基本生产车间　　　　　　　　　　　　4 000.00
　　贷：周转材料——低值易耗品——低值易耗品摊销　　　　　　　　　4 000.00

"五五摊销法"的核算过程反映出了这批在用低值易耗品的原值为8 000元，由于已经摊销了50%的价值，所以利用"在用"和"摊销"两个账户进行对比，可以反映出在用低值易耗品的净值。

【例2-7】　按【例2-6】的资料，企业的第一基本生产车间2015年10月报废工具一批，清点后发现报废的这批工具计划成本为5 000元。这批工具价值250元的残料已经入原材料库。本月低值易耗品的材料成本差异2%。编制会计分录如下：

（1）摊销另外50%的价值计2 500元的会计分录：

借：制造费用——第一基本生产车间　　　　　　　　　　　　2 500.00
　　贷：周转材料——低值易耗品——低值易耗品摊销　　　　　　　　　2 500.00

（2）回收残料的会计分录：

借：原材料　　　　　　　　　　　　　　　　　　　　　　　　250.00
　　贷：制造费用——第一基本生产车间　　　　　　　　　　　　　　　250.00

（3）注销在用低值易耗品价值并转销摊销额：

| 借：周转材料——低值易耗品——低值易耗品摊销 | 5 000.00 |
| 贷：周转材料——低值易耗品——在用低值易耗品 | 5 000.00 |

（4）摊销材料成本差异：

超支差异：5 000 x2% = 100（元）

会计分录：

| 借：制造费用——第一基本生产车间 | 100.00 |
| 贷：材料成本差异——低值易耗品 | 100.00 |

采用五五摊销法，低值易耗品报废前，在用低值易耗品的账面上一直记录着在用低值易耗品的价值和数量，这有利于对在用低值易耗品进行管理控制，使得在用低值易耗品的种类、数量以及价值状况都有账可查。因此，这种核算方法是一种比较科学、合理的方法。适用于使用期限较长、单位价值较高的低值易耗品。根据管理的要求，在用低值易耗品账户可以按车间、部门分设明细账。

四、包装物的核算

包装物是指为包装产品而储备的各种包装容器，如桶、箱、瓶、坛、袋等用于储存和保管产品的材料。

由于包装物不像产品销售一样都在销售时实现其价值，有的价值较小，随同产品销售的同时也出售了；有的价值较大，在产品销售时可采用出借或出租的形式，由购货企业暂时存放。为了能保证购货方在购买产品后及时归还包装物，企业要收取一定的押金。押金的收取有价内收取和价外加收两种方式。根据企业成本核算的要求，对包装物可单独计价也可不单独计价。对单独计价收取的包装物押金不并入销售额计算纳税，但同时因逾期（一般为一年）未收回的包装物不再退还的押金应按所包装货物的适用税率征收增值税。现就包装物的会计核算举例如下。

1. 生产过程中作为产品组成部分的包装物

其价值随同产品体现，应缴纳增值税，成本计入"基本生产成本"科目。

【例2-8】 企业有包装用纸箱100个，单位实际成本100元，随产品一同出售，共收取货款510 000元，增值税86 700元。

借：银行存款	596 700.00
贷：主营业务收入	510 000.00
应交税费——应交增值税（销项税额）	86 700.00

结转包装物成本：

| 借：基本生产成本 | 10 000.00 |
| 贷：周转材料——包装物 | 10 000.00 |

2. 随同产品出售不单独计价的包装物

在企业销售产品、自制半成品等过程，借记"主营业务收入"科目，贷记"周转材料"科目。

【例2-9】 企业销售产品时包装用纸箱100个，单位实际成本100元，随产品一同出售，共收取货款510 000元，增值税86 700元。

| 借：银行存款 | 596 700.00 |

    贷：主营业务收入   510 000.00
        应交税费——应交增值税（销项税额）   86 700.00
结转成本：
    借：主营业务成本   10 000.00
        贷：周转材料——包装物   10 000.00

3. 随同产品出售而单独计价的包装物

应单独反映其销售成本（或支出），于销售发出时视同材料销售处理，借记"其他业务成本"科目，贷记"周转材料"科目。

【例2-10】 企业有包装用纸箱100个，单位实际成本100元，随产品一同出售，单独计价，收取货款510 000元，增值税86 700元。

    借：银行存款   596 700.00
        贷：主营业务收入   500 000.00
            其他业务收入   10 000.00
            应交税费——应交增值税（销项税额）   86 700.00
结转成本：
    借：其他业务成本   10 000.00
        贷：周转材料——包装物   10 000.00

4. 随同产品出售而出租的包装物

收到的租金为非主营业务收入，计入"其他业务收入"科目，并计提增值税。其成本计入"其他业务成本"科目，贷记"周转材料"。

【例2-11】 某增值税一般纳税人企业向某单位出租未用铁桶100个，单位实际成本70元，收到出租包装物押金8 000元，租金2 000元，全部款项已存入银行。

① 企业领用出租包装物时：
    借：周转材料——出租包装物   7 000.00
        贷：周转材料——包装物——库存未用包装物   7 000.00
② 收到出租包装物押金：
    借：银行存款   8 000.00
        贷：其他应付款——存入保证金   8 000.00
③ 收到出租包装物租金：
    借：银行存款   2 000.00
        贷：其他业务收入   1 709.40
            应交税费——应交增值税（销项税额）   290.60

逾期未退的包装物押金收入应视同包装物销售，作为"其他业务收入"处理，并计提增值税计入"其他业务成本"科目。如上例，逾期未退包装物押金8 000元，计入"其他业务收入"科目。

    借：其他应付款——存入保证金   8 000.00
        其他业务成本   1 360.00
        贷：其他业务收入   8 000.00
            应交税费——应交增值税（销项税额）   1 360.00

结转成本：
借：其他业务成本　　　　　　　　　　　　　　　　　　　　　　　7 000.00
　　贷：周转材料——出租包装物　　　　　　　　　　　　　　　　　7 000.00

5. 随同产品出售而出借的包装物

包装物成本的摊销应作为销售费用。若采用分次摊销方法的，应在第一次领用时，借记"预付账款"科目，贷记"包装物"科目。分次摊销时，借记"销售费用"科目，贷记"预付账款"科目。

【例 2-12】　按【例 2-11】的资料，若是出借包装物 100 个，单位成本 70 元，且收到押金 8 000 元，全部款项已存入银行。则企业在领用出借包装物、收取押金、收取逾期没收押金时的账务处理与上述相同，但在结转成本时，应为：

借：销售费用　　　　　　　　　　　　　　　　　　　　　　　　　7 000.00
　　贷：周转材料——出借包装物　　　　　　　　　　　　　　　　　7 000.00

6. 对于少数出租、出借包装物

在产品出售时，已包含包装物的价值，而在销售之外另加的押金，对逾期没收的收入，应先缴增值税，冲减"其他应付款"科目，余额转入"营业外收入"科目。

子任务二　燃料与动力费用核算

一、燃料费用的核算

燃料实际上也是材料。

1. 直接用于产品生产的燃料

直接用于产品生产的燃料计入产品成本明细账中的"直接材料"项目。若燃料的数量较大，则应在基本生产明细账中专门设置"燃料及动力"成本项目，归集产品生产中耗用的燃料费用，以便于对其使用情况进行分析和考核。此种情况下，对于直接用于产品生产的燃料，能分清是由哪种产品耗用的，则应根据有关原始凭证，直接计入该产品成本明细账中的"燃料及动力"项目；如果是几种产品共同耗用的燃料，领用时无法分清每种产品的耗用量，则需要按照一定的标准在各种产品之间进行分配，再计入各有关产品成本明细账中的"燃料及动力"项目。

对于几种产品共同耗用的燃料费用的分配标准，可以参照原材料费用的分配标准，如定额耗用量、定额费用等，也可以用耗用原材料费用的比例进行分配。

2. 辅助生产车间耗用的燃料

辅助生产车间耗用的燃料，应计入"辅助生产成本"总账及其明细账；基本生产车间一般耗用的燃料，应计入"制造费用"总账及其明细账；企业管理部门耗用的燃料，应计入"管理费用"总账及其明细账；专设销售机构耗用的燃料，应计入"销售费用"总账及其明细账；在建工程耗用的燃料，应计入"在建工程"账户。

二、动力费用的核算

动力费用是指企业用于产品生产、照明、取暖等目的的外购及自制的电力、热力、风力和蒸气等。动力分自制和外购两种,自制动力部分通过辅助生产组织核算。因此,这里主要是介绍外购动力的核算。

发生的动力费用与产品生产有关联的,有三种处理方式。当动力费用在产品成本中所占的比重较大时,为体现重要性原则和便于考核,一般应单独设置"燃料及动力"成本项目;当动力费用在成本中所占的比重不大时,从动力费用属于直接费用、燃料是材料类的角度考核,可以将其并入"直接材料"项目;从动力费用一般为间接费用角度考虑,为简化核算,可将其并入"制造费用"项目中。

外购动力费用的分配,应由财会部门根据所支付的外购动力费用额及各部门耗用外购动力的数量进行分配。在有仪表的情况下,根据仪表记录及动力单价计算;在无仪表记录的情况下,可按生产工时比例、定额消耗量比例、机器工时比例等方法进行分配。

根据受益对象承担的费用,外购动力费用作如下账务处理:
(1)产品生产用动力费,应借记"基本生产成本"账户(或"制造费用"账户)。
(2)辅助生产用动力费,应借记"辅助生产成本"账户。
(3)基本生产车间用动力费,应借记"制造费用"账户。
(4)行政管理部门用动力费,应借记"管理费用"账户。
贷方应记"应付账款"、"银行存款"等账户。

【例2-13】 某企业2016年6月耗用外购电力费用26 000元,根据仪表记录,产品生产用电18 000元,车间一般照明用电3 600元,企业行政管理部门用电4 400元。当月生产A、B、C三种产品,发生的实际工时分别为20 000小时、30 000小时和10 000小时。要求采用生产工时比例分配电费。

表2-10 动力费用分配表

2016年6月 单位:元

受益对象	生产工时	分配率	分配金额
A产品	20 000	0.3	6 000
B产品	30 000	0.3	9 000
C产品	10 000	0.3	3 000
小计	60 000	0.3	18 000
生产车间			3 600
行政部门			4 400
合计			26 000

会计分录:
借:基本生产成本——A产品　　　　　　　　　　　　　　6 000.00
　　　　　　　　——B产品　　　　　　　　　　　　　　9 000.00
　　　　　　　　——C产品　　　　　　　　　　　　　　3 000.00
　　制造费用——生产车间　　　　　　　　　　　　　　　3 600.00
　　管理费用　　　　　　　　　　　　　　　　　　　　　4 400.00
　　贷:应付账款——供电公司　　　　　　　　　　　　　26 000.00

子任务三　职工薪酬费用的核算

一、职工薪酬组成内容

职工薪酬是指企业为获得职工提供的服务给予各种形式的报酬以及其他相关支出,包括企业为职工在职期间和离职后提供的全部货币性薪酬和非货币性福利,以及提供给职工配偶、子女或其他被赡养人的福利等。

职工薪酬是构成产品成本的重要内容。主要包括以下几个组成部分:

（一）职工工资

构成职工工资总额的有计时工资、计件工资、奖金、津贴和补贴、加班加点工资以及特殊情况下支付的工资。其中,奖金指的是支付给职工的超额劳动报酬和增收节支劳动报酬,包括生产奖、节约奖、劳动竞赛奖等。津贴和补贴是指根据国家规定,为补偿职工额外或特殊劳动消耗,以及为了保证职工的生活水平不受特殊条件（如物价上升等）影响而支付给职工的各种津贴和补贴,津贴包括夜班津贴、高空作业津贴、野外作业津贴、井下津贴、高温津贴、职务津贴等;补贴包括粮油价格补贴、副食品价格补贴、煤气补贴等。加班工资是按加班加点的时间和加班加点的工资标准支付给职工的劳动报酬。特殊情况下支付的工资包括:根据国家规定,按计件工资标准或计时工资标准的一定比例支付给病假、产假、婚丧假、探亲假、定期休假、停工学习、执行国家或社会义务等职工的工资。还包括附加工资和保留工资。

（二）职工福利费

职工福利费是指企业为职工集体提供的福利,如补助生活困难职工等。职工福利费属于职工薪酬,在会计处理上采用先提取后使用的办法,提取比例由企业根据自身实际情况合理确定。在新的企业会计准则体系（2006）和修订的《企业财务通则》（2006）中规定:职工福利费按职工工资总额的14%提取。

（三）社会保险费

社会保险费是指医疗保险费、养老保险费、失业保险费、工伤保险费和生育保险费等。具体是企业按照国家规定的基准和比例计算。此外,以商业保险形式提供给职工的各种保险待遇也属于企业提供的职工报酬。

（四）住房公积金

住房公积金是指企业根据国家新修订的《住房公积金管理条例》规定的基准和比例计算,向住房公积金管理机构缴存的住房公积金。

（五）工会经费和职工教育经费

工会经费和职工教育经费是指企业为了改善职工文化生活和提高职工业务素质,用于开展工会活动和职工教育及职业技能培训,根据国家规定的基准和比例,从成本费用中提取的金额。工会经费和职工教育经费分别按职工工资总额的2%和1.5%计提,计入管理费用。

(六)非货币性福利

非货币性福利是指企业以自产产品或外购商品发给职工作为福利,将自己拥有的资产无偿提供给职工使用,为职工无偿提供医疗保健服务等。

(七)辞退福利

辞退福利是指企业由于实施主辅业分离、企业改制、分流安置富余人员、实施重组或改组计划、职工不能胜任等原因,在职工劳动合同到期之前解除与职工的劳动关系,或者为鼓励职工自愿接受裁减而提出补偿建议的计划中给予的经济补偿。

(八)股份支付

股份支付是指企业为获得职工和其他方面提供的服务而授予权益工具,或者承担以权益工具为基础确定的负债的交易。

二、职工薪酬的核算

(一)职工薪酬核算的凭证

建立完整、正确的原始凭证和记录,是正确核算职工薪酬费用的基础工作。核算工资费用的原始记录主要有工资卡、考勤记录和工作量记录等。

1. 工资卡

工资卡是反映企业职工就职、离职、调动、职务变动、工资级别、工资标准和各种津贴变动的原始记录,是计算工资费用的重要依据。

2. 考勤记录

考勤记录是反映职工出勤和缺勤情况的记录,是分析和考核职工工作时间利用情况的原始记录,是计算职工工资的重要依据。考勤方法一般有考勤簿和考勤卡等。

3. 工作量记录

工作量记录是记录工人或小组在出勤时间内完成工作和耗用工时的原始记录。它是统计工时和产量,监督生产作业计划完成情况,考核劳动生产率,计算计件工资和产品成本的重要依据。工作量记录一般有工作通知单、工序进程单、工作班产量记录等形式。

除此而外,如果发生各种代扣款项,也应取得原始记录,如代扣房租通知单、水电费扣缴通知单、停工单、废品通知单等,也应在月末结算之前交财会部门,以便据以扣款。

(二)职工工资的计算

工资计算是做好工资费用核算的基础。它包括计时工资的计算和计件工资的计算。

1. 计时工资的计算

计时工资,是根据考勤记录登记的职工出勤时间或缺勤时间,并按照每人的工资标准计算的。工资标准按其计量的时间长短不同,形成了年薪制、月薪制、周薪制、日薪制等不同的计算和结算制度。

工资标准如按日计算的,称为日薪制;如按月计算的,称为月薪制。

日薪制计算工资是以日薪率乘以某月出勤日数即可。如果有一日出勤不满 8 小时的,应按日薪计算每小时工资,从而计算应扣的缺勤(小时)工资。

采用月薪制,不论各月日历日数为多少,职工每月的标准工资(全勤工资)相同。如果有缺勤,还需按出勤或缺勤日数计算计时工资。这里着重就月薪制计时工资的计算进行介绍。

月薪制下计时工资计算的方法有两种:缺勤法和出勤法。

(1) 缺勤法,又称扣除缺勤工资法或倒扣法,即按月标准工资扣除缺勤日数应扣工资部分计算该月应发工资。其计算公式为:

某职工应得计时工资 = 该职工月标准工资 − 缺勤工资

其中:缺勤工资 = 事假和旷工天数 × 日工资率 + 病假天数 × 日工资率 × 病假扣款率

(2) 出勤法,又称顺加法,即根据出勤日数计算工资。其计算公式为:

某职工应得计时工资 = 该职工出勤天数 × 日工资率 + 病假天数 × 日工资率 × (1 − 病假扣款率)

采用月薪制计算计时工资,由于全年各月日历天数不同,因而同一职工各月的日工资率也不同。在实际工作中,日工资率的计算一般按以下两种方式计算:

① 每月平均 30 天计算。即:日工资率 = 月标准工资 ÷ 30。

这种方法下,休假日、节假日都计算工资,因此,缺勤期间遇休假日、节假日都算缺勤,照扣工资。

② 每月按平均工作日 20.83 天计算。全年按日历天数 365 天减去 11 个法定节假日和 52 周共 104 天休息日,再除以 12 个月,计算出全年月平均工作日数为 20.83 天。其日工资率计算公式为:日工资率 = 月工资标准 ÷ 20.83 天。

此种计算方法下,法定的工作日才算工资,休假日、节假日不算工资,因此,缺勤期间的休假日、节假日不扣工资。

综上所述,计算计时工资有两种基本方法,而日工资率的计算也有两种计算方法,两者结合,产生了四种计算计时工资的基本方法,即:

(1) 按月平均 30 天计算日工资率,按倒扣法计算计时工资。

(2) 按月平均 30 天计算日工资率,按顺加法计算计时工资。

(3) 按月工作日 20.83 天计算日工资率,按倒扣法计算计时工资。

(4) 按月工作日 20.83 天计算日工资率,按顺加法计算计时工资。

【例 2-14】 某职工的月标准工资为 1 400 元,7 月份 31 天,星期休假 8 天,该职工请事假 3 天(其中有星期休假一天),病假 2 天,病假工资按标准工资的 80% 计算,即扣款率 20%。

(1) 按 30 天计算日工资率:日工资率 = 1 400 ÷ 30 = 48(元/天)。

① 倒扣法计算应付计时工资 = 1 400 − 3 × 48 − 2 × 48 × 20% = 1 236.80(元)。

② 顺加法计算应付计时工资 = (31 − 3 − 2) × 48 + 2 × 48 × 80% = 1 324.80(元)。

(2) 按 20.83 天计算日工资率:日工资率 = 1 400 ÷ 20.83 = 67.21(元/天)。

① 倒扣法应付计时工资 = 1 400 − (3 − 1) × 67.21 − 2 × 67.21 × 20% = 1 238.70(元)。

② 顺加法应付计时工资 = [31 − 8 − (3 − 1) − 2] × 67.21 + 2 × 67.21 × 80% = 1 384.53(元)。

2. 计件工资的计算

计件工资,是根据产量记录登记的每一职工或班组完成的产品产量,乘以规定的计件单价计算的。计件工资按照结算对象的不同,分为个人计件工资和集体计件工资。

产品产量包括合格品和因材料质量不合格造成的废品(料废)数量,而因工人过失造成的废品(工废)不包括在内。

应付职工或班组计件工资 = $\sum$[(合格品数量 + 料废数量) × 计件单价]

产品的计件单价是根据工人生产单位产品所需要的工时定额和该工人每小时的工资率计算出来的。在同一个工人生产不同计件单价产品的情况下,为简化核算,也可以根据每一个工人完成的定额工时总数和小时工资率计算计件工资。

(1) 个人计件工资。

【例 2-15】 某工人本月加工甲、乙两种产品。有关资料如表 2-11 所示。

表 2-11 个人计件工资计算资料

产品名称	工时定额(分钟)	小时工资率(元/小时)	计件单价(元)	合格品数量(件)	废品数量(件)	
					料废品	工废品
甲产品	20	3	1	200	4	2
乙产品	15	3	0.75	300	2	1

注:甲产品计件单价 = (20 ÷ 60) × 3 = 1(元/件);乙产品计件单价 = (15 ÷ 60) × 3 = 0.75(元/件)。

该工人可得计件工资的计算方法为:

应得计件工资 = (200 + 4) × 1 + (300 + 2) × 0.75 = 430.50(元)

(2) 班组集体计件工资。

实行班组集体计件工资制,应将班组集体计件工资在班组内按每人贡献大小进行分配。其计算公式为:

班组内工资分配率 = 班组集体计件工资额 ÷ $\sum$[每人日工资率 × 出勤日数]

某工人应得计件工资 = 该工人日工资率 × 出勤日数 × 班组内工资分配率

【例 2-16】 某生产小组集体完成甲产品 1 200 件,计件单价 1.20 元,乙产品 1 000 件,计件单价 1.12 元,共计 2 560 元。该小组由 3 人组成,出勤情况及每人应得计件工资如表 2-12 所示。

表 2-12 某班组集体计件工资分配表
20××年××月

姓 名	工资标准	小时工资率	出勤工时	分配标准	分配率	应得计件工资
刘力伟	502.08	3.02	166	501.32		861
李 群	585.76	3.52	164	577.28		992
王明亮	418.40	2.51	164	411.64		707
合 计				1 490.24	1.717 8	2 560

注:小时工资率 = 月工资标准 ÷ (20.83 天 × 8 小时/天);分配标准 = 小时工资率 × 出勤工时;分配率 = 2 560 ÷ 1 490.24 ≈ 1.771 78。

除上述计时工资和计件工资外,职工的工资性奖金、津贴应根据标准、有关原始记录计付;加班加点工资按加班天数或小时数及日工资率或小时工资率计算,星期休假日加班应以 2 倍工资计付,法定节假日加班还应以 3 倍工资计付。

(三) 薪酬的结算

职工薪酬一般包括应发工资、代扣款项、实发工资。代扣款项是指在工资发放时从应付工资中扣除的由企业替职工垫付给有关单位的款项,或从应付工资中扣减后代职工付给有关单位的款项。因此,应付工资是实发工资和各种代扣款项之和。另外,在实际工作中,企业通常将一部分工资性津贴与工资一起发放,把它列入工资单中,但不属于工资,如上下班交通补贴等,计算实发额时应加上这些代发款项。

工资费用额汇总结算,是以上述工资计算为基础的,通过工资结算单和工资结算汇总表完成。

工资结算单通常按车间或部门分别编制,一式三份,一份交劳动部门存档,一份裁成工资条(单)连同工资额一并发给职工个人,一份由职工个人签名后交财会部门,据以编制工资结算汇总表。

工资结算单的一般格式如表 2-13 所示。

表 2-13　工资结算单

编制单位:　　　　　　　　　　　年　月　日　　　　　　　　　　金额单位:元

姓名	工资标准			应付工资								代扣款项				实发工资	签名
	级别	月标准工资	日工资	标准工资			加班工资	奖金	津贴	病假工资	特殊工资	合计	住房公积金	个人所得税	医疗保险费	水电费		
				出勤天数	计时工资	计件工资												

注:表中实发工资 = 应付工资 - 代扣款项。

根据工资结算单,编制"工资结算汇总表",并据以进行工资结算总分类核算和汇总全厂的工资费用。"工资结算汇总表"的一般格式如表 2-14 所示。

表 2-14　工资结算汇总表

年　月　日　　　　　　　　　　金额单位:元

车间部门		计时工资	计件工资	应付工资						代扣款项				实发工资
				加班工资	奖金	津贴	病假工资	特殊工资	合计	住房公积金	个人所得税	医疗保险费	水电费	
一车间	生产工人													
	管理人员													
二车间	生产工人													
	管理人员													

续表

车间部门	计时工资	计件工资	应付工资						代扣款项				实发工资
			加班工资	奖金	津贴	病假工资	特殊工资	合计	住房公积金	个人所得税	医疗保险费	水电费	
供电车间													
机修车间													
行政管理部门													
医务保育人员													
长期产假人员													
合 计													

三、薪酬费用的分配

企业薪酬费用按其发生的地点和用途进行归集和分配。它分为直接归集和分配归集。

（一）直接归集

车间只生产一种产品的生产工人工资费用，或生产多种产品的生产工人计件工资，可按发生地点和用途直接归集，即根据审核后的工资费用凭证（工资结算单或工资结算汇总表）编制记账凭证和登记有关账户。

（二）分配归集

生产多种产品的生产工人的计时工资工资总额中的奖金、津贴和补贴、特殊情况下支付的工资，通常都不能根据工资结算原始凭证确定计入哪一种产品，而需通过一定的分配方法，方可将工资费用归集于有关账户及其所属明细账。

工资费用的分配方法一般采用生产工时比例，其分配标准可采用实际生产工时，也可采用定额工时。计算公式如下：

工资费用分配率 = 生产工人工资总额 ÷ ∑各产品实际生产工时（或定额工时）

某产品应负担的工资费用 = 该产品实际生产工时（或定额工时）× 分配率

【例2-17】 假设该企业基本生产车间采用计时工资，该车间工人生产A、B两种产品。A耗用工时3 000小时，B耗用工时2 000小时。其他单位或部门的工资情况见表2-15数据。根据"工资结算汇总表"等资料，编制"薪酬费用分配汇总表"，如表2-15所示。

表2-15 薪酬费用分配汇总表（简化格式）

20××年×月

分配对象	成本费用项目	生产工时	分配率	分配金额	职工福利费	合 计
A产品	直接人工	3 000		60 000	8 400	68 400
B产品	直接人工	2 000		40 000	5 600	45 600
小 计		5 000	20	100 000	14 000	114 000

续表

分配对象	成本费用项目	生产工时	分配率	分配金额	职工福利费	合 计
车间管理人员	薪酬费用			6 000	840	6 840
供电车间	薪酬费用			16 000	2 240	18 240
机修车间	薪酬费用			14 400	2 016	16 416
行政管理人员	薪酬费用			9 100	1 274	10 374
销售机构	薪酬费用			4 000	560	4 560
合 计				149 500	20 930	170 430

分配会计分录：

借：基本生产成本——A产品（直接人工）　　　　　　68 400.00
　　　　　　　——B产品（直接人工）　　　　　　45 600.00
　　辅助生产成本——供电车间（薪酬费用）　　　　18 240.00
　　　　　　　——机修车间（薪酬费用）　　　　　16 416.00
　　制造费用——基本生产车间（薪酬费用）　　　　6 840.00
　　管理费用——薪酬费用　　　　　　　　　　　　10 374.00
　　销售费用——薪酬费用　　　　　　　　　　　　4 560.00
　贷：应付职工薪酬——工资　　　　　　　　　　　149 500.00
　　　应付福利费　　　　　　　　　　　　　　　　20 930.00

子任务四　折旧及其他要素费用的核算

一、折旧费用的归集和分配

（一）折旧费用的计算

折旧费用是指固定资产在使用过程中因价值损耗而逐渐转移到产品成本中去的那部分价值。

我国目前采用的固定资产折旧的计算方法主要是平均年限法和工作量法（或工时数法）。另外，企业会计准则还允许采用加速计提折旧的方法，如双倍余额递减法、年数总和法等。

《企业会计准则例第4号——固定资产》规定，企业所持有的固定资产，除下列情况外，都应计提折旧：已提足折旧仍继续使用的固定资产；按规定单独估价作为固定资产入账的土地。

折旧费是根据"固定资产折旧计算明细表"进行归集。该表是按车间或部门编制的。根据规定，月份内增加的固定资产，应当从下月起计提折旧；月份内减少的固定资产，当月仍计提折旧，从下月起停止计提折旧。

"固定资产折旧计算明细表"的格式如表2-16所示。

表 2-16　固定资产折旧计算明细表

使用单位：第二车间　　　　　　　2016 年 4 月　　　　　　　　　　　单位：元

固定资产类别	月折旧率‰（直线法）	上月折旧额	上月增加固定资产	上月减少固定资产	应增减折旧额	本月折旧额
房屋	2	6 000	500 000	400 000	+200	6 200
机械设备	4	4 500		30 000	−120	4 380
动力设备	4	1 600				1 600
传导设备	5	2 800				2 800
专用设备	5	1 800	40 000		+200	2 000
合　计		16 700	540 000	430 000	+280	16 980

（二）折旧费用的分配

根据使用单位编制的"固定资产折旧计算明细表"，再编制"固定资产折旧费用分配表"，最后编制会计分录，登记各相关总账账户和明细账。

【例 2-18】　某企业固定资产折旧费用分配表如表 2-17 所示。

表 2-17　固定资产折旧费用分配表

2012 年 4 月　　　　　　　　　　　　　　　　　　　　　　　单位：元

使用单位	上月计提折旧	上月增加折旧	上月减少折旧	本月计提折旧
第一生产车间	8 000	260	340	7 920
第二生产车间	16 700	400	120	16 980
供电车间	2 600	150		2 750
机修车间	1 800		100	1 700
行政管理部门	4 000			4 000
产品销售机构	1 500			1 500
合　计	34 600	810	560	34 850

根据"固定资产折旧费用分配表"编制会计分录：

借：制造费用——第一生产车间　　　　　　　　　　　　　7 920.00
　　　　　　——第二生产车间　　　　　　　　　　　　　16 980.00
　　辅助生产成本——供电车间　　　　　　　　　　　　　2 750.00
　　辅助生产成本——机修车间　　　　　　　　　　　　　1 700.00
　　管理费用　　　　　　　　　　　　　　　　　　　　　4 000.00
　　销售费用　　　　　　　　　　　　　　　　　　　　　1 500.00
　　贷：累计折旧　　　　　　　　　　　　　　　　　　　34 850.00

二、其他费用的核算

其他费用是指除了前面讲述的各项费用以外的要素费用，包括利息、税金及其他支出等。其他费用有的应计入产品成本,有的不计入产品成本,只能作为当期损益处理。因此,其他费用应按照费用发生的单位和用途计入成本费用类账户,其中,计入产品成本的费用,则借记"制造费用"账户,不应计入产品成本的费用,则借记"管理费用"、"销售费用"、"财务费用"等账户,贷记"银行存款"或"库存现金"等账户。

【例 2-19】 某企业 2016 年 5 月份在生产经营过程中,发生下列经济业务:
（1）支付银行贷款利息 2 000 元。
（2）以银行存款支付修理费用 5 000 元,其中:基本生产车间 3 000 元,供电车间 1 500 元,行政管理部门 500 元。
（3）开出转账支票购买印花税费 1 000 元。
（4）购买行政办公用品 1 200 元;支付计划采购科差旅费 2 000 元;支付邮电费 200 元;支付水电费 8 000 元,其中:生产车间 3 300 元,机修车间 1 500 元,销售机构 800 元,行政管理部门 2 400 元。以上款项已通过转账支票支付。

根据以上资料,编制其他费用分配表,并进行账务处理。

表 2-18 其他费用分配汇总表

2016 年 5 月   单位:元

受益单位		修理费	办公费	水电费	差旅费	利息	其他	合计
基本生产车间		3 000		3 300				6 300
辅助生产部门	供电车间	1 500						1 500
	机修车间			1 500				1 500
行政管理部门		500	1 200	2 400	3 000	2 000	1 200	10 300
销售机构				800				800
合计		5 000	1 200	8 000	3 000	2 000	1 200	20 400

根据其他费用分配汇总表,编制如下会计分录:

借：制造费用——基本生产车间   6 300.00
    辅助生产成本——供电车间   1 500.00
              ——机修车间   1 500.00
    管理费用   8 300.00
    应付利息   2 000.00
    销售费用   800.00
  贷：银行存款   20 400.00

任务二　辅助生产费用的核算

一、辅助生产费用的含义

辅助生产是指为基本生产车间、企业行政管理部门等单位提供服务而进行的产品生产或劳务供应。不同的辅助生产所提供的产品或劳务是不完全一致的,有的只生产一种产品或提供一种劳务,如供电、供水、修理、运输等部门;有的则生产多种产品或提供多种劳务,如从事工具、模具等产品生产。辅助生产有时也对外提供产品或劳务,但这不是辅助生产的主要任务。

辅助生产车间或部门为生产产品或提供劳务而发生的各种费用,如原材料费用、动力与燃料费用、薪酬费用以及辅助生产车间的间接费用(制造费用)等,称之为辅助生产费用。为生产和提供一定种类和数量的产品或劳务所耗费的辅助生产费用之和,构成了该种产品或劳务的辅助生产成本,主要包括自身发生的费用和从其他辅助生产车间或部门分配转入的费用。它是企业基本生产成本和期间费用的重要组成部分。

辅助生产费用的核算主要是通过"辅助生产成本"账户进行,包括费用的归集和分配两个方面。

二、辅助生产费用的归集

依据辅助生产车间的特点,辅助生产费用的归集主要有两种方式。这两种方式的主要区别就在于辅助生产车间制造费用的归集。

方式一:辅助生产车间的制造费用单独核算。

发生在辅助生产车间或部门的间接费用,即制造费用,应通过"制造费用——×辅助生产车间"账户进行归集,然后将其转入相应的"辅助生产成本"明细账,从而计入该辅助生产产品或劳务的成本中。

具体账务处理程序见图2-1。

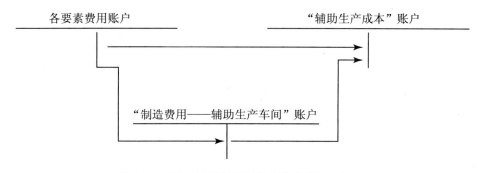

图2-1　辅助生产费用账务处理程序图(方式一)

方式二:辅助生产车间的制造费用不单独核算(本书采用此方式)

在辅助生产车间规模较小、制造费用很少,而且辅助生产不对外提供产品或劳务的情况下,发生在辅助生产车间的间接费用不通过"制造费用"账户核算,而是直接计入"辅助生产成本"账户。

具体账务处理程序见图2-2。

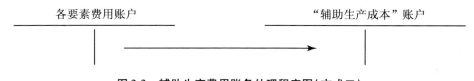

图2-2　辅助生产费用账务处理程序图(方式二)

三、辅助生产费用的分配

辅助生产车间提供产品或劳务,有的需要入库,有的不需要入库。对需要入库的辅助生产产品,如工具、模具等,在其完工入库时,将其成本从"辅助生产成本"账户的贷方转入"周转材料"或"原材料"等账户的借方;对不需要入库的产品或劳务,如水、电、汽、修理等,则将其成本在各受益对象之间采用适当的方法进行分配,并从"辅助生产成本"账户的贷方转入受益对象的成本费用账户的借方。

辅助生产费用分配主要是通过编制"辅助生产费用分配表"来进行的。通常采用的方法有:直接分配法、交互分配法、计划成本分配法、代数分配法、顺序分配法。

(一) 直接分配法

直接分配法,是指不考虑各辅助生产车间之间相互提供劳务的情况,而是将辅助生产费用直接分配给辅助生产车间或部门以外的各受益单位的一种分配方法。

具体通过以下步骤完成:

(1) 某辅助生产车间的费用分配率 = 该辅助生产车间发生的费用总额 ÷ 该辅助生产车间对外提供的劳务总量。

其中:对外提供的劳务总量 = 该辅助辅助车间提供的劳务总量 − 其他辅助车间耗用该车间的劳务量。

(2) 某受益单位应负担的辅助生产费用 = 该单位受益数量 × 辅助生产费用分配率。

【例 2-20】 锦华工厂设有供水和供电两个辅助生产车间。2015 年 5 月,供水车间直接发生的费用为 19 400 元,供电车间直接发生的费用为 57 000 元。两个辅助生产车间当月提供的劳务量如表 2-19。

表 2-19 辅助生产车间劳务供应量

受益对象		供水数量(立方米)	供电数量(度)
辅助生产车间	供水车间		6 000
	供电车间	7 200	
基本生产生产	甲产品		82 000
	乙产品		90 000
基本生产车间		30 800	8 000
行政管理部门		8 000	10 000
合 计		46 000	196 000

要求:采用直接分配法分配辅助生产费用,编制"辅助生产费用分配表",并作相应的账务处理。

计算过程:

供水车间费用分配率 = 19 400 ÷ (46 000 − 7 200) = 0.5(元/立方米)

供电车间费用分配率 = 57 000 ÷ (196 000 − 6 000) = 0.3(元/度)

甲产品应负担的电费 = 82 000 × 0.3 = 24 600(元)

乙产品应负担的电费 = 90 000 × 0.3 = 27 000(元)
基本生产车间应负担的水费 = 30 800 × 0.5 = 15 400(元)
基本生产车间应负担的电费 = 8 000 × 0.3 = 2 400(元)
行政管理部门应负担的水费 = 8 000 × 0.5 = 4 000(元)
行政管理部门应负担的电费 = 10 000 × 0.3 = 3 000(元)
则编制辅助生产费用分配表如表 2-2 所示。

表 2-20　辅助生产费用分配表(直接分配法)

项　目			供水车间	供电车间	合　计
待分配的费用			19 400	57 000	76 400
对外提供的劳务量			38 800	190 000	
费用分配率(单位成本)			0.5	0.3	
受益单位	基本生产成本	甲产品 数量		82 000	
		金额		24 600	24 600
		乙产品 数量		90 000	
		金额		27 000	27 000
	基本生产车间	数量	30 800	8 000	
		金额	15 400	2 400	17 800
	行政管理部门	数量	8 000	10 000	
		金额	4 000	3 000	7 000
合　计			19 400	57 000	76 400

根据表 2-20,编制分配辅助生产费用的会计分录:

借:基本生产成本——甲产品　　　　　　　　　　　　　　24 600.00
　　　　　　　　——乙产品　　　　　　　　　　　　　　27 000.00
　　制造费用——基本生产车间　　　　　　　　　　　　　17 800.00
　　管理费用　　　　　　　　　　　　　　　　　　　　　7 000.00
　　贷:辅助生产成本——供水车间　　　　　　　　　　　19 400.00
　　　　　　　　　　——供电车间　　　　　　　　　　　57 000.00

采用直接分配法,由于将辅助生产费用只对辅助生产以外的各受益单位分配,因而计算工作简便。但由于各辅助生产车间不进行相互分配,导致各辅助生产车间所包括的费用不全,因而分配的结果不够客观正确。该方法适用于辅助生产内部相互提供产品或劳务不多,不进行交互分配,对辅助生产成本和企业产品成本影响不大的情况。

(二) 一次交互分配法

一次交互分配法,简称交互分配法,是首先将各辅助生产车间相互提供的产品或劳务进行交互分配,然后再将各辅助生产车间交互分配后的实际费用,全部分配给辅助生产以外的各受益单位的一种分配方法。其特点是先进行辅助生产内部交互分配,然后再对外分配,即

先内后外,进行二次分配。具体分配过程如下:

第一步:内部交互分配(以假设 A、B 两辅助生产车间为例)。

A 车间交互分配费用分配率 = A 车间分配前的费用总额 ÷ A 车间提供的产品或劳务总量

B 车间应负担 A 车间的费用 = B 车间耗用 A 车间的产品或劳务数量 × A 车间交互分配费用分配率

按同样的步骤,计算分配 A 车间负担 B 车间的费用。

第二步:对外分配(采用直接分配法)

(1) 各辅助生产车间对外分配费用。

A 车间对外分配的费用 = A 车间分配前的费用 + 分配转入费用(即 A 车间负担 B 车间的费用) - 分配转出费用(即 B 车间负担的 A 车间费用)

B 车间对外分配的费用 = B 车间分配前的费用 + 分配转入费用(即 B 车间负担 A 车间的费用) - 分配转出费用(即 A 车间负担的 B 车间费用)

(2) 计算对外分配的费用分配率(以 A 车间为例)。

A 车间对外费用分配率 = A 车间对外分配的费用总额 ÷ A 车间对外提供的产品或劳务总量

(3) 计算各受益单位应负担的费用。

某受益单位应负担 A 车间的费用 = 该单位受益数量 × A 车间对外费用分配率

按同样的步骤,将 B 车间的费用对外分配。

【例 2-21】 仍沿用【例 2-20】的资料,采用交互分配法分配辅助生产费用。

第一步:内部交互分配(分配率保留四位小数,分配金额保留两位小数,下同)。

供水车间交互分配费用分配率 = 19 400 ÷ 46 000 = 0.421 7(元/立方米)

供电车间交互分配费用分配率 = 57 000 ÷ 196 000 = 0.290 8(元/度)

供水车间应负担的电费 = 6 000 × 0.290 8 = 1 744.80(元)

供电车间应负担的水费 = 7 200 × 0.421 7 = 3 036.24(元)

第二步:对外分配(分配尾差由最后受益单位负担,如 * 所示)。

供水车间对外分配的费用 = 19 400 + 1 744.80 - 3 036.24 = 18 108.56(元)

供电车间对外分配的费用 = 57 000 + 3 036.24 - 1 744.80 = 58 291.44(元)

供水车间费用分配率 = 18 108.56 ÷ (46 000 - 7 200) = 0.466 7(元/立方米)

供电车间费用分配率 = 58 291.44 ÷ (196 000 - 6 000) = 0.306 8(元/立方米)

甲产品应负担的电费 = 82 000 × 0.306 8 = 25 157.60(元)

乙产品应负担的电费 = 90 000 × 0.306 8 = 27 612(元)

基本生产车间应负担的水费 = 30 800 × 0.466 7 = 14 374.36(元)

基本生产车间应负担的电费 = 8 000 × 0.306 8 = 2 454.40(元)

*行政管理部门应负担的水费 = 18 108.56 - 14 374.36 - 3 734.20(元)

*行政管理部门应负担的电费 = 58 291.44 - 25 157.60 - 27 612 - 2 454.40 = 3 067.44(元)

由上,可制作辅助生产费用分配表如下所示:

表 2-21　辅助生产费用分配表(交互分配法)

项　目				交互分配		对外分配	
				供水车间	供电车间	供水车间	供电车间
待分配费用				19 400	57 000	18 108.56	58 291.44
劳务数量				46 000	196 000	38 800	190 000
分配率(单位成本)					0.421 7	0.290 8	
受益单位	交互分配	供水车间	数量		6 000		
			金额		1 744.80		
		供电车间	数量	7 200			
			金额	3 036.24			
	对外分配	甲产品	数量				82 000
			金额				25 157.60
		乙产品	数量				90 000
			金额				27 612.00
		基本生产车间	数量			30 800	8 000
			金额			14 374.36	2 454.40
		行政管理部门	数量			8 000	10 000
			金额			3 734.20	3 067.44
合　计				19 400	57 000	18 108.56	58 291.44

根据分配结果,编制如下会计分录:
(1)交互分配:
借:辅助生产成本——供水车间　　　　　　　　　　　　　　　　　1 744.80
　　　　　　　　——供水车间　　　　　　　　　　　　　　　　　3 036.24
　贷:辅助生产成本——供水车间　　　　　　　　　　　　　　　　3 036.24
　　　　　　　　——供电车间　　　　　　　　　　　　　　　　　1 744.80
(2)对外分配:
借:基本生产成本——甲产品　　　　　　　　　　　　　　　　　25 157.60
　　　　　　　　——乙产品　　　　　　　　　　　　　　　　　27 612.00
　　制造费用——基本生产车间　　　　　　　　　　　　　　　　16 828.76
　　管理费用　　　　　　　　　　　　　　　　　　　　　　　　 6 081.64
　贷:辅助生产成本——供水车间　　　　　　　　　　　　　　　 18 108.56
　　　　　　　　——供电车间　　　　　　　　　　　　　　　　 58 291.44

采用交互分配法,由于辅助生产车间内部相互提供的产品或劳务全部进行了交互分配,因而各辅助生产车间的实际费用比较客观准确,提高了分配结果的正确性。但由于各辅助生产车间都要进行二次分配,因而增加了计算工作量。同时,由于交互分配的费用分配率是根据交互分配前的费用计算的,所以据此计算的分配结果仍不是十分精确。在各月辅助生产费用相差不大的情况下,为了简化计算工作,可以采用上月的辅助生产费用分配率作为交互分配率。该方法主要适用于实行车间核算的企业。

(三) 计划成本分配法

计划成本分配法,是根据辅助生产提供的产品或劳务的计划单位成本和各受益单位的受益量分配辅助生产费用的一种方法。其特点也是进行两次分配。

首先,按各辅助生产车间提供的产品或劳务的计划单位成本在各受益对象之间进行分配,即:

某受益对象应负担的费用＝该受益对象的受益数量×辅助生产车间产品或劳务的计划单位成本

然后,再处理辅助生产成本的"差额",即:

某辅助生产车间按计划单位成本分配后的"实际"费用＝该辅助生产车间按计划成本分配前的费用＋从其他辅助生产车间按计划单位成本分配转入的费用

某车间辅助生产成本"差额"＝该辅助生产车间的"实际"费用－该车间按计划成本分配转出的费用总额

"差额"结果为正,表示按计划成本分配时未分配完,还要进行补充分配;如果结果为负,表示按计划成本分配时多分配了,就要进行冲减。

对发生的"差额"可以按以下两种方式处理:

(1) 如果差额较小,可全部直接计入管理费用,不再分配给其他受益对象(本教材采用此种处理方式)。

(2) 将差额按直接分配法分配给辅助生产以外的各受益对象负担。

注意:编制分录时,借、贷科目方向不变,正数用蓝字,负数用红字。

【例 2-22】 仍采用【例 2-20】资料,采用计划成本分配法分配辅助生产费用。假设供水车间计划单位成本为 0.48 元,供电车间计划单位成本为 0.32 元。分配表如表 2-22 所示。

表 2-22 辅助生产费用分配表(计划成本分配法)

项目			供水车间	供电车间	合 计
待分配费用			19 400	57 000	76 400
产品或劳务数量			46 000	196 000	
计划单位成本			0.48	0.32	
受益对象	供水车间	数量		6 000	
		金额		1 920	1 920
	供电车间	数量	7 200		
		金额	3 456		3 456
	甲产品	数量		82 000	
		金额		26 240	26 240
	乙产品	数量		90 000	
		金额		28 800	28 800

续表

项目			供水车间	供电车间	合计
受益对象	基本生产车间	数量	30 800	8 000	
		金额	14 784	2 560	17 344
	行政管理部门	数量	8 000	10 000	
		金额	3 840	3 200	7 040
按计划单位成本分配总额			22 080	62 720	84 800
辅助生产"实际"费用			21 320	60 456	81 776
辅助生产成本差额			-760	-2 264	-3 024

会计分录：

（1）按计划成本分配的分录：

借：辅助生产成本——供水车间　　　　　　　　　　　1 920.00
　　　　　　　　——供电车间　　　　　　　　　　　3 456.00
　　基本生产成本——甲产品　　　　　　　　　　　26 240.00
　　　　　　　　——乙产品　　　　　　　　　　　28 800.00
　　制造费用——基本生产车间　　　　　　　　　　17 344.00
　　管理费用　　　　　　　　　　　　　　　　　　 7 040.00
　贷：辅助生产成本——供水车间　　　　　　　　　　22 080.00
　　　　　　　　——供电车间　　　　　　　　　　　62720.00

（2）对差额的处理：

借：管理费用　　　　　　　　　　　　　　　　　　3 024.00
　贷：辅助生产成本——供水车间　　　　　　　　　　 760.00
　　　　　　　　——供电车间　　　　　　　　　　 2 264.00

采用计划成本分配法，尽管也经过两次分配，但由于第一次分配时的计划单位成本是事先制定的，不用单独计算费用分配率，因而显得较为简便；第二次分配虽然要计算分配率，但由于涉及的受益对象少，特别是简化处理直接计入管理费用，大大地简化了计算工作。同时，按计划单位成本分配辅助生产费用，排除了辅助生产实际费用的高低对各受益对象成本费用的影响，便于考核和分析各受益对象的成本费用，有利于分清企业内部各单位的经济责任；通过计算分配辅助生产费用的差异，还能考核和分析辅助生产成本计划的执行情况。但该方法中，各辅助生产计划单位成本的制定必须准确，否则就会影响分配的客观性和准确性。因此，计划成本分配法主要适用于单位计划成本比较稳定的企业。

（四）代数分配法

代数分配法，是指运用代数中解联立方程式的原理，计算辅助生产产品或劳务的单位成本，再根据受益对象耗用的产品或劳务数量和单位成本分配辅助生产费用的一种方法。其计算程序是：

第一步,设立未知数(即单位成本),然后根据辅助生产之间相互服务的关系,利用数量、单价、金额因素建立联立方程组。

第二步,解方程组,计算出各辅助生产提供的产品或劳务的单位成本。

第三步,用各受益单位的受益数量乘以单位成本,计算出各受益单位应分配的辅助生产费用。

【例 2-23】 仍采用【例 2-20】资料,采用代数分配法辅助生产费用。

假设供水车间的单位成本为 x 元,供电车间的单位成本为 y 元。则建立方程组如下:

$$\begin{cases} 19\,400 + 6\,000y = 46\,000x \\ 57\,000 + 7\,200x = 196\,000y \end{cases}$$

解联立方程组,得:x = 0.461 885,y = 0.307 785。

编制辅助生产费用分配表如表 2-23 所示。

表 2-23　辅助生产费用分配表(代数分配法)

项　目			供水车间	供电车间	合　计
待分配费用			19 400	57 000	76 400
产品或劳务数量			46 000	196 000	
费用分配率(单位成本)			0.461 885	0.307 785	
受益对象	供水车间	数量		6 000	
		金额		1 846.71	1 846.71
	供电车间	数量	7 200		
		金额	3 325.57		3 325.57
	甲产品	数量		82 000	
		金额		25 238.37	25 238.37
	乙产品	数量		90 000	
		金额		27 700.65	27 700.65
	基本生产车间	数量	30 800	8 000	
		金额	14 226.06	2 462.28	16 688.34
	行政管理部门	数量	8 000	10 000	
		金额	3 695.08	3 077.56	6 772.64
分配金额合计			21 246.71	60 325.57	81 572.28

根据表 2-23 计算结果,编制如下会计分录:

借:辅助生产成本——供水车间　　　　　　　　　　　　　　　1 846.71
　　　　　　　　——供电车间　　　　　　　　　　　　　　　3 325.57
　　基本生产成本——甲产品　　　　　　　　　　　　　　　　25 238.37
　　　　　　　　——乙产品　　　　　　　　　　　　　　　　27 700.65
　　制造费用——基本生产车间　　　　　　　　　　　　　　　16 688.34
　　管理费用　　　　　　　　　　　　　　　　　　　　　　　6 772.64

贷：辅助生产成本——供水车间 21 246.71
　　　　　　　　　——供电车间 60 325.57

采用代数分配法分配费用，分配结果最为准确。但在辅助生产车间较多的情况下，计算较为复杂。因此，该方法适宜在计算工作中已经实行电算化的企业。

（五）顺序分配法

顺序分配法又称阶梯法，是按照辅助生产车间受益多少的顺序排列，受益少的排在前面，受益多的排在后面，并依次将费用分配给排在其后面的各受益单位（包括排在其后面的其他辅助生产车间）的一种方法。

需要注意的是，排序只是辅助生产车间之间按彼此受益多少排序，辅助生产车间以外的受益对象不排序；排列在前的辅助生产车间分配费用时，可向排列在其后面的辅助生产车间分配费用（假如耗用该车间提供的产品或劳务的情况下），而排序在后的辅助生产车间不能向排序在前面的辅助生产车间分配费用（即使排列在前的辅助生产车间耗用其所提供的产品或劳务，也不承担费用）。计算程序如下：

某辅助生产车间费用分配率 =（直接发生的费用 + 耗用前序辅助车间费用）÷（提供的劳务总量 - 前序辅助生产车间耗用量）

某受益对象应负担的费用 = 该对象受益数量 × 辅助生产费用分配率

【例 2-24】　仍采用【例 2-20】的资料，采用顺序分配法辅助生产费用。假设供水车间受益少，排列在前，供电车间受益多，排列在后。

根据资料和要求编制辅助生产费用分配表如表 2-24 所示。

表 2-24　辅助生产费用分配表（顺序分配法）

项　目		供水车间	供电车间	合　计
待分配费用		19 400	60 036.24	79 436.24
产品或劳务数量		46 000	190 000	
费用分配率（单位成本）		0.421 7	0.316 0	
供电车间	数量	7 200		
	金额	3 036.24		3 036.24
甲产品	数量		82 000	
	金额		25 912	25 912
乙产品	数量		90 000	
	金额		28 440	28 440
基本生产车间	数量	30 800	8 000	
	金额	12 988.36	2 528	15 516.36
行政管理部门	数量	8 000	10 000	
	金额	3 375.40	3 156.24	6 531.64
分配金额合计		19 400	60 036.24	79 436.24

根据表中分配结果,编制如下会计分录:

借:辅助生产成本——供电车间　　　　　　　　　　　　3 036.24
　　基本生产成本——甲产品　　　　　　　　　　　　　25 912.00
　　　　　　　　——乙产品　　　　　　　　　　　　　28 440.00
　　制造费用——基本生产车间　　　　　　　　　　　　15 516.36
　　管理费用　　　　　　　　　　　　　　　　　　　　 6 531.64
　贷:辅助生产成本——供水车间　　　　　　　　　　　　19 400.00
　　　　　　　　——供电车间　　　　　　　　　　　　60 036.24

采用顺序分配法,在一定程度上考虑了辅助生产车间相互提供产品或劳务的因素,且各辅助生产车间的费用只分配一次,计算比较简便。但由于排列在前面的辅助生产车间不负担排列在后面的辅助生产的费用,分配结果的准确性受到一定的影响,同时也不利于调动排列在前的辅助生产车间降低消耗的积极性。因此,该方法适用于各辅助生产车间之间相互受益程度有明显顺序的企业。

任务三　制造费用的核算

一、制造费用含义及内容

制造费用是指企业各生产单位(车间或分厂)为生产产品或提供劳务而发生的,应该计入产品成本,但没有专设成本项目的各项间接费用。它是产品成本的重要组成部分。

制造费用按产品生产或管理的要求可分为三类:

第一类,是直接用于产品生产,但是管理上不要求核算或核算中不便于单独核算,因而没有专设成本项目的生产费用。如生产用机器设备的折旧费、保险费或租赁费,生产用低值易耗品的摊销,设计制图费和试验检验费等。

第二类,是间接用于产品生产,无法直接判断其归属的成本计算对象的生产费用。如车间机物料消耗,车间办公用房及建筑物的折旧费、保险费或租赁费,车间生产用照明费、取暖费、降温费、运输费、劳动保护费以及季节性及修理期间的停工损失等。

第三类,是车间或其他生产部门为组织和管理生产所发生的费用。如车间管理人员工资及福利费,办公费、水电费、差旅费,生产部门管理用具摊销等。

制造费用的具体内容包括:

(1) 职工薪酬:企业生产单位管理人员及勤杂人员的工资及福利费。

(2) 固定资产折旧费:企业生产单位固定资产的房屋、建筑物、机器设备等的折旧费。

(3) 固定资产修理费:企业生产单位固定资产的各项修理费用,包括大修理和日常修理费用。

(4) 水电费:企业生产单位管理上耗用的水、电费用,不包括生产工艺耗用的水电费。

(5) 办公费:企业生产单位为办公而耗用的印刷、文具、邮电、办公用品等的费用。

(6) 差旅费:企业生产单位职工因公出差而发生的交通、住宿、出差补助等费用。

(7) 取暖费:企业生产单位用于职工改善工作环境而发生的防寒费用,不包括支付给职工个人的取暖津贴。

（8）劳动保护费：企业生产单位为保护职工劳动安全而发生的费用，如手套、工作服、劳保眼镜等。

（9）保险费：企业生产单位应负担的各种财产保险费，从保险公司获得的保险赔偿金应从本项目中予以扣除。

（10）机物料消耗：企业生产单位为维护机器设备正常运转而消耗的各种材料，不包括专门进行修理和劳动保护用的材料。

（11）低值易耗品摊销：企业生产单位使用的各种低值易耗品的摊销费用。

（12）运输费：企业生产车间运输劳动发生的本厂和厂外的运输费用。

（13）试验检验费：企业生产单位应负担的用于材料、半成品、产成品试验、检验、化验、分析而发生的费用。

（14）设计制图费：企业生产单位用于产品生产发生的图纸费、制图用品费和委托设计部门设计图纸而发生的费用，不包括企业设计部门发生的试验检验费。

（15）租赁费：企业生产单位经营性租入固定资产和专用工具而发生的租金，不包括融资租赁费。

（16）停工损失：企业不单独核算停工损失的生产车间在季节性、大修理期间所发生的停工损失，不包括单独组织生产损失核算的停工损失。

（17）其他费用：不包含上述各项之外的应计入产品成本的各项制造费用。

制造费用的发生大多是与产品的生产工艺没有直接联系，而且一般是间接计入产品成本，当费用发生时一般无法判断其归属的成本计算对象，从而不能直接计入产品成本中去，而必须按照费用发生的地点和费用项目进行归集，月终时再采用一定的方法在各成本计算对象之间进行分配，计入各成本计算对象的成本中。企业辅助生产部门发生的制造费用，应当直接或间接地计入辅助生产成本。

二、制造费用的归集

为核算车间所发生的制造费用，企业应设置"制造费用"账户。该账户借方登记实际发生的各项间接费用，贷方登记期末分配计入各种产品成本的制造费用，除季节性生产的企业外，该账户期末应无余额。"制造费用"账户应按不同的生产单位设立明细账，账内按费用项目设立专栏。

企业发生制造费用时，根据有关付款凭证、转账凭证和各种费用分配表，计入"制造费用"账户及其有关车间的明细账户的借方，同时计入相关费用项目专栏。按照费用归集具体情况，分别计入"原材料"、"应付职工薪酬"、"累计折旧"、"银行存款"等账户的贷方。期末按一定标准分配，从其贷方转入"基本生产成本"账户借方。

制造费用明细账的格式如表 2-25 所示。

表 2-25　制造费用明细账

年		凭证号	摘要	机物料	薪酬	折旧费	修理费	办公费	…	其他	合计
月	日										
			费用合计								
			费用转出								

三、制造费用的分配

对于归集在基本生产车间的制造费用,应在月末分配计入该车间生产的产品或劳务成本。如果基本生产车间只生产一种产品或劳务,所归集的费用应直接计入该种产品或劳务的成本。如果基本生产车间生产多种产品或劳务,则应采用一定的方法分配计入各种产品成本中。

制造费用的分配方法主要有:生产工时比例法、生产工人工资比例法、机器工时比例法、年度计划分配率法等。企业可根据生产特点选择适当的分配方法,通过编制"制造费用分配表"进行分配。

(一) 生产工时比例法

生产工时比例法亦称生产工人工时比例法,它是按照车间各种产品所耗用的生产工时(实际或定额)的比例分配费用的一种方法。计算公式如下:

制造费用分配率 = 某车间制造费用总额 ÷ 该车间各种产品生产总工时之和

某产品应负担的制造费用 = 该产品生产总工时 × 制造费用分配率

【例2-25】 某企业设有两个基本生产车间。2015年6月,第一基本车间发生制造费用56 844元,加工甲、乙、丙三个产品,其生产工时分别为4 000小时、10 000小时、8 000小时;第二基本生产车间发生制造费用44 000元,加工A、B、C三种产品,其生产工时分别为5 000小时、3 500小时、1 500小时。

要求采用生产工时比例法分配制造费用,编制制造费用分配表,并编制会计分录。

计算过程如下:

第一基本生产车间制造费用分配率 = 56 844 ÷ (4 000 + 10 000 + 8 000) = 2.583 8

甲产品应负担的制造费用 = 4 000 × 2.583 8 = 10 335.20(元)

乙产品应负担的制造费用 = 10 000 × 2.583 8 = 25 838(元)

丙产品应负担的制造费用 = 56 844 − 10 335.20 − 25 838 = 20 670.80(元)

合计分配制造费用 = 56 844.00(元)

第二基本生产车间制造费用分配率 = 44 000 ÷ (5 000 + 3 500 + 1 500) = 4.4

A产品应负担的制造费用 = 5 000 × 4.4 = 22 000(元)

B产品应负担的制造费用 = 3 500 × 4.4 = 15 400(元)

C产品应负担的制造费用 = 1 500 × 4.4 = 6 600(元)

合计分配制造费用 = 44 000(元)

编制分配表如表2-26所示。

表2-26 制造费用分配表

2012年6月

车间	产品名称	生产工时	分配率	分配金额
第一车间	甲产品	4 000	2.583 8	10 335.20
	乙产品	10 000		25 838
	丙产品	8 000		20 670.80
	小 计	22 000		56 844

续表

车间	产品名称	生产工时	分配率	分配金额
第二车间	A产品	5 000	4.4	22 000
	B产品	3 500		15 400
	C产品	1 500		6 600
	小　计	10 000		44 000
合　计		32 000		100 844

根据上表分配结果,编制会计分录如下:

借:基本生产成本——甲产品　　　　　　　　　　　　　10 335.20
　　　　　　　　——乙产品　　　　　　　　　　　　　25 838.00
　　　　　　　　——丙产品　　　　　　　　　　　　　20 670.80
　　　　　　　　——A产品　　　　　　　　　　　　　 22 000.00
　　　　　　　　——B产品　　　　　　　　　　　　　 15 400.00
　　　　　　　　——C产品　　　　　　　　　　　　　 6 600.00
　贷:制造费用——第一车间　　　　　　　　　　　　　56 844.00
　　　　　　　——第二车间　　　　　　　　　　　　　44 000.00

按生产工时比例法分配制造费用,能够将产品负担的制造费用与劳动生产率结合起来,使分配结果比较合理,运用较多。因此,在实际工作中必须做好生产工时的记录和核算工作。

(二)生产工人工资比例法

生产工人工资比例法是按照车间各种产品所耗用的生产工人工资的比例,分配制造费用的一种方法。计算公式如下:

制造费用分配率＝某车间制造费用总额÷该车间各种产品生产工人工资之和

某产品应负担的制造费用＝该产品生产工人工资×制造费用分配率

由于生产工人工资的资料在工资费用分配表中是现成的,所以核算工作比较简便。但采用该方法时,各种产品生产的机械化程度应该基本一致,否则会影响分配结果的合理性。

该方法还可以演化为"直接人工比例法",即分配标准为生产工人工资及其提取的福利费("直接人工"资料可从"基本生产成本明细账"中直接取得)。

【例2-26】　某企业组装车间生产甲、乙、丙三种产品,2015年7月发生制造费用21 600元,三种产品的生产工人工资分别为6 000元、9 000元、13 800元。

要求按生产工人工资比例分配制造费用。

则根据生产工人工资比例法,分配表如表2-27所示。

表 2-27　制造费用分配表

2012 年 7 月

产品名称	生产工人工资	分配率	分配金额
甲产品	6 000		4 500
乙产品	9 000	0.75	6 750
丙产品	13 800		10 725
合计	28 800		21 600

会计分录：（略）。

（三）机器工时比例法

机器工时比例法是按照车间各种产品所用机器设备运转时间（工作时间）的比例分配制造费用的一种方法。计算公式如下：

制造费用分配率 = 某车间制造费用总额 ÷ 该车间各种产品机器工时之和

某产品应负担的制造费用 = 该产品机器运转工时 × 制造费用分配率

【例 2-27】　某企业第二车间生产 A、B、C 三种产品，2012 年 8 月发生制造费用 94 000 元，三种产品耗用机器设备工时分别为 16 800 小时、14 400 小时、8 800 小时。采用机器工时比例法分配结果如表 2-28 所示。

表 2-28　制造费用分配表

2012 年 8 月

产品名称	机器工时	分配率	分配金额
A 产品	16 800		39 480
B 产品	14 400	2.35	33 840
C 产品	8 800		20 680
合计	40 000		94 000

会计分录：（略）。

该种方法适用于产品机械化程度较高的生产车间，但必须做好机器设备工时的原始记录及统计工作。

（四）年度计划分配率法

年度计划分配率法是按照年初确定的全年适用的计划分配率，分配各月制造费用的一种方法。这种方法无论各月实际发生的制造费用是多少，每月分配转出的制造费用所采用的分配率都是一样的，实际发生与计划分配转出费用的差异，在年末按已经分配的比例进行调整。计算公式如下：

年度计划分配率 = 全年制造费用计划（预算）总额 ÷ 全年各产品计划产量的定额工时之和

（其中：全年某产品计划产量的定额工时 = 该产品年计划产量 × 该产品单位工时定额）

某月某产品应分配的制造费用＝该月该产品实际产量的定额工时×年计划分配率

（其中：该月该种产品实际产量的定额工时＝该月该种产品实际产量×该产品工时额定）

【例2-28】 某企业第一生产车间生产甲、乙、丙三种产品，2015年度制造费用计划总额为600 000元；三种产品本年计划产量分别为6 000件、5 000件、4 000件，单位产品工时定额分别为60小时、50小时、80小时。2015年9月份实际生产甲产品400件、乙产品450件、丙产品100件，实际发生制造费用35 000元。

年度计划分配率＝600 000÷(6 000×60＋5 000×50＋4 000×80)＝0.645 2(元/小时)

2015年9月份各产品应分配的制造费用如下：

甲产品应分配的制造费用＝400×60×0.645 2＝15 484.80(元)

乙产品应分配的制造费用＝450×50×0.645 2＝14 517.00(元)

甲产品应分配的制造费用＝100×80×0.645 2＝5 161.60(元)

则制造费用分配表如下：

表2-29 制造费用分配表

2015年9月

产品名称	实际产量	单耗工时	定额工时	分配金额这(0.645 2元/小时)
甲产品	400	60	24 000	15 484.80
乙产品	450	50	22 500	14 517.00
丙产品	100	80	8 000	5 161.60
合计	950		54 500	35 163.40

会计分录如下：

借：基本生产成本——甲产品　　　　　　　　　　　　　　　15 484.80

　　　　　　　　——乙产品　　　　　　　　　　　　　　　14 517.00

　　　　　　　　——丙产品　　　　　　　　　　　　　　　 5 161.60

　　贷：制造费用——第一生产车间　　　　　　　　　　　　35 163.40

"制造费用"年末余额（可能是借方余额，也有可能是贷方余额），就是全年制造费用的实际发生额与计划分配额的差额，一般应在年末调整计入12月份的产品成本，借记"基本生产成本"账户，贷记"制造费用"账户，如果是借方余额，用蓝字补充，如果是贷方余额，用红字冲减。

差额分配的计算公式为：

差额分配率＝差额÷按年度计划分配率分配的制造费用总额

某产品应分配的差额＝该产品按年度计划分配率分配的制造费用×差额分配率

年末，假定该车间制造费用账户贷方余额为3 000元，按年度计划分配率，甲产品已分配300 000元，乙产品已分配200 000元，丙产品已分配150 000元。则调整差额如下：

差额分配率＝3 000÷(300 000＋200 000＋150 000)＝0.004 62

甲产品应负担的差额＝300 000×0.004 62＝1 386(元)

乙产品应负担的差额＝200 000×0.004 62＝924(元)

丙产品应负担的差额 = 3 000 - 1 386 - 624 = 990(元)

差额调整的会计分录如下：

借：基本生产成本——甲产品　　　　　　　　　　　　　1 386.00
　　　　　　　　——乙产品　　　　　　　　　　　　　　924.00
　　　　　　　　——丙产品　　　　　　　　　　　　　　990.00
　贷：制造费用——第一生产车间　　　　　　　　　　　3 000.00

采用年度计划分配率法计算比较简便，也有利于成本费用的日常控制，特别适用于季节性生产企业。但年度计划分配率必须接近实际，如果年度计划分配率脱离实际太大，就会影响成本计算的准确性。

任务四　生产损失的核算

生产损失是指在生产过程中，由于生产原因造成的损失而产生的一系列费用，即企业因管理不善或不执行操作规程而造成的各种生产性损失，包括废品损失、停工损失及在产品盘亏等。本任务只介绍废品损失和停工损失，在产品盘亏放在项目三介绍。

生产性损失不是费用，生产过程发生的各种耗费，即生产费用，在产品销售等环节可以得到补偿。但生产性损失不会得到补偿。考虑到生产性损失是在生产过程中发生的损失，故一般将其认定为生产费用，由同期生产的合格完工产品负担损失。

一、废品损失的核算

（一）废品及废品损失的概念

废品，是指不符合规定的技术标准，不能按照原定用途使用，或者需要加工修理才能使用的在产品、半成品和产成品，包括生产过程发现的废品和入库后发现（由于生产加工过程造成）的废品。

废品按其产生的原因，可分为工废品和料废品。工废品是指由于生产工人操作上的原因造成的不合格品；料废品是指非工人过失而由于被加工的材料质量、规格、性能等不符合产品加工要求所造成的不合格品。

废品按其修复技术的可行性和修复费用的经济合理性，可分为可修复废品和不可修复废品。可修复废品是指经过修理可以使用，而且所花费的修复费用在经济上合算的废品（两个条件必须同时具备）。不可修复废品是指在技术不能修复，或者是虽然在技术上可以修复，但所花费的费用在经济上不合算的废品（两个条件具备一个即是）。

废品损失，是指在生产过程中或入库后发现的不可修复废品的生产成本，以及可修复废品的修复费用，在扣除回收的残料价值和应收责任赔款后的净损失。

但需要注意的是，下列情况不作为废品损失处理：

（1）经过质量检验部门鉴定不需要返修、可以降价出售的不合格品的降价损失，应在计算损益时予以体现。

(2) 产品入库后,由于保管不善等原因而损坏变质的损失,属于企业管理问题,作为存货盘亏,应视具体情况计入企业管理费用、其他应收款等账户。

(3) 实行"三包"(包退、包修、包换)的企业,在产品出售后发现的废品所产生的一切损失,作为企业管理费用,不计入废品损失。

质量检验部门发现废品时,应该填制"废品通知单",列明废品的种类、数量、产生废品的原因和过失人等。成本核算人员应该会同检验人员对"废品通知单"所列废品产生的原因和过失人等项目进行审核。只有经过审核后的"废品通知单"才能作为废品损失核算的依据。

通常情况下,分配转出的废品净损失应由本月同种产品成本承担,为简化核算,往往直接计入其完工产品的成本,月末在产品不负担废品损失。

(二) 账户的设置

1. 单独核算废品损失的企业

对废品损失经常发生,且数量较多,对产品成本影响较大的企业,为了单独核算废品损失,可以增设"废品损失"账户。该账户属成本类账户,主要用于废品损失的归集和分配,其借方登记不可修复废品的生产成本和可修复废品的修复费用;贷方登记残料回收的价值、应收的赔款以及分配转出的废品净损失;期末应无余额。"废品损失"账户应按车间和产品品种设立明细账,账内按成本项目分设专栏或专行,进行明细核算。同时,在基本生产明细账中增设废品损失项目。

2. 不单独核算废品损失的企业

对于不单独核算废品损失的企业,不单独设置"废品损失"账户,也不在"基本生产成本"明细账内设置废品损失项目。企业发生不可修复废品时,可在全部产品产量中扣除废品的数量,不单独归集废品的生产成本;发生的可修复废品的修复费用,直接计入"基本生产成本"及其明细账的有关成本项目;不可修复废品的残料价值,直接冲减"基本生产成本"及其明细账的"直接材料"成本项目,应收的赔款一般可以从"直接人工"成本项目中扣除。

(三) 废品损失核算

1. 不可修复废品的核算

不可修复废品的成本与同种合格产品成本是同时发生的,并且已经归集计入该种产品的生产成本明细账中。因此,为了归集和分配不可修复废品的损失,首先应计算不可修复废品的成本并将其从该种产品的总成本中分离出来。

不可修复废品的生产成本计算,可按废品所耗的实际成本计算,也可按废品所耗的定额费用计算。

(1) 按所耗实际成本计算。按所耗实际成本计算废品成本,是在废品报废时,根据废品与合格品实际发生的全部费用,分成本项目采用一定的分配方法,在合格品与废品之间进行分配,计算出废品的实际成本。

【例 2-29】 2015 年 9 月,振华工厂基本生产车间共生产丙产品 4 000 件,其中合格品 3 760 件,不可修复废品 240 件(240 件中有 160 件完工程度为 50%,80 件系完工验收入库时发现的)。本月加工丙产品共发生费用 257 200 元,其中:直接材料 120 000 元,直接人工 78 400 元,制造费用 58 800 元。原材料系生产开始时一次投入。回收的残料价值 3 000 元

（材料已验收入库）；按规定由过失人赔偿 1 152 元。根据上述资料计算废品损失并作相关的账务处理。

根据表 2-30 的计算结果，编制如下会计分录：

① 结转不可修复废品成本：

借：废品损失——丙产品　　　　　　　　　　　　　　　　　12 800.00
　　贷：基本生产成本——丙产品　　　　　　　　　　　　　　　12 800.00

② 回收残料价值、过失赔款：

借：原材料　　　　　　　　　　　　　　　　　　　　　　　3 000.00
　　其他应收款——××　　　　　　　　　　　　　　　　　　1 152.00
　　贷：废品损失——丙产品　　　　　　　　　　　　　　　　　4 152.00

③ 结转废品净损失：

借：基本生产成本——丙产品　　　　　　　　　　　　　　　　8 648.00
　　贷：废品损失——丙产品　　　　　　　　　　　　　　　　　8 648.00

表 2-30　不可修复废品生产成本计算表

车间：基本生产车间　　　　2015 年 9 月
产品：丙产品　　　　　　　　　　　　　　　　　　　　　　单位：元

项　目	产量(件)	直接材料	直接人工	制造费用	合　计
生产总成本	4 000	120 000	78 400	58 800	257 200
分配标准(产量)		4 000	3 920	3 920	
分配率		30	20	15	
不可修复废品成本	240	7 200	3 200	2 400	12 800
减：残料价值		3 000			3 000
减：过失人赔款			1 152		1 152
不可修复废品净损失		4 200	2 048	2 400	8 648

注：(1) 分配标准(产量)：3 920 =(160×50% +80)+3 760；
　　(2) 3 200 =(160×50% +80)×20；2 400 =(160×50% +80)×15。

(2) 按所耗定额费用计算。按所耗定额费用计算废品成本，就是按废品的数量和各项消耗定额或费用定额计算废品的生产成本，实际成本与额定成本之间的差额全部由合格产品成本负担。

【例 2-30】　2015 年 7 月，新晨厂在生产 A 产品过程中，发现不可修复废品 200 件。该产品的材料费用单位定额为 300 元，废品生产工时计 1 000 小时，每小时直接人工定额为 10 元、制造费用定额为 8 元。回收残料价值 4 000 元，过失赔款 2 000 元。根据上述资料，按所耗定额费用计算废品成本。不可修复废品计算表如表 2-31 所示：

根据表中计算数据，作如下会计分录：

① 结转不可修复废品成本：

借：废品损失——A 产品　　　　　　　　　　　　　　　　　78 000.00
　　贷：基本生产成本——A 产品　　　　　　　　　　　　　　78 000.00

② 回收残料价值、过失赔款：

借：原材料   4 000.00
    其他应收款——××   2 000.00
    贷：废品损失——A产品   6 000.00

③ 结转废品净损失：

借：基本生产成本——A产品   72 000.00
    贷：废品损失——A产品   72 000.00

表2-31 不可修复废品生产成本计算表

车间：基本生产车间　　　　　　2015年7月
产品：A产品　　　　　　　　　　　　　　　　　　　　　　　　　　　　　　　　　单位：元

项　　目	产量（件）	直接材料	定额工时	直接人工	制造费用	合　　计
单位消耗定额		300		10	8	
废品定额成本	200	60 000	1 000	10 000	8 000	78 000
减：残料		4 000				4 000
减：赔款				2 000		2 000
废品净损失	200	56 000		8 000	8 000	72 000

2. 可修复废品损失的核算

可修复废品返修之前发生的费用，已归集到"基本生产成本"账户相应的成本项目中，不必转出。修复时发生的费用应根据有关凭证计入"废品损失"账户，如有残料价值和责任赔款，应冲减废品损失费用。最后将可修复废品发生的净损失由"废品损失"账户的贷方转入"基本生产成本"账户中的废品损失成本项目的借方。

【例2-31】　某工厂生产车间当月生产B产品1 000件，在生产过程中发现可修复废品30件。修复过程中发生原材料费用200元，人工费用150元，制造费用25元。由责任人赔款50元。

（1）发生修复费用时：

借：废品损失——B产品   375.00
    贷：原材料   200.00
        应付职工薪酬——工资   150.00
        制造费用   25.00

（2）应收责任人赔款：

借：其他应收款——某责任人   50.00
    贷：废品损失——B产品   50.00

（3）结转可修复废品净损失：

借：基本生产成本——B产品   325.00
    贷：废品损失——B产品   325.00

二、停工损失的核算

(一) 停工损失及原因

停工损失是指企业生产车间或车间某个班组在停工期间发生的各项费用,包括停工期间支付的生产工人工资及其福利费、所耗用的材料费用及分配的制造费用等。

企业发生停工的时间有长有短,停工的原因也是多种多样。按照原因可以分为季节性生产停工、机器设备大修理停工、原材料和半成品供应不及时停工、生产任务下达不及时停工、工具或模具缺乏停工、设计图纸和工艺文件缺乏或错误停工、意外事故停工、自然灾害停工及计划减产停工等。按照造成停工的责任,可以分为外部责任停工和内部责任停工,外部责任单位主要有供水、供电部门和原材料、燃料供应商等;内部责任单位和个人主要有生产单位的管理部门、企业工艺设计部门、质量检验部门、原材料和燃料与动力供应部门、原材料及半成品及产成品仓库等部门及有关部门负责人、技术人员、操作人员等。

(二) 账户设置

单独核算停工损失的企业,为了核算企业停工期间发生的各项费用,应当设置"停工损失"总分类账户,在基本生产成本明细账内设置"停工损失"成本项目,用于归集和分配停工损失。"停工损失"账户借方登记生产单位发生的各项停工损失;贷方登记应索赔的停工损失和分配结转的停工损失;分配结转后该账户应无余额。"停工损失"账户应按生产单位设置明细账,并按费用项目设置专栏进行明细核算。

对于不单独核算停工损失的企业,可以不设置"停工损失"账户,停工期间发生的各种停工损失费用,可以直接计入"制造费用"、"其他应收款"、"营业外支出"等账户。但该种处理方式不利于对停工损失成本控制与分析。

(三) 停工损失的计算

停工损失计算的原始凭证主要是"停工报告单"。生产单位因各种原因造成停工时,应及时向负责人报告,查明原因,采取措施,尽快恢复生产。如果在一定时间内不能恢复生产,生产单位应及时填写"停工报告单",报送厂部有关部门。企业外部原因和自然灾害造成的停工,除由生产单位填写"停工报告单"外,还应编写专门报告并附有关凭证,以便处理停工损失。

企业和生产单位的核算人员,应当对"停工报告单"所列停工范围、时数及其原因和过失单位等内容进行审核,并查明原因,明确责任单位或个人。只有经过审核后的报告单,才能作为停工损失核算的原始依据。

在停工损失中,原材料、水电费、职工薪酬等,一般可以根据有关原始凭证确认后直接计入费用。能够直接确认的应尽量直接计入,不能直接确认的可以按照停工工时数和小时制造费用率分配计入。

【例2-32】 某企业第一车间由于大修理停工5天,停工期间应支付生产工人薪酬6 000元,计提的福利费840元;应负担的制造费用2 500元。第二车间由于外部供电部门停电造成停工3天,停工期间损失材料费用5 000元,支付生产工人薪酬5 000元,计提福利费700

元,应负担的制造费用 800 元。据此作如下会计分录:

借:停工损失——第一车间   9 340.00
     ——第二车间   11 500.00
 贷:原材料   5 000.00
   应付职工薪酬——工资   11 000.00
       ——福利费   1 540.00
   制造费用——第一车间   2 500.00
      ——第二车间   800.00

(四) 停工损失的分配

企业"停工损失"账户汇集的停工损失,应当根据造成停工的原因进行分配和结转。可以获得赔偿的停工损失,应不冲减停工损失;由于自然灾害等引起的非正常停工损失,应计入"营业外支出"账户;由于计划减产或因原材料供应不足、设备故障等原因造成的停工时间较长的,如主要车间连续停工一个月以上或全厂连续停产 10 天以上的,停工损失应转入"营业外支出"账户;机器设备大修理期间停工等正常损失,应计入产品成本。为了简化核算工作,对于停工期间不满一个工作日的,一般不计算停工损失。

需要注意的是,季节性停工期间发生的费用不属于停工损失,这部分费用应由开工后加工的产品成本负担。

如果车间只生产一种产品,停工期间发生的应计入产品成本的停工损失,可以直接计入该种产品成本明细账中的停工损失项目;如果车间生产多种产品的,应当采用适当的方法分配计入各产品成本明细账中的停工损失项目。

【例 2-33】 如【例 2-32】中,假如第一车间只生产 A 产品,所发生的停工损失全部计入 A 产品成本;第二车间生产 B 产品,经索赔主张,由供电公司同意赔偿 8 000 元,其净损失转作营业处支出。其会计分录如下:

(1) 确认责任赔款:
借:其他应收款——供电公司   8 000.00
 贷:停工损失——第二车间   8 000.00
(2) 结转停工净损失:
借:基本生产成本——第一车间(A 产品)   9 340.00
  营业处支出——非常损失   3 500.00
 贷:停工损失——第一车间   9 340.00
      ——第二车间   3 500.00

项目小结

本项目讲述的主要是产品成本构成要素的核算,包括费用要素和综合性费用的核算。这些费用发生后应按其经济用途或地点,采用一定的分配方法,通过编制费用分配表的形式,计算和确认分别计入产品成本和期间费用。

材料费用在产品成本构成中占有重要地位,是费用要素核算的重点内容之一。材料包括原料及主要材料、外购半成品、辅助材料、修理用备件、燃料、包装物、低值易耗品等。材料费用核算就是对生产经营过程中耗费的材料根据领料凭证归集和分配到有关成本计算对象的过程。分配时可以采用材料定额耗用量、材料定额成本、产品产量、重量、体积等作为分配标准。

人工成本包括生产工人工资、福利费等职工薪酬。工资总额包括计时工资、计件工资以及奖金、津贴、加班加点工资、特殊工作等。计时工资的计算有月薪制和日薪制两种；计件工资有个人计件工资和集体计件工资两种。计件工资制下生产工人的工资可直接计入产品成本中的"直接人工"项目。计时工资制下，如果只生产一种产品，则直接计入该产品成本中的"直接人工"项目；如果生产两种或两种以上的产品，则需要分配计入各产品成本中的"直接人工"项目，常用的分配标准有各产品的实际生产工时或定额生产工时。

动力费用是企业在生产经营过程中耗用的电力、风力、水、蒸汽等支付的费用，按用途进行分配。在有安装仪表的情况下，可按记录的数量和单价计算；在没有仪表记录的情况下，所发生的动力费用应采用一定的方法在各受益对象间进行分配。常用的分配标准有：产品的生产工时、机器工时、定额耗用量等。

燃料费用是企业在生产经营过程中耗用的固体、液体和气体燃料的费用，按其用途进行分配。燃料费用的分配可参照材料费用分配方法进行。

折旧费用是根据编制固定资产折旧计算表进行的，折旧方法包括年限平均法、工作量法、双倍余额递减法和年数总和法等，计提的折旧费用按部门或用途分别计入"制造费用"、"管理费用"等科目。

其他费用按发生的地点和用途进行归集后，分别计入"制造费用"、"管理费用"等科目。

综合性费用包括辅助生产费用、制造费用和生产性损失。

辅助生产费用是发生在为基本生产车间、管理部门或辅助生产部门本身提供产品或劳务的综合费用，通过"辅助生产成本"账户专门核算。所发生的费用应在各受益单位之间进行分配，其分配方法有：直接分配法、一次交互分配法、计划成本分配法、代数分配法和顺序分配法等。

制造费用是指发生在生产单位为组织和管理产品生产所发生的各种间接费用，通过"制造费用"账户核算。只生产一种产品的生产单位，归集的制造费用月末可直接计入该种产品的制造成本；如果生产两种或两种以上的产品，则应采用适当的方法分配计入各产品的制造成本。制造费用的分配方法主要有生产工时比例法、生产工人工资比例法（或直接人工比例法）、机器工时比例法和年计划分配率法等。

生产性损失是指在产品生产过程中由于生产原因而发生的不可能正常产出所造成的损失，包括废品损失、停工损失等。

废品按是否可以修复和经济合理性可分为可修复废品和不可修复废品。废品损失包括在生产过程中发现的和入库后发现的不可修复废品的生产成本、可修复废品的修复费用扣除回收的残料价值和责任赔款后的净损失。如果单独核算废品损失，应增设"废品损失"账户，并在成本项目中设置"废品损失"项目。

停工损失是指生产车间或车间某个班组在停工期间发生的各项费用，包括停工期间发生的材料费用、薪酬及制造费用等。停工损失发生后应依据停工原因分别处理。如果单独核算停工损失，则需要增设"停工损失"账户。

费用要素的分配、综合性费用的分配以及生产性损失的计算等,一般都是通过编制费用分配表(或计算表)进行的。

项目测试题

一、单项选择题

1. 在企业设置"燃料及动力"成本项目的情况下,生产车间发生的直接用于产品生产的燃料费用,应借记的科目是( )。
   A. 原材料　　　B. 基本生产成本　　C. 制造费用　　　D. 燃料

2. 为了既正确又简便地分配外购动力费用,在支付动力费用时,应借记( )类科目,贷记"银行存款"科目。
   A. 成本、费用等　B. 应收账款　　C. 应付账款　　　D. 其他应付款

3. 某职工 2015 年 5 月生产合格品 25 件,料废品 5 件,加工失误产生废品 2 件,计件单价 4 元,则当月应付该职工的计件工资为( )。
   A. 100 元　　　B. 120 元　　　C. 128 元　　　　D. 108 元

4. 基本生产车间的固定资产折旧费,应借记( )科目。
   A. 基本生产成本　B. 制造费用　　C. 管理费用　　　D. 累计折旧

5. 下列不得计入基本生产成本的费用是( )。
   A. 车间厂房折旧费　　　　　　B. 车间机物料消耗
   C. 厂部办公费　　　　　　　　D. 生产工人薪酬

6. 直接用于产品生产,并构成产品实体的原材料费用应计入( )科目。
   A. 销售费用　　B. 制造费用　　C. 基本生产成本　D. 管理费用

7. 按产品材料定额成本比例法分配材料费用时,其适用的条件是( )。
   A. 产品的产量与所耗用的材料有密切的联系
   B. 产品的重量与所耗用的材料有密切的联系
   C. 几种产品共同耗用几种材料
   D. 各项材料消耗定额准确、稳定

8. 企业分配薪酬时,基本生产车间管理人员的薪酬费用应借记( )科目。
   A. 基本生产成本　　　　　　　B. 制造费用
   C. 辅助生产成本　　　　　　　D. 管理费用

9. 生产费用要素中的税金发生或支付时,应借记( )科目。
   A. 基本生产成本　B. 制造费用　　C. 辅助生产成本　D. 管理费用

10. 下列不得计入产品成本的费用是( )。
    A. 车间厂房折旧费　　　　　　B. 车间机物料消耗
    C. 房产税、车船使用税　　　　D. 工人薪酬

11. 当几种产品共同耗用几种材料的情况下,材料费用的分配可采用( )。
    A. 定额耗用量比例法　　　　　B. 产品产量比例法
    C. 产品重量比例法　　　　　　D. 定额成本比例法

12. 按企业医务人员工资总额提取的职工福利费,应借记( )科目。
    A. 应付福利费　　B. 管理费用　　　C. 制造费用　　　D. 营业外支出

13. 工作通知单是对每位职工或班组按工序分配生产任务,并记录其生产数量的一种( )。
    A. 考勤记录　　　B. 工时记录　　　C. 产量凭证　　　D. 质量凭证

14. 每月标准工资除以全年平均每月工作日数计算日工资率时,全年平均每月的工作日数为( )。
    A. 30 天　　　　B. 25.5 天　　　C. 20.83 天　　　D. 21.17 天

15. 辅助生产费用直接分配法的特点是将辅助生产费用( )。
    A. 直接计入"辅助生产成本"账户
    B. 直接分配给各受益对象
    C. 直接分配给辅助生产车间以外的受益单位
    D. 直接计入"基本生产成本"账户

16. 辅助生产费用的各种分配方法中,能够分清内部经济责任,利于实行厂内经济核算的方法是( )。
    A. 直接分配法　　　　　　　　B. 交互分配法
    C. 计划成本分配法　　　　　　D. 顺序分配法

17. 在辅助生产车间相互提供产品或劳务的情况下,下列分配辅助生产费用最为准确的方法是( )。
    A. 直接分配法　　　　　　　　B. 交互分配法
    C. 计划成本分配法　　　　　　D. 代数分配法

18. 采用计划成本分配辅助生产费用时,分配的辅助生产成本差异,可以简化计入( )账户。
    A. 制造费用　　　　　　　　　B. 辅助生产成本
    C. 基本生产成本　　　　　　　D. 管理费用

19. 按照机器工时比例法分配制造费用时,要求( )。
    A. 各种产品机械化程度较高　　B. 各种产品机械化程度较低
    C. 各种产品的机械化程度相差不大　D. 不考虑各种产品的机械化程度差异

20. 下列项目中属于制造费用的是( )。
    A. 车间生产工人薪酬　　　　　B. 企业管理人员办公费
    C. 企业管理人员薪酬　　　　　D. 车间固定资产修理费用

21. 下列各项中,不应计入废品损失的是( )。
    A. 修复废品的生产工人工资　　B. 不可修复废品的生产成本
    C. 可修复废品的生产成本　　　D. 用于修复废品的材料费用

22. 按年计划分配率分配制造费用时,如果"制造费用"科目年末有贷方余额,应按余额( )。
    A. 用红字借记"基本生产成本",贷记"制造费用"
    B. 用蓝字借记"制造费用",贷记"基本生产成本"
    C. 用红字借记"制造费用",贷记"基本生产成本"

D. 结转下年度
23. 发生停工的原因很多,停工损失不计入产品成本的原因是( )。
   A. 原材料供应不足   B. 计划减产
   C. 机器发生故障   D. 洪水和地震
24. 生产过程中或入库后发现的废品损失,不包括( )。
   A. 修复废品领用材料   B. 修复废品人员工资
   C. 不可修复废品的报废损失 D. 实行"三包"损失
25. 可修复废品在返修过程中所发生的修理用材料、动力、生产人员工资、应负担的制造费用等扣除过失人赔偿后的净支出属于( )。
   A. 废品损失   B. 停工损失   C. 修复费用   D. 报废损失
26. 下列部门的水电费,应计入"制造费用"的是( )。
   A. 基本生产车间日常用水电费   B. 基本生产车间生产乙产品的水电费
   C. 销售部门耗用的水电费   D. 企业生产管理部门耗用的水电费
27. 特别适用于季节性生产企业的制造费用分配方法是( )。
   A. 生产工时比例法   B. 约当产量法
   C. 按年度计划分配率法   D. 直接人工比例法
28. 辅助生产费用交互分配后的实际费用,应在( )之间进行分配。
   A. 基本生产车间   B. 各辅助生产车间
   C. 各受益单位   D. 辅助生产车间以外的各受益单位
29. 将辅助生产费用直接分配给辅助生产车间以外的各受益单位的方法称为( )。
   A. 直接分配法   B. 交互分配法   C. 代数分配法   D. 计划成本分配法
30. 辅助生产费用在按交互分配法分配时,每个辅助车间应计算的费用分配率为( )。
   A. 一个   B. 两个   C. 三个   D. 四个
31. 专设成本项目的生产费用都是( )。
   A. 直接计入费用   B. 间接计入费用
   C. 直接生产费用   D. 间接生产费用
32. 基本生产车间计提的固定资产折旧费,应计入( )科目。
   A. 基本生产成本   B. 制造费用
   C. 管理费用   D. 辅助生产成本
33. 企业为筹集资金而发生的手续费,应借记( )科目。
   A. 制造费用   B. 财务费用   C. 管理费用   D. 投资支出
34. 辅助生产车间完工入库的修理用备件,贷记"辅助生产成本"科目,借记( )。
   A. 低值易耗品 B. 修理用备件 C. 原材料   D. 自制半成品
35. 下列属于辅助生产费用分配方法的是( )。
   A. 计划成本分配法   B. 约当产量比例法
   C. 工时比例法   D. 年度计划分配率法
36. 辅助生产费用的交互分配法,在一次交互分配时是在( )。
   A. 各受益单位之间分配   B. 各受益的辅助生产车间之间分配

C. 辅助生产以外各受益单位之间分配　　D. 各基本生产车间之间分配

37. 基本生产车间消耗的材料,应计入( )。
   A. 制造费用　　B. 基本生产成本　　C. 管理费用　　D. 销售费用

38. 制造费用分配以后,"制造费用"科目一般应无余额,如有余额则是在( )。
   A. 季节性生产的车间　　　　　　B. 工时定额准确的产品
   C. 机械化程度较高的车间　　　　D. 各种产品机械化程度大致相同

39. 生产过程或入库后发现的废品损失应包括( )。
   A. 不可修复废品的报废损失　　　B. 废品过失人赔偿款
   C. 实行"三包"损失　　　　　　D. 管理不善损坏变质损失

40. 不可修复废品成本应按废品的( )计算。
   A. 计划成本　　B. 制造费用　　C. 所耗定额费用　　D. 先进先出

41. 顺序分配法是将辅助生产费用按( )的顺序进行分配的方法
   A. 先辅助生产,后基本生产　　　B. 先辅助生产内部,后对外
   C. 辅助生产车间受益多少　　　　D. 先对外,后辅助生产内部

42. 辅助生产费用分配的方法,计算结果最精确的方法是( )。
   A. 直接分配法　B. 顺序分配法　　C. 代数分配法　D. 比例分配法

43. 在不单独设置废品损失的企业中,收回残料时,应借记"原材料"科目,贷记( )科目。
   A. 废品损失　　　　　　　　　　B. 基本生产成本
   C. 制造费用　　　　　　　　　　D. 营业外支出

44. 某职工某年8月加工甲产品50件,其中料废品8件,工废品2件,该产品计件单价为10元,则应付的职工计件工资为( )。
   A. 80元　　B. 100元　　C. 480元　　D. 500元

45. 采用辅助生产费用分配的交互分配法,对外分配的费用总额是( )。
   A. 交互分配前的费用
   B. 交互分配前的费用加上交互分配转入的费用
   C. 交互分配前的费用减去交互分配转出的费用
   D. 交互分配前的费用再加上交互分配转入的费用,减去交互分配转出的费用

46. "废品损失"账户核算的内容之一是( )。
   A. 产品销售后的修理费用
   B. 生产过程中发现的不可修复废品的生产成本
   C. 出售商品的降价损失
   D. 库存产品因水灾而变质的损失

47. 某工人本月加工完成的甲产品数量为100件,其中合格品数量96件,料废品3件,工废品1件,计件单价10元;加工完成乙产品90件,其中合格品数量88件,料废品数量2件,计件单价为8元。据此计算该工人本月计件工资为( )元
   A. 1 664　　B. 1 674元　　C. 1 710元　　D. 1 720

48. 某生产车间采用五五摊销法进行低值易耗品摊销的核算。该生产车间4月份领用低值易耗品的实际成本为10 000元;报废低值易耗品的实际成本为5 000元,残料计价150

元。4月份应计入制造费用的低值易耗品摊销价值为( )元。
　　A. 1 900　　　B. 3 900　　　C. 4 900　　　D. 7 350

49. 不可修复废品应负担的原材料费用1 000元,加工费用500元;残料价值200元,应收赔款300元,其报废净损失应为( )元。
　　A. 550　　　　B. 700　　　　C. 850　　　　D. 1 000

50. 年计划分配率法是( )分配方法的一种。
　　A. 材料费用　　B. 制造费用　　C. 辅助生产费用　　D. 动力费用

二、多项选择题

1. 生产经营过程中领用的材料,按照用途进行归类,生产产品耗用、生产车间耗用、行政管理部门耗用,应分别记入( )科目。
　　A. 基本生产成本　　　　　　　B. 制造费用
　　C. 管理费用　　　　　　　　　D. 销售费用

2. 材料费用的分配标准有( )。
　　A. 材料定额消耗量　　　　　　B. 材料定额费用
　　C. 产品体积　　　　　　　　　D. 产品工时定额

3. 计入产品成本的各种材料费用,按照用途分配,应记入( )科目的借方。
　　A. 待摊费用　　B. 预提费用　　C. 制造费用　　D. 基本生产成本

4. 分配间接计入费用的分配标准主要有( )。
　　A. 成果类　　　B. 消耗类　　　C. 定额类　　　D. 约当产量类

5. 低值易耗品的摊销方法通常有( )。
　　A. 一次摊销法　B. 分次摊销法　C. 直接摊销法　D. 五五摊销法

6. 本月应计提的固定资产有( )。
　　A. 使用的机器设备　　　　　　B. 本月增加的固定资产
　　C. 本月减少的固定资产　　　　D. 融资租赁的固定资产

7. 要素费用中的税金,应通过"应交税金"科目核算的税种是( )。
　　A. 印花税　　　B. 房产税　　　C. 土地使用税　D. 车船使用税

8. 辅助生产车间对受益单位分配费用的方法有( )。
　　A. 生产工资比例法　　　　　　B. 直接分配法
　　C. 交互分配法　　　　　　　　D. 年度计划分配率法

9. 按计划成本分配辅助生产费用的优点是( )。
　　A. 分配结果最正确
　　B. 简化和加速了分配的计算工作
　　C. 便于考核和分析各受益单位经济责任
　　D. 能够反映辅助生产车间产品或劳务的成本差异

10. 制造费用的分配方法主要有( )。
　　A. 计划成本分配法　　　　　　B. 直接分配法
　　C. 生产工时比例法　　　　　　D. 机器工时比例法

11. 废品损失应该包括( )。

A. 不可修复废品的报废损失　　B. 可修复废品的修复费用
C. 不合格品的降价损失　　D. 产品保管不善的损坏变质损失

12. 不可修复废品成本,可以按(　　)。
    A. 废品所耗实际费用计算　　B. 废品所耗定额费用计算
    C. 废品售价计算　　D. 废品残值计算

13. 可修复废品的修复费用应该包括(　　)。
    A. 修复废品的材料费用　　B. 修复废品的工资费用
    C. 修复废品的动力费用　　D. 修复废品的销售费用

14. 下列属于多次使用的材料发出凭证是(　　)。
    A. 领料单　　B. 限额领料单　　C. 领料登记表　　D. 退料单

15. 在月薪制下,日工资率可以按(　　)天计算。
    A. 月平均 30 天　　B. 月平均 20.83 天
    C. 月平均 22 天　　D. 月平均 22.5 天

16. 辅助生产费用的分配方法有(　　)。
    A. 直接分配法　　B. 顺序分配法
    C. 交互分配法　　D. 代数分配法
    E. 计划成本分配法

17. 某车间发生下列费用,(　　)应计入制造费用。
    A. 低值易耗品摊销　　B. 管理人员工资
    C. 车间一般消耗的燃料费用　　D. 折旧费

18. 制造费用主要是指企业为生产产品或提供劳务而发生的各项间接费用,包括(　　)。
    A. 机物料消耗　　B. 车间管理人员薪酬
    C. 修理费　　D. 劳动保护费

19. "废品损失"账户借方反映(　　)。
    A. 可修复废品成本　　B. 可修复废品的销售费用
    C. 不可修复废品的生产成本　　D. 可修复废品的修复费用

20. 停工损失包括(　　)。
    A. 原材料供应方违约不及时供料引起停工的损失
    B. 电力中断引起停工的损失
    C. 计划减产造成的停工损失
    D. 季节性生产企业的季节性停工而发生的各项费用

21. 工业企业的期间费用包括(　　)。
    A. 制造费用　　B. 财务费用　　C. 管理费用　　D. 销售费用

22. 计入产品成本的其他费用支出有(　　)。
    A. 劳动保护费　　B. 利息支出　　C. 水电费　　D. 邮电费

23. 要素费用的分配原则是(　　)。
    A. 直接费用直接计入产品成本　　B. 直接费用分配计入产品成本
    C. 间接费用直接计入产品成本　　D. 间接费用分配计入产品成本

24. 生产领用的材料被多种产品耗用并且不能分清每种产品的消耗数量时,将材料费用在各种产品当中进行分配,可采用的分配方法有(   )。
   A. 定额耗用量比例法   B. 产品产量比例法
   C. 定额成本(费用)比例法   D. 约当产量法
25. 下列应包括在工资总额中的项目是(   )。
   A. 计时工资   B. 计件工资   C. 津贴和补贴   D. 生活困难补助
26. 计算应付工资的原始凭证主要有(   )。
   A. 考勤簿   B. 产量记录   C. 工作班产量记录   D. 工序进程单
27. 下列属于特殊情况下支付的工资有(   )。
   A. 病假支付的工资   B. 工伤支付的工资
   C. 探亲支付的工资   D. 婚假支付的工资
28. 下列可以计算计件工资的产量是(   )。
   A. 合格品数量   B. 料废品数量   C. 工废品数量   D. 在产品数量
29. 下列费用分配表中可以直接作为基本生产车间产品成本明细账登记依据的有(   )。
   A. 原材料费用分配表   B. 工资费用分配表
   C. 折旧费用分配表   D. 制造费用分配表
30. 计算不可修复废品的净损失,应考虑的因素有(   )。
   A. 不可修复废品的成本   B. 可修复废品的修复费用
   C. 回收残料价值   D. 过失人赔款
31. 成本核算中的损失费用是指(   )。
   A. 停工损失   B. 废品损失   C. 坏账损失   D. 在产品盘亏损失
32. "制造费用"科目月末(   )。
   A. 可能没有余额   B. 可能有余额
   C. 可能有借方余额   D. 可能有贷方余额
33. 辅助生产费用分配的交互分配法,具有(   )的特点。
   A. 需要计算两个分配率   B. 核算工作比较大
   C. 核算结果最正确   D. 核算结果较正确
34. 采用计划成本分配辅助生产费用,辅助生产车间实际发生的费用与按计划分配转出的费用之间的差额(   )。
   A. 可以再在辅助生产车间之间进行分配
   B. 可以再在辅助生产与其他受益单位之间进行分配
   C. 可以再分配给辅助生产车间以外的受益单位
   D. 可以全部计入管理费用
35. 在(   )情况下,辅助生产车间的制造费用才可以不通过"制造费用"账户进行核算。
   A. 车间不生产商品产品   B. 车间的规模较小
   C. 制造费用很多   D. 制造费用很少

三、判断题

1. 对于辅助生产车间发生的费用,都应在"辅助生产成本"账户中进行核算。（ ）
2. 在所有的辅助生产费用分配方法中,最准确的是一次交互分配法。（ ）
3. 采用直接分配法分配辅助生产费用时,辅助生产车间之间相互提供产品或劳务也应计算各自应负担的费用。（ ）
4. "制造费用"账户是集合分配账户,因此,对制造费用无论采用什么方法分配,该账户月末均无余额。（ ）
5. 材料费用的分配一般是通过编制材料费用分配表进行的。（ ）
6. 要素费用中的人工成本是指应计入产品成本的生产工人的薪酬。（ ）
7. 在几种产品共同耗用几种材料的情况下,材料费用的分配应采用产品材料定额成本比例分配法进行。（ ）
8. 固定资产折旧费是产品成本的组成部分,应该全部计入产品成本。（ ）
9. 采用月标准工资除以 30 天计算日工资率时,缺勤期间为节假日的,照发工资。（ ）
10. 采用月标准工资除以 30 天计算日工资率时,缺勤期间为节假日的,照扣工资。（ ）
11. 采用月标准工资除以 20.83 天计算日工资率时,缺勤期间为节假日的,不扣工资。（ ）
12. 采用月标准工资除以 20.83 天计算日工资率时,缺勤期间为节假日的,不发工资。（ ）
13. 季节性生产企业的"制造费用"在期末分配后,应无余额。（ ）
14. 辅助生产费用采用代数分配法分配的结果最为准确。（ ）
15. 废品损失包括可修复废品的修复费用和不可修复废品的净损失。（ ）
16. 辅助生产车间发生的间接费用,都应通过"制造费用"账户核算。（ ）
17. 交互分配法考虑了辅助生产车间相互提供劳务的因素,因而分配结果是完全符合实际的。（ ）
18. 经过修理虽可使用,但所花费在经济上不合算的废品,属于不可修复废品。（ ）
19. 采用顺序分配法分配辅助生产费用时,排列在前的辅助生产车间不承担排列在后的辅助生产费用。（ ）
20. 由于自然灾害造成的停工损失,应计入营业外支出。（ ）
21. 任何企业均可以采用年度计划分配率法分配制造费用。（ ）
22. 为反映完工产品成本构成,在分配生产费用时,应按成本项目分别计算。（ ）
23. "预提费用"账户的余额一定在贷方,因为它是负债类科目。（ ）
24. 企业的辅助生产部门有的是提供劳务如供电、运输等,有的是生产产品如工具模具等。提供劳务的通过"辅助生产成本"账户核算,生产产品的通过"基本生产成本"账户核算。（ ）
25. 企业生产部门发生的办公费、邮电费等尽管与产品生产没有直接关系,但也应计入产品成本。（ ）

26. 企业生产管理过程中发生和机器设备折旧费,由于不单设成本项目,因而核算上是先按使用单位归集,然后再与其他间接费用一起分配计入产品成本和期间费用。（ ）

27. 企业发生的废品损失,无论是什么原因造成的,扣除责任赔款后的净损失均计入产品成本。（ ）

28. 企业在生产环节领用的与产品融为一体的包装材料应作为产品成本的构成内容核算。（ ）

29. 如果车间只生产一种产品,其发生的制造费用就不需要进行分配,直接转入该种产品的生产成本。（ ）

30. 应付计时工资 = 出勤天数 × 日工资率 + 各种工资性津贴 + 奖金 + 病假天数 × 日工资率 × 病假应发比例。（ ）

四、实务操作题

1. 企业生产甲、乙两种产品,耗用 A 材料 62 400 元。本月生产甲产品 220 件,每件材料费用定额为 120 元;生产乙产品 256 件,每件材料费用定额为 100 元。

要求：采用定额费用比例法分配材料费用（计算过程、编制分配表及会计分录）。

2. 某企业第一生产车间生产甲、乙两种产品,第二生产车间生产丙、丁产品。2015 年 5 月生产甲产品 5 550 件,单耗材料定额 4.2 千克;生产乙产品 4 750 件,单耗材料定额 3.6 千克;生产丙产品 100 件,单耗材料定额 15 千克;生产丁产品 50 件,单耗材料定额 12 千克。甲、乙产品共同领用 A 材料 64 320 千克,计划单价 5 元;丙、丁产品共同领用 B 材料 10 500 元。

要求：采用定额耗用量比例法分配材料费用（计算过程、编制分配表及会计分录）。

3. 某企业生产甲、乙两种产品,2015 年 3 月共同领用 A 材料 2 375 千克,单位计划成本 45 元,甲产品的材料消耗定额为 2.5 千克,乙产品的材料消耗定额为 3 千克,该月甲产品产量为 400 件,乙产品产量为 500 件。A 材料的成本差异额为 −3%。

要求：(1) 计算 A 材料消耗量分配率;(2) 计算甲、乙产品应分配 A 材料的计划成本;(3) 编制两种产品应负担的材料成本的会计分录。

4. 某企业生产车间 2015 年 6 月生产甲、乙两种产品,领用 A、B 两种材料,实际成本总计 66 480 元。本月投产甲产品 20 件,乙产品 10 件,甲产品材料消耗定额为：A 材料 5 千克,B 材料 8 千克;乙产品的材料消耗定额为：A 材料 7 千克,B 材料 9 千克。A、B 两种材料的计划单价分别为 12 元和 14 元。

要求：按材料定额成本比例分配材料费用,并编制材料费用分配表和会计分录。

5. 某企业 2015 年 3 月生产甲、乙两种产品,共耗用 A 材料 6 000 千克,每千克计划单价 18 元,甲产品重 2 000 千克,乙产品重 1 200 千克。

要求：按产品重量比例法分配材料费用。

6. 某企业 2015 年 3 月生产甲、乙两种产品,共耗用 A 材料 16 000 千克,每千克计划单价 15 元。本月生产甲产品 100 件,乙产品 300 件。

要求：按产品产量比例法分配材料费用。

7. 职工李福海月标准工资 1 740 元。6 月份日历天数为 30 天,共 9 个休息日。该职工请病假 7 天（其中 2 天是休息日）,本月出勤 16 天。本月奖金 200 元,津贴和补贴 260 元,病假支付工资比例为 80%。

要求：采用月平均工作日 30 天和 20.83 天计算日工资率，并用倒扣法和顺加法分别计算该职工应付工资额。

8. 工人顾桐在 2015 年 3 月加工甲、乙两种产品。甲产品工时定额为 30 分钟，乙产品工时定额为 15 分钟。按该工人级别，其小时工资率为 2 元。当月该工人加工甲产品 3 600 件，乙产品 3 700 件。

要求：计算该工人所加工的甲、乙产品的计件工资单价；计算该工人当月应得计件工资。

9. 工人金雨露 8 月份加工 A、B 两种产品，加工 A 产品 300 件，B 产品 150 件。验收时发现 A 产品有废品 30 件，其中料废品 10 件，工废品 20 件；B 产品全部合格。该职工的小时工资率为 8 元，A 产品工时定额 0.5 小时，B 产品工时定额 1 小时。

要求：计算金雨露 8 月份的应付计件工资额。

10. 某企业 2015 年 4 月用电 40 000 度，其中：基本生产车间照明用电 3 000 度，生产 A、B 两种产品用电 30 000 度，行政管理部门用电 7 000 度。用电单价 0.40 元，应付电费 16 000 元，未付。当月生产 A、B 产品的工时分别为 36 000 小时和 24 000 小时。

要求：按所耗电度数分配动力费用，A、B 产品按生产工时分配电费，编制动力费用分配表和分配会计分录。

11. 某企业一班组共有工人 4 人，2015 年 3 月共生产 A 产品 800 件，计件单价 60 元，4 名工人的工作天数分别为：甲工人 25 天，乙工人 24 天，丙工人 23 天，丁工人 21 天。

要求：根据以上资料计算该组应得的计件工资，并按工人实际工作天数计算每位工人应得的计件工资（通过编制"计件工资分配表"进行）。

12. 某企业本月份的工资结算汇总表显示：基本生产车间生产甲、乙两种产品的生产工人工资共计 48 160 元，车间管理人员工资 1 840 元；行政管理部门人员工资 10 000 元；机修和供电两个辅助生产车间工人工资分别为 5 000 元和 6 000 元，管理人员工资分别为 3 000 元和 2 500 元。当月完工甲产品 10 000 件，单位产品工时定额 3.2 小时，生产乙产品 8 000 件，单位产品工时定额 3 小时。

要求：根据上述资料，采用生产工时比例法分配工资费用，按 14% 计提职工福利费（编制"职工薪酬费用分配表"和分配会计分录）。

13. 某企业设有供电和机修两个辅助生产车间。2015 年 4 月，供电车间发生费用 14 080 元，机修车间发生费用 13 440 元。当月两个车间提供的劳务量见下表：

受益单位		供电车间/度	机修车间/小时
供电车间			400
机修车间		8 000	
第一生产车间	产品耗用	37 000	
	一般耗用	3 000	3 600
第二生产车间	产品耗用	34 000	
	一般耗用	2 000	4 200
行政管理部门		4 000	200
合　计		88 000	8 400

要求：分别采用直接分配法、一次交互分配法、计划成本分配法（供电计划单价 0.16 元，机修计划单价 1.80 元）、代数分配法、顺序分配法（假定供电在前）分配辅助生产费用，编制"辅助生产费用分配表"和分配会计分录。

14. 某企业辅助生产车间生产低值易耗品专用工具一批，为简化核算，车间发生的间接费用不通过"制造费用"账户核算。2015 年 5 月发生如下经济业务：
（1）生产专用工具领用原材料 6 800 元，车间一般性消耗 600 元；
（2）生产工人工资 6 400 元，其他人员工资 1 000 元，按 14% 提取职工福利费；
（3）燃料及动力费用 2 800 元，通过银行存款支付；
（4）计提固定资产折旧费 2 200 元；
（5）以银行存款支付修理费、水费、邮电费、办公费、劳动保护费等，共计 1 600 元；
（6）专用工具全部完工，结转实际成本。

要求：根据以上业务编制会计分录，设置并登记辅助生产成本明细账，账内按成本项目反映。

15. 某企业第一基本生产车间生产 A、B 两种产品，第二基本生产车间生产 C、D 两种产品。2015 年 5 月，一车间发生制造费用 100 000 元，二车间发生制造费用 15 000 元，当月各种产品的生产工时分别为：A 产品 3 000 小时，B 产品 2 000 小时，C 产品 2 500 小时，D 产品 1 500 小时。

要求：编制制造费用分配表，采用生产工时比例法分配制造费用，并编制会计分录。

16. 某企业基本生产车间生产甲、乙、丙三种产品，共计生产工时 22 000 小时，其中：甲产品 7 500 小时，乙产品 8 500 小时，丙产品 6 000 小时。当月发生各种间接费用如下：
（1）以银行存款支付劳动保护费 1 300 元；
（2）车间管理人员工资 4 000 元，按 14% 计提职工福利费；
（3）车间消耗材料 1 700 元；
（4）车间固定资产折旧费 1 600 元；
（5）以现金支付修理费 500 元；
（6）本月摊销保险费 400 元；
（7）辅助生产车间转入修理费、运输费等 1 200 元；
（8）以银行存款支付办公费、水电费、邮电费及其他支出共计 1 940 元；

要求：
（1）设置制造费用明细账，账内按费用项目专栏反映。
（2）根据以上资料，编制会计分录，并登记明细账。
（3）用生产工时比例法，编制制造费用分配表分配制造费用，编制分配的会计分录。

17. 某企业第一生产车间全年制造费用预算为 351 000 元，全年各种产品的计划产量为：甲产品 19 000 件，乙产品 6 000 件，C 产品 8 000 件。单位产品的工时定额为：甲产品 5 小时，乙产品 7 小时，C 产品 7.5 小时。2015 年 5 月实际生产产量为：甲产品 1800 件，B 产品 700 件，C 产品 500 件，当月实际发生的制造费用为 30 900 元。假定截止到 12 月末，全年实际发生的制造费用为 351 918 元，实际产量为：甲产品 20 000 件，乙产品 8 000 件，丙产品 6 000 件。

要求：

（1）按年计划分配率法分配制造费用，并编制相应的会计分录。

（2）年末，对"制造费用"账户余额进行调整，并编制相应的会计分录。

18. 某企业生产丙产品，本月投产 300 件，月末完工验收入库时发现不可修复废品 8 件；合格品的生产工时为 8 760 小时，废品工时 240 小时。当月全部产品发生的生产费用为：直接材料 12 000 元，燃料与动力 10 800 元，直接人工 12 600 元，制造费用 7 200 元。材料系生产开始时一次投入。废品残料价值 50 元，过失人赔款 120 元。

要求：根据以上资料，编制"废品损失计算表"，按实际生产费用计算废品成本，并编制相应的会计分录。

19. 某企业生产乙产品 1 000 件，在生产过程中，产生不可修复废品 100 件，每件废品的定额成本为：原材料费用定额 80 元，工时定额为 2 小时，每小时的工资率为 5 元，费用率为 10 元，残料价值 500 元入库。同时，对产生的可修复废品进行修复，发生的修复费用为：原材料 1 500 元，工资及福利费 684 元，制造费用 1 200 元。

要求：根据以上资料，编制"废品损失计算表"，并编制相应的会计分录。

20. 兴安公司生产甲、乙两种产品。2015 年 9 月初投产甲产品 600 件，乙产品 400 件。当月生产产品发生下列经济业务：

（1）共同耗用 A 材料 5 880 千克，材料计划单位成本 100 元，成本差异率 2%，单位消耗定额为甲产品 4 千克，乙产品 8 千克。车间一般消耗 4 000 元。

（2）两种产品共同耗用燃料费用 41 983.2 元。

（3）两种产品共同耗用电力费用 48 600 元，甲、乙产品单位产品生产工时分别为 100 小时和 120 小时，车间照明用电 3 000 元。

（4）应付工资总额 150 000 元，其中：甲、乙产品生产工人工资分别为 40 000 元和 60 000 元，车间管理人员工资 10 000 元，企业管理人员工资 40 000 元。按 14%、2%、1.5% 的比例计提职工福利费、工会经费和教育经费。

（5）生产车间固定资产折旧费 6 000 元，办公费 4 000 元。

（6）设有供水和机修两个辅助生产车间，发生的费用分别为 27 000 元和 23 000 元，供应的对象和数量为：供水车间用机修 200 小时，基本生产车间用机修 3 000 小时，机修车间用水 500 吨，基本生产车间用水 9 500 吨。

要求：

（1）编制材料费用分配表，按材料消耗定额分配材料费用，并编制会计分录。

（2）编制燃料费用分配表，按甲、乙两种产品耗用的材料费用比例分配燃料费用，并编制会计分录。

（3）编制动力费用分配表，按产品生产工时分配动力费用，并编制会计分录。

（4）编制辅助生产费用分配表，用交互分配法分配辅助生产费用，并编制会计分录。

（5）建立"制造费用"明细账，登记发生的制造费用；编制制造费用分配表，用生产工时比例法分配制造费用，并编制会计分录。

（6）按产品设置基本生产成本明细账，账内分直接材料、燃料及动力、直接人工、制造费用专栏登记。

分配完工产品与在产品成本

知识目标
1. 生产费用在完工产品和月末在产品之间的分配方法。
2. 完工产品的成本结转。

技能目标
1. 能区分各种在产品计价方法的特点和适用范围。
2. 能根据有关资料进行在产品完工率和在产品约当量的计算。
3. 能根据有关资料进行生产费用在完工产品与在产品之间分配,正确编制产品成本计算单。

任务一 核算在产品数量

一、在产品与产成品的概念

在产品有广义和狭义之分。广义在产品是就整个企业而言的,它是企业已经投入生产,但尚未全部完成生产过程,不能作为商品销售的产品,包括正在各个生产单位加工的在制品、已经完成部分生产步骤但尚需继续加工的自制半成品、经过装配而未验收入库的产品以及返修的废品等。已经对外销售的自制半成品属于商品产品,不属于在产品范围;已经完成全部生产过程并验收入库的产品,属于产成品,也不属于在产品之列。狭义的在产品是就企业某一个生产单位(分厂、车间)或某一生产步骤(工序)而言的,它是指尚在该生产单位或步骤加工的在制品,不包括该生产单位或步骤已经完工交付的自制半成品。

产成品是指已经完成全部生产工艺过程,经过验收合格并入库,可以作为商品产品对外销售的完工产品。企业在生产过程中产生的不可修复废品,既不属于在产品,也不属于产成品。

合理计算企业在产品与产成品成本,对于准确计算库存商品成本,合理反映企业生产经营成果,确认存货价值,进行成本计划制订,实施成本控制与企业管理决策等,都具有十分重要的意义。

二、在产品与完工产品计量关系

(一)数量关系

主要体现在月初在产品数量、本月投产量、本月完工产品数量、月末在产品数量之间的变化上,其表达式为式(1)。

$$月初在产品数量 + 本月投产量 = 本月完工产品数量 + 月末在产品数量 \qquad (1)$$

这种数量关系,对于在产品收发存的数量核算具有非常重要的作用,也为正确计算在产品成本和完工产品成本提供可靠的依据。

(二)成本关系

主要体现在月初在产品成本、本月发生额、本月完工产品成本、月末在产品成本的变化上,其表达式为式(2)。

$$月初在产品成本 + 本月发生额 = 本月完工产品成本 + 月末在产品成本 \qquad (2)$$

这种成本关系,为选择在产品计价方法,正确计算生产费用、在产品成本和完工产品成本提供了重要依据。

企业生产产品所发生的生产费用,经过各费用要素及综合费用的横向分配后,应计入本月各种产品成本的生产费用(即本月发生额),均已经归集到按照成本计算对象设置的"基本生产成本"相关明细账中,加上各成本计算对象生产成本明细账中的月初在产品余额,形成了各该成本计算对象的全部生产费用,亦称为累计生产费用或生产费用合计数。然后将这些生产费用在本期完工产品和月末在产品之间进行分配,从而计算完工产品成本。

如果月末没有在产品,则"基本生产成本"明细账中累计生产费用,就是该种产品本期完工产品的总成本。

如果月末没有完工产品,则"基本生产成本"明细账中累计生产费用,就是该种产品期末在产品成本。

如果期末既有完工产品,又有在产品,则将"基本生产成本"明细账中的累计生产费用,采用适当的方法,在完工产品与期末在产品之间进行分配(即纵向分配)。

需要提出的是,无论采取哪一种方法,都必须首先取得在产品数量核算资料。

三、在产品收发存的日常核算

企业在产品品种规格较多,又处于不断流动变化之中,因此,在产品收发存的数量核算是项比较复杂的工作。做好在产品数量核算,是正确计算产成品成本的重要前提条件。为此,企业应该设置"在产品台账"(或称"在产品收发结存账"),该台账应分生产单位(分厂、车间)或生产步骤(工序),按照在产品名称、类别或批别设置,以便正确记录在产品的收入、发出、报废、结存等数量情况,为在产品成本计算提供资料。"在产品台账"的一般格式如表3-1所示。

表 3-1　在产品台账

生产单位：　　　　　　　　　　产品名称：　　　　　　　　　　计量单位：

年	摘　要	收入		发出			结存	
月　日		凭证号	数量	凭证号	数量	废品	完工	未完工
	上月结转							
	本月发生							
	完工转出							
	本月合计							

四、在产品清查盘点的核算

为了核实在产品的数量,加强在产品的管理,正确计算在产品成本,企业必须认真做好在产品的清查工作,做到账实相符。清查可以定期进行,也可以不定期进行。清查时,应根据盘点结果和"在产品台账"编制"在产品盘存表",填制在产品的账面数、实存数和盘亏数、毁损数或盘盈数,以及盘亏原因分析和处理意见等,对于报废和毁损的在产品,还应登记其残值。"在产品盘存表"如表 3-2 所示

表 3-2　在产品盘存表

部门：　　　　　　　　　　　　　年　　月　　日

品名	规格	单位	账面数量	盘点数量	盘盈		盘亏		差异原因	处理意见
					数量	金额	数量	金额		

部门主管：　　　　　　　　　　盘点人：　　　　　　　　　　经管人：

成本核算人员应对在产品的清查结果进行审核,并进行相应的账务处理。

(1) 发现盘盈时：

借：基本生产成本

　　贷：待处理财产损溢——待处理流动资产损溢

经过审批后作如下处理：

借：待处理财产损溢——待处理流动资产损溢

　　贷：制造费用

(2) 发现盘亏、毁损时：

借：待处理财产损溢——待处理流动资产损溢

　　贷：基本生产成本

经审批后,分不同原因作出处理。

借：原材料(回收残料价值)

　　其他应收款(保险公司或过失人赔偿)

营业外支出(非常损失扣除残值和赔偿后净损失)
制造费用(正常损耗)
  贷:待处理财产损溢——待处理流动资产损溢
具体实例请参阅财务会计中存货核算的有关内容。

任务二　计算在产品成本

生产费用在完工产品与月末在产品之间的分配,应当根据期末在产品数量的多少、各期末在产品数量变化的大小、期末在产品价值的大小、在产品费用的投入程度、各项费用在成本中所占的比重大小,以及定额管理基础工作好坏等具体情况,结合企业的管理要求,选择既合理又简便的分配方法。

生产费用在完工产品与月末在产品之间的分配方法,常用的有:在产品成本不计价法、在产品成本按年初固定数计价法、在产品按所耗原材料费用计价法、在产品按完工产品计价法、约当产量法、定额成本法、定额比例法等。

一、在产品成本不计价法

它也称不计算月末在产品成本法,是指月末虽然有在产品,但是不计算在产品成本。某种产品当月发生的生产费用,即为该种产品完工产品的总成本。

月初在产品成本 + 本月发生额 = 完工产品成本 + 月末在产品成本
(0) + (本月发生额) = (完工产品成本) + (0)

该方法适用于月末在产品数量很小,且各月之间在产品数量变动不大,不计算在产品成本对完工产品成本的正确性影响很小的产品。如煤炭企业各种采煤工作面的煤数量、砖瓦厂在窑中烧制的砖坯、自来水厂经过净化生产的水等。

二、在产品按年初固定数计价法

它也称在产品按固定数计价法,即每年 1—11 月份月末在产品成本按年初(或上年末经过盘点调整后)的在产品成本固定数不变,某种产品当月发生的生产费用,就是该种产品的完工产品总成本。但是在年末,不论年末在产品数量变动与否,都应对年末在产品进行实地盘点,并以实际盘存数为基础,重新计算确定年末在产品成本(也可作为下一年度固定的在产品成本)和 12 月份的完工产品总成本。

月初在产品成本 + 本月发生额 = 完工产品成本 + 月末在产品成本
(固定数) + (本月发生额) = (完工产品成本) + (固定数)

该方法适用于月末在产品数量较少,或者在产品数量虽大,但各月在产品数量变动不大,月初、月末在产品成本的差额不大的产品。如冶炼企业的炉内溶液,化工企业输送带和管道内的在产品等。

采用在产品按年初固定数计价法,其 1 至 11 月份完工产品的计算公式与在产品不计价法是相同的。但是,两者又有区别,按年初固定数计价法时,产品生产成本明细账月末有余额(与年初余额一致),而采用在产品不计价法时,产品明细账没有月末余额。

三、在产品按所耗原材料费用计价法

采用这种方法,月末在产品只计算其所耗用的原材料费用,当月发生的直接人工和制造费用等全部由完工产品成本负担。

该方法适用于各月末在产品数量较多,而且数量变化也较大,其原材料费用在成本中所占的比重较大的产品,如纺织、造纸、酿酒等企业的产品。

【例 3-1】 某企业生产乙产品,其原材料费用所占产品成本的比重较大,且材料系生产开始时一次投入。2015 年 5 月,生产乙产品 1 000 件,其中完工 800 件,月末在产品 200 件。该产品月初在产品成本分别为:原材料 10 000 元;本月发生的原材料费用 40 000 元,燃料及动力费用 4 000 元,直接人工 8 000 元,制造费用 2 000 元。在产品按所耗原材料费用计价,其结果如下:

材料费用分配率 = (40 000 + 10 000) ÷ 1 000 = 50(元/件)

月末在产品成本 = 200 × 50 = 10 000(元)

完工产品总成本 = 800 × 50 + 4 000 + 8 000 + 2 000 = 54 000(元)

产品成本计算单如表 3-3 所示。

表 3-3 产品成本计算单

产品:乙产品　　　　　　　　　　2015 年 5 月　　　　　　　　　　单位:元

摘　要	直接材料	燃料与动力	直接人工	制造费用	合　计
月初在产品成本	10 000				10 000
本月发生额	40 000	4 000	8 000	2 000	54 000
生产费用合计	50 000	4 000	8 000	2 000	64 000
完工产量(件)	800				
月末在产品数量(件)	200				
产量合计(件)	1 000				
分配率	50				
完工产品成本	40 000	4 000	8 000	2 000	54 000
月末在产品成本	10 000				10 000

四、在产品按完工产品计价法

该种方法是将月末在产品视同为完工产品,根据月末在产品数量和本月完工产品数量的比例分配生产费用,以确定月末在产品成本和本月完工产品成本。

这种方法简化了成本计算工作,但它只适用于在产品已接近完工,或已经加工完成但尚未包装或未验收入库的产品。

【例 3-2】 某厂生产甲产品。2015 年 6 月末在产品 500 件已接近完工,本月完工 1 500 件。甲产品月初在产品成本为:直接材料 7 000 元,燃料与动力 3 000 元,直接人工 2 800 元,制造费用 3 400 元;本月发生额为:直接材料 42 000 元,燃料与动力 20 000 元,直接人工 17 000 元,制造费用 19 000 元。其计算结果如表 3-4 所示。

表 3-4　产品成本计算单(在产品按完工产品计价法)

产品名称:甲产品　　　　　　2015 年 6 月　　　　　　　　　　　　单位:元

摘　要	直接材料	燃料与动力	直接人工	制造费用	合　计
月初在产品成本	7 000	3 000	2 800	3 400	16 200
本月发生额	42 000	20 000	17 000	19 000	98 000
生产费用合计	49 000	23 000	19 800	22 400	114 200
产量合计(件)	2 000	2 000	2 000	2 000	
分配率	24.5	11.5	9.9	11.2	57.1
完工产品成本	36 750	17 250	14 850	16 800	85 650
月末在产品成本	12 250	5 750	4 950	5 600	28 550

五、约当产量比例法

(一) 约当产量比例法的含义

约当产量是指月末在产品数量按其完工程度(或投料程度)折算为相当于完工产品的数量,即在产品大约相当于完工产品的数量。其计算公式如下:

月末在产品约当产量 = 月末在产品数量 × 在产品完工程度(投料程度)

约当产量比例法,就是根据月末在产品约当产量和本月完工产品产量来分配生产费用的一种方法。其计算公式如下:

某项目费用分配率(单位成本) = (该项目月初在产品成本 + 该项目本月发生额) ÷ (月末在产品约当产量 + 完工产品产量)

完工产品某项目成本 = 完工产品产量 × 该项目费用分配率

月末在产品某项目成本 = 月末在产品约当产量 × 该项目费用分配率

　　　或 = 某项目全部成本 - 完工产品该项目成本

这种方法适用于月末在产品数量较大,各月在产品数量的变化也比较大,各成本项目所占比重相差不大的产品。

在产品生产过程中,在产品的直接材料与直接人工、制造费用等加工费用的发生情况是不同的。从上述公式中可以看出,正确运用约当产量比例法的关键是准确计算在产品的约当产量,而在产品的约当产量计算关键又取决于在产品的完工程度和投料程度的计算。在产品的投料程度和完工程度不同,在产品所承担的直接材料和加工费用也不相同。

(二) 投料程度的确定

确定在产品的投料程度(亦称投料率),主要目的是为了正确计算用来分配直接材料费用的在产品约当产量。而在产品的投料程度的确定与各种产品生产时的投料方式密切相关。产品生产时的投料方式归纳起来主要有以下 4 种情况:

(1) 材料在生产开始时一次投入。即在产品开始投入生产时,将生产产品所需要的材料一次性地全部投入。在这种情况下,不论产品是否完工,完工产品与月末在产品所负担的材料费用都是相同的,即投料程度为 100%,因此,月末在产品的约当产量等于月末在产品数量。

（2）材料分工序投入，且在每道工序开始时一次投入。即在每道工序开始生产时，本道工序所需要的材料在生产开始时全部投入。此时，每道工序的月末在产品应负担的材料费用为截止到该工序为止的累计投料额。每道工序在产品的投料程度可按下述公式确定：

某道工序投料程度 = [（前面各道工序累计投料量 + 本道工序投料量）÷ 完工产品投料量] × 100%

某道工序月末在产品约当产量 = 该工序月末在产品数量 × 该道工序投料程度

（3）材料分工序陆续投入，且与生产进度不一致。在这种投料方式下，应该分工序测定每道工序的投料程度，而每道工序的投料也是陆续投入，即每道工序在产品的投料额（量）并非全部投入，为了简化核算，假定每道工序在产品的投料额（量）按平均 50% 投入。此时，各工序的投料程序确定应按以下计算公式计算：

某道工序投料程度 = [（前面各道工序累计投料量 + 本道工序投料量 × 50%）÷ 完工产品投料量] × 100%

某道工序月末在产品约当产量 = 该工序月末在产品数量 × 该道工序投料程度

（4）材料分工序陆续投入且与生产进度一致。在这种投料方式下，在产品投料程度与在产品的完工进度是一致的，在计算月末在产品约当产量时，全部用在产品的完工程度计算。

下面分别举例说明这四种投料方式的计算：

【例 3-3】 仍以【例 3-2】成本数据为例，假定材料是在生产开始时一次投入，月末在产品的完工程度为 50%。

计算结果如表 3-5 所示。

表 3-5 产品成本计算单（约当产量比例法）

产品名称：甲产品　　　　　　　　　2015 年 6 月　　　　　　　　　单位：元

摘　要	直接材料	燃料与动力	直接人工	制造费用	合　计
月初在产品成本	7 000	3 000	2 800	3 400	16 200
本月发生额	42 000	20 000	17 000	19 000	98 000
生产费用合计	49 000	23 000	19 800	22 400	114 200
完工产量	1 500	1 500	1 500	1 500	
在产品约当产量	500	250	250	250	
约当总产量（件）	2 000	1 750	1 750	1 750	
分配率	24.5	13.14	11.31	12.8	61.54
完工产品成本	36 750	19 710	16 965	19 200	92 625
月末在产品成本	12 250	3 290	2 835	3 200	21 575

【例 3-4】 康达公司第一生产车间生产乙产品需要经过三道工序加工完成，材料系在每道工序开始时一次投入，各工序单位产品的投料定额分别为：第一道工序 300 元，第二道工序 240 元，第三道工序 160 元。2015 年 7 月，月末各工序在产品数量分别为：第一道工序 200 件，第二道工序 150 件，第三道工序 100 件。

各工序投料程度和月末在产品约当产量计算如表3-6所示。

表3-6　在产品投料程度及约当产量计算表

产品：乙产品　　　　　　　　2015年7月

工序	投料定额（元）	投料程度	在产品数量（件）	约当产量（件）
1	300	42.86%	200	85.72
2	240	77.14%	150	115.71
3	160	100%	100	100
合计	700		450	301.43

【例3-5】 仍以【例3-4】资料为例，假定材料分工序陆续投入，且生产进度不一致，则各工序在产品投料程度及在产品约当产量计算如表3-7所示。

表3-7　在产品投料程度及约当产量计算表

产品：乙产品　　　　　　　　2015年7月

工序	投料定额（元）	投料程度	在产品数量（件）	约当产量（件）
1	300	21.43%	200	42.86
2	240	60%	150	90
3	160	88.57%	100	88.57
合计	700		450	221.43

（三）完工程度（或称完工率）的确定

确定完工程度的目的，是为了正确计算分配各加工费用（包括燃料与动力、直接人工、制造费用等）的月末在产品约当产量。月末在产品应负担的加工费用的多少与产品的完工程度密切相关。在产品的完工程度可以分工序测定，也可以不分工序，确定一个平均完工程度。

（1）不分工序确定在产品的完工程度是指企业对在产品确定一个平均完工程度（一般确定为50%）作为各道工序在产品的完工程度的一种方法。这种方式适用于各工序在产品数量和单位产品在各工序的加工量相差不多的情况。例3-3就是按平均完工程度50%计算的，显然，这种方式确定的完工程度，简化了产品成本的计算量。但在各工序在产品数量和单位产品加工量相差很大的情况下，这样计算出来的约当产量与实际情况相差太大。

（2）分工序计算在产品完工程度。分工序计算在产品的完工程度，是指根据各工序的累计工时定额占完工产品工时定额的百分比，来确定各工序在产品完工程度的一种方法。其计算公式如下：

某道工序完工程度＝［（前面各道工序累计工时定额＋本道工序工时定额×50%）÷完工产品工时定额］×100%

【例3-6】 仍以【例3-4】资料为例，假设康达公司生产的乙产品定额工时为100小时，各工序分别为：40小时、24小时、36小时，则月末在产品完工程度及约当产量计算结果如表3-8所示。

表 3-8   在产品完工程度及约当产量计算表

产品:乙产品　　　　　　　　　2015 年 7 月

工序	工时定额(小时)	完工程度	在产品数量(件)	约当产量(件)
1	40	20%	200	40
2	24	52%	150	78
3	36	72%	100	72
合计	100		450	190

现将不同的投料方式和完工程度计算约当产量综合举例如下:

【例 3-7】　光明公司生产甲产品,分三道工序完成,单位完工产品材料消耗定额为 300GK,各道工序分别:100GK、150KG、50KG;单位完工产品工时定额为 40 小时,各工序分别为 10 小时、16 小时、14 小时。

2015 年 8 月,该公司生产完工甲产品 400 件,月末在产品 100 件(三道工序分别为:40 件、30 件、30 件);月初在产品成本为:直接材料 4 000 元,直接人工 3 500 元,制造费用 3 000 元;当月发生费用为:直接材料 20 000 元,直接人工 15 000 元,制造费用 18 000 元。要求:

① 分工序计算月末在产品的完工程度及月末在产品约当产量;

② 按分工序并在每道工序开始一次投料的方式,计算投料程度、月末在产品约当量;

③ 按分工序陆续投入且与生产进度不一致的投料方式,计算投料程度、月末在产品约当量;

④ 分别利用①②③的计算结果,用约当产量比例法,在完工产品与月末在产品之间分配生产费用。

计算结果如表 3-9、表 3-10、表 3-11、表 3-12、表 3-13 所示。

①　　　　　**表 3-9　在产品完工程度及约当产量计算表**

产品:甲产品　　　　　　　　　2015 年 8 月

工序	工时定额(小时)	完工程度	在产品数量(件)	约当产量(件)
1	10	12.5%	40	5
2	16	45%	30	13.5
3	14	82.5%	30	24.75
合计	40		100	43.25

②　　　　　**表 3-10　在产品投料程度及约当产量计算表**

产品:甲产品　　　　　　　　　2015 年 8 月

工序	工时定额(KG)	完工程度	在产品数量(件)	约当产量(件)
1	100	33.33%	40	13.332
2	150	83.33%	30	24.999
3	50	100%	30	30
合计	300		100	68.331

③

表 3-11　在产品完工程度及约当产量计算表

产品：甲产品　　　　　　　　　　2015 年 8 月

工序	工时定额（小时）	完工程度	在产品数量（件）	约当产量（件）
1	100	16.67%	40	6.668
2	150	58.33%	30	17.499
3	50	91.67%	30	27.501
合计	300		100	51.668

④ 计算完工产品与月末在产品成本。

A. 利用①和②计算数据：

表 3-12　产品成本计算单（约当产量比例法）

产品名称：甲产品　　　　　　　　2015 年 8 月　　　　　　　　　　单位：元

摘　要	直接材料	直接人工	制造费用	合　计
月初在产品成本	4 000	3 500	3 000	10 500
本月发生额	20 000	15 000	18 000	53 000
生产费用合计	24 000	18 500	21 000	63 500
完工产量	400	400	400	
在产品约当产量	68.331	43.25	43.25	
约当总产量（件）	468.331	443.25	443.25	
分配率	51.25	41.74	47.38	140.37
完工产品成本	20 500	16 696	18 952	56 148
月末在产品成本	3 500	1 804	2 048	7 352

注：材料系分工序并在每道工序开始时一次投入。尾差由月末在产品负担。

B. 利用①和③计算数据：

表 3-13　产品成本计算单（约当产量比例法）

产品名称：甲产品　　　　　　　　2015 年 8 月　　　　　　　　　　单位：元

摘　要	直接材料	直接人工	制造费用	合　计
月初在产品成本	4 000	3 500	3 000	10 500
本月发生额	20 000	15 000	18 000	53 000
生产费用合计	24 000	18 500	21 000	63 500
完工产量	400	400	400	
在产品约当产量	51.668	43.25	43.25	
约当总产量（件）	451.668	443.25	443.25	
分配率	53.14	41.74	47.38	142.26
完工产品成本	21 256	16 696	18 952	56 904
月末在产品成本	2 744	1 804	2 048	6 596

注：材料系分工序投入且与生产进度不一致。尾差由月末在产品负担。

六、在产品按定额成本计价法

在产品按定额成本计价法,是按照预先制定的定额成本计算月末在产品成本,即月末在产品成本按其数量和单位定额成本计算。产品的月初在产品费用加本月发生的生产费用,减去月末在产品的定额成本后的余额,就是完工产品成本。每月生产费用脱离定额的差异,全部由完工产品负担。

月末在产品定额成本的计算公式如下:

在产品直接材料定额成本 = 在产品数量 × 材料消耗定额 × 材料计划单价

在产品直接人工定额成本 = 在产品数量 × 工时定额 × 计划小时工资率

在产品制造费用定额成本 = 在产品数量 × 工时定额 × 计划小时费用率

月末在产品定额成本合计 = 直接材料定额成本 + 直接人工定额成本 + 制造费用定额成本

完工产品成本 = 月初在产品定额成本 + 本月发生额 − 月末在产品定额成本

【例 3-8】 某企业乙产品月初在产品和本月发生的生产费用累计数为直接材料 98 000 元、燃料及动力费 56 000 元、直接人工 110 000 元、制造费用 68 000 元,合计 332 000 元。月末在产品 100 件,每件在产品原材料定额费用为 200 元,全部在产品定额工时为 600 小时,每小时各项费用的计划分配率为燃料及动力费 20 元、直接人工 28 元、制造费用 35 元。按定额成本计价法计算月末在产品定额成本和完工产品成本。

月末在产品直接材料定额成本 = 100 × 200 = 20 000(元)

月末在产品燃料与动力定额成本 = 600 × 20 = 12 000(元)

月末在产品直接人工定额成本 = 600 × 28 = 16 800(元)

月末在产品制造费用定额成本 = 600 × 35 = 21 000(元)

月末在产品定额成本 = 20 000 + 12 000 + 16 800 + 21 000 = 69 800(元)

完工产品总成本 = 直接材料(98 000 − 20 000) + 燃料与动力(56 000 − 12 000) + 直接人工(110 000 − 16 800) + 制造费用(68 000 − 21 000) = 332 000 − 69 800 = 262 200(元)

在产品按定额成本计价法,在各项消耗定额或费用额比较准确稳定,又不需要经常修订定额的条件下,能够比较准确又较简便地解决完工产品与月末在产品之间分配费用的问题。但采用该种方法时,月末定额成本与实际成本之间的差额,即脱离定额的差异全部由完工产品负担不尽合理。一般适用于定额管理基础较好,各项消耗额定或费用定额比较准确、稳定,而且各月在产品数量变动不大的产品。

七、定额比例法

定额比例法是产品的生产费用按完工产品和月末在产品的定额消耗量或定额费用比例,分配计算完工产品和月末在产品成本的一种方法。通常原材料费用按原材料的定额消耗量或定额费用的比例分配,其他费用按定额工时比例分配。其计算公式如下:

(1)直接材料费用分配率 = (月初在产品直接材料费用 + 本月发生的直接材料费用) ÷ (完工产品材料定额消耗量或定额费用 + 月末在产品材料定额消耗量或定额费用)

完工产品直接材料成本 = 完工产品材料定额消耗量或定额费用 × 直接材料费用分配率

月末在产品直接材料成本 = 月末在产品材料定额消耗量或定额费用 × 直接材料费用分配率

(2)其他费用分配率 = (月初在产品其他费用 + 本月发生的其他费用) ÷ (完工产品定

额工时+月末在产品定额工时）

完工产品其他费用＝完工产品定额工时×其他费用分配率

月末在产品其他费用＝月末在产品定额工时×其他费用分配率

【例3-9】 光明公司生产甲产品，2015年6月，甲产品月初在产品成本为：直接材料12 000元，直接人工1 200元，制造费用2 400元。本月生产费用为：直接材料45 000元，直接人工8 000元，制造费用10 000元。完工产品材料定额费用为20 000元，定额工时3 500小时；月末在产品材料定额费用为3 000元，定额工时为600小时。

各项费用分配结果如表3-14所示。

表3-14 产品成本计算表

产品名称：甲产品　　　　　　　　2015年6月　　　　　　　　　　金额单位：元

摘　要	列　次	直接材料	直接人工	制造费用	合　计
月初在产品成本	①	12 000	1 200	2 400	15 600
本月发生额	②	45 000	8 000	10 000	63 000
生产费用合计	③＝①＋②	57 000	9 200	12 400	78 600
完工产品定额	④	20 000	3 500	3 500	
月末在产品定额	⑤	3 000	600	600	
定额合计	⑥＝④＋⑤	23 000	4 100	4 100	
分配率	⑦＝③÷⑥	2.48	2.24	3.02	
完工产品成本	⑧＝④×⑦	49 600	7 840	10 570	68 010
月末在产品成本	⑨＝③－⑧	7 400	1 360	1 830	10 590

采用该种计价方法，定额与实际之间的差额要在完工产品与在产品之间按比例分配，即脱离定额差异由完工产品和月末在产品按比例负担，体现出分配的公平性，从而提高了产品成本计算的正确性。此方法适用于定额管理基础较好、各项消耗定额或费用定额比较准确、各月末在产品数量变动较大的产品。

在以上各种在产品计价方法中，不计算在产品成本法最为简单，但适用范围小；约当产量法较为复杂，但适用范围较大。

项目小结

本项目主要介绍了在产品的含义、在产品数量的确定、在产品清查盘点的核算，以及在产品成本的计价方法。

在产品也称为在制品，是指处在生产过程中，尚未最终完工的产品。在产品有广义和狭义之分。在产品数量的确定对于在产品成本的计价具有重要的意义，日常在产品数量核算主要通过设置"在产品台账"进行，期末要进行在产品的清查和盘点，以确定在产品的实有数量。

在产品的计价方法，即生产费用在完工产品与月末在产品之间的分配方法主要有：不计算在产品成本法、在产品按年初固定数计算法、在产品按所耗原材料费用计算法、在产品按完工产品计算法、约当产量法、定额比例法和定额成本法。其中最为广泛应用的是约当产量法。各种计价方法都具有较明显的适用范围。

项目测试题

一、单项选择题

1. 下列关于在产品的说法不正确的是( )。
   A. 会计上的广义在产品包括已经完工但尚未办理入库手续的完工产品
   B. 在产品数量的确定是在产品成本核算的前提,在产品数量的取得既可以从账面获得,也可以从盘点获得
   C. 一批毁损在产品的成本为10万元,这10万元也就是计入"待处理财产损溢"的数额
   D. "基本生产成本"账户的期末借方余额也就是期末在产品的成本

2. 在产品按固定成本计价法,适用于各月( )的情况。
   A. 在产品数量很少
   B. 在产品数量较大,但各月之间的数量变化不大
   C. 在产品数量较大,各月之间的数量变化较大
   D. 各月之间产品成本变化较小

3. 各月末在产品数量较大且各月之间数量变化也较大,如材料成本在产品成本中的比重也较大,则在完工产品与月末在产品之间分配费用的方法可用( )。
   A. 约当产量比例法　　　　　B. 在产品按定额成本计价法
   C. 在产品按所耗原材料计价法　D. 在产品按完工产品计价法

4. 直接按完工产品与在产品数量分配原材料费用的方法适用于( )方式。
   A. 原材料分工序一次投入　　B. 原材料随生产进度陆续投入
   C. 原材料在生产开始时一次投入　D. 原材料根据生产过程实际需要投入

5. 在多工序的情况下,某工序在产品的完工程度为( )与单位完工产品工时定额的比率。
   A. 前道工序的单位在产品累计工时定额与所在工序单位在产品工时定额50%的合计数
   B. 所在工序单位在产品工时定额的50%
   C. 所在工序单位在产品工时定额的100%
   D. 所在工序累计工时定额

6. 关于生产费用在完工产品与月末在产品之间的分配方法,下列说法不正确的是( )。
   A. 在产品忽略不计法适用于各月在产品数量较少的产品
   B. 在产品按固定成本计价法适用于各月末之间在产品数量变化不大的产品
   C. 如果在产品接近完工,只是尚未包装或尚未验收入库的产品,可以按完工产品计算法计算在产品成本
   D. 如果某产品各项消耗定额或费用定额比较准确稳定,各月末在产品数量变化又不大,可以采用定额比例法计算

7. 假定某企业生产甲产品,本月完工 300 件,月末在产品 200 件,在产品完工程度为 50%;月初和本月发生的原材料费用共 40 000 元,材料系生产开始时一次投入,则完工产品和月末在产品的原材料费用分别为(　　)。
　　A. 16 000 元和 24 000 元　　　　B. 24 000 元和 16 000 元
　　C. 30 000 元和 10 000 元　　　　D. 10 000 元和 30 000 元

8. 假定某企业生产甲产品的工时定额为 100 小时,由两道工序组成,每工序的定额工时分别为 80 小时和 20 小时,则第二道工序的完工程度为(　　)。
　　A. 60%　　　B. 80%　　　C. 90%　　　D. 100%

9. 采用约当产量法计算完工产品和在产品成本时,如果原材料不是在生产开始时一次投入,而是分工序并在每道工序开始时一次性投入,原材料消耗定额为第一工序 80 千克,第二工序 20 千克,则第二工序在产品的投料程度为(　　)。
　　A. 60%　　　B. 80%　　　C. 90%　　　D. 100%

10. 原材料如果是在生产开始时一次投入的,则原材料费用可以按完工产品与月末在产品的(　　)比例分配。
　　A. 定额费用　　　　　　　　　B. 定额工时
　　C. 按完工率计算约当产量　　　D. 实际数量

11. 某种产品月末在产品数量较大,各月末在产品数量变化也较大,产品成本中原材料费用和其他费用所占的比重相差不多,应采用(　　)。
　　A. 定额比例法　　　　　　　　B. 约当产量法
　　C. 固定成本计价法　　　　　　D. 按在产品所耗原材料计价法

12. 某种产品在产品数量较小,或者数量虽大,但各月之间在产品数量变动不大,月初、月末在产品成本的差额对完工产品成本的影响不大,为了简化核算工作,应采用(　　)。
　　A. 不计算在产品成本　　　　　B. 在产品按所耗原材料计价法
　　C. 按年初固定成本计价法　　　D. 定额比例法

13. 某企业定额管理基础比较好,能够制定比较准确稳定的消耗定额,各月末在产品数量变化较大的产品,应采用(　　)。
　　A. 定额比例法　　　　　　　　B. 定额成本计价法
　　C. 按年初固定成本计价法　　　D. 在产品按所耗原材料计价法

14. 按完工产品和月末在产品数量比例,分配计算完工产品和月末在产品的原材料费用,必须具备的条件是(　　)。
　　A. 产品成本中原材料费用比重较大　B. 原材料随生产进度投料
　　C. 原材料在生产开始时一次投料　　D. 原材料消耗定额比较准确稳定

15. 按完工产品和月末在产品数量比例,分配计算完工产品和月末在产品成本,必须具备的条件是(　　)。
　　A. 在产品接近完工　　　　　　　B. 产品成本中原材料费用比重较大
　　C. 原材料随生产进度投料　　　　D. 原材料在生产开始时一次投料

16. 在原材料在每道工序开始时一次投料的情况下,分配原材料费用的在产品投料程度为原材料的(　　)与完工产品消耗定额的比率。
　　A. 所在工序消耗定额　　　　　　B. 所在工序累计消耗定额

C. 所在工序累计消耗定额之半　　D. 所在工序消耗定额之半

17. 下列方法中属于完工产品与月末在产品之间分配费用的方法是(　　)。
    A. 直接分配法　　　　　　　　B. 计划成本分配法
    C. 生产工时比例法　　　　　　D. 定额比例法

18. 下列方法中不属于完工产品与月末在产品之间分配费用的方法是(　　)。
    A. 约当产量比例法　　　　　　B. 不计算在产品成本法
    C. 年度计划分配率法　　　　　D. 定额比例法

19. 在产品成本和完工产品成本之间的关系是(　　)。
    A. 完工产品成本＝月初在产品成本＋本月发生额－月末在产品成本
    B. 完工产品成本＝本月发生额＋月末在产品成本－月初在产品成本
    C. 完工产品单位成本＝月初在产品成本＋本月发生额－月末在产品成本
    D. 完工产品单位成本＝本月发生额＋月末在产品成本－月初在产品成本

20. 某种产品经过两道工序加工完成,其原材料分两道工序陆续投入:第一工序原材料消耗定额30千克,第二道工序原材料消耗定额20千克。据此算出的第二道工序在产品的投料程度为(　　)。
    A. 20%　　　　B. 40%　　　　C. 80%　　　　D. 100%

二、多项选择题

1. 选择完工产品与在产品之间的费用分配方法时,应考虑的条件是(　　)。
   A. 各月在产品数量变化的大小　　B. 在产品数量的多少
   C. 定额管理基础好坏　　　　　　D. 各项费用比重的大小
   E. 时间的长短

2. 材料的投入方式主要有(　　)。
   A. 材料在生产开始时一次投入
   B. 材料分工序并在每道工序开始时一次投入
   C. 材料分工序投入并与生产进度不一致
   D. 材料随生产进度陆续投入,并与生产进度一致

3. 生产费用在完工产品与在产品之间进行分配的方式一般有(　　)。
   A. 约当产量比例法
   B. 定额比例法
   C. 先确定月末在产品费用,再从生产费用中减去在产品费用,计算完工产品费用
   D. 将生产费用在二者之间按一定比例分配,同时计算完工产品和月末在产品成本

4. 盘亏和毁损的在产品经过审批后进行处理时,应分不同情况将损失从"待处理财产损溢"(待处理流动资产损溢)科目的贷方转入(　　)科目的借方。
   A. 基本生产成本　　　　　　　　B. 其他应收款
   C. 制造费用　　　　　　　　　　D. 管理费用
   E. 营业外支出

5. 下列属于完工产品与月末在产品之间分配费用的方法有(　　)。
   A. 约当产量法　　　　　　　　　B. 交互分配法

C. 定额比例法　　　　　　　　　D. 按年初固定成本计价法

6. 月末在产品采用按年初固定成本计价法,适用于(　　)的产品。
   A. 各月末在产品数量较小
   B. 各月末在产品数量较大
   C. 各月末在产品数量虽大,但各月之间变化不大
   D. 各月成本水平相差不大

7. 约当产量比例法适用于(　　)的产品。
   A. 月末在产品接近完工
   B. 月末在产品数量较大
   C. 各月末在产品数量变化较大
   D. 产品成本中原材料费用和工资等其他费用比例相差不大

8. 约当产量比例法适用于(　　)的分配。
   A. 原材料费用　　　　　　　　　B. 各种费用
   C. 工资等其他费用　　　　　　　D. 随生产进度陆续投料的原材料费用

9. 采用在产品按所耗原材料费用计价法,分配完工产品和月末在产品费用,应具备的条件是(　　)。
   A. 原材料费用在产品成本中占比重较大
   B. 各月末在产品数量较稳定
   C. 各月末在产品数量较大
   D. 各月末在产品数量变化较大

10. 采用定额比例法分配完工产品和月末在产品费用,应具备的条件是(　　)。
    A. 消耗定额比较准确　　　　　　B. 消耗定额比较稳定
    C. 各月末在产品数量变化不大　　D. 各月末在产品数量较大

11. 采用约当产量比例法时,测定在产品完工程度的方法有(　　)。
    A. 定额工时　　　　　　　　　　B. 按50%平均计算各工序完工程度
    C. 分工序分别计算完工程度　　　D. 按定额比例法计算

12. 采用在产品按定额成本计价时,本期完工产品成本中包括(　　)。
    A. 月末在产品的实际成本　　　　B. 月末在产品的定额成本
    C. 本期完工产品的实际成本　　　D. 月末在产品的定额成本与实际成本的差异

13. 以下可以采用月末在产品按所耗原材料费用计价法分配完工产品和在产品的行业有(　　)。
    A. 造纸业　　B. 自来水业　　C. 纺织业　　D. 酿酒业

14. 广义在产品包括(　　)。
    A. 正在车间加工的在产品　　　　B. 等待返修及正在返修的可修复废品
    C. 未验收入库的完工产品　　　　D. 仍需继续加工的半成品

15. 某企业的 A 产品经两道工序加工完成,原材料分两道工序并在每道工序陆续投入,投料量分别为300千克、700千克,两道工序单位在产品工时定额分别为60小时、40小时,则第二道工序的在产品投料程度和完工程度分别为(　　)。
    A. 30%　　　　B. 65%　　　　C. 80%　　　　D. 100%

16. 某企业甲产品经过三道工序加工而成,三道工序工时定额分别为100小时、60小时、40小时;三道工序月末在产品的数量分别为100件、200件、300件,则甲产品在三道工序的约当产量分别为(   )。

    A. 25 件   B. 130 件   C. 160 件   D. 270 件

17. 在产品按定额成本计价法下,下列说法正确的是(   )。
    A. 月末在产品定额工资成本与定额制造成本的计算依据,即月末在产品定额工时是一样的
    B. 如在产品第一道工序工时定额40小时,在产品数量50件,则在产品定额工时为1 000小时
    C. 此种方法的关键是确定在产品定额工时
    D. 如原材料为投产时一次投入,则在产品定额原材料费用为每道工序在产品数量乘以材料定额费用之和

18. 下列说法正确的是(   )。
    A. 采用定额比例法的必备条件是要有比较准确和稳定的消耗定额或费用定额
    B. 约当产量法下不分工序确定在产品完工程度的方法适用于各工序在产品数量和单位在产品在各工序加工量相差很大的产品
    C. 为了简化核算,对各月在产品数量很少的产品,可以将本期产品成本全部由本期完工产品负担
    D. 约当产量比例法的核心是约当产量的计算,而计算约当产量的关键又在于在产品完工程度或投料程度的确定

19. 约当产量法下,关于在产品的原材料投料程度说法不正确的是(   )。
    A. 如原材料为生产开始时一次投入,在产品的投料程度为100%
    B. 如原材料为分生产工序陆续投入,在产品的投料程度应为本工序的在产品工时定额除以完工产品的工时定额
    C. 如原材料为分生产工序投入,并在每道工序开始时一次投入,则每道工序的在产品投料程度均应为100%
    D. 如原材料为分生产工序投入,并在每道工序开始时一次投入,则某道工序的在产品投料程度应为在产品上道工序累计投料量与本工序投料量之和除以完工产品应投料量

20. 约当产量法下,关于在产品的原材料投料程度说法正确的是(   )。
    A. 如原材料为生产开始时一次投入,在产品的投料程度为100%
    B. 如原材料为分生产工序陆续投入,在产品的投料程度应为本工序的在产品工时定额除以完工产品的工时定额
    C. 如原材料为分生产工序投入,并在每道工序开始时一次投入,则每道工序的在产品投料程度均应为100%
    D. 如原材料为分生产工序投入,并在每道工序开始时一次投入,则某道工序的在产品投料程度应为在产品上道工序累计投料量与本工序投料量之和除以完工产品应投料量

三、判断题

1. 在产品盘亏时,应调整账面记录,冲减在产品的账面价值。（　　）
2. 在产品成本按固定成本计价法确定时,某种产品本月发生的生产费用加上月初在产品成本构成本月完工产品成本。（　　）
3. 某工序的在产品完工率为该工序累计的工时定额占完工产品工时定额的比率。（　　）
4. 在有在产品的情况下,由于在产品完工程度与完工产品的完工程度不同,因此,产品成本的所有项目不能按它们的数量比例来分配。（　　）
5. 生产费用在完工产品与月末在产品之间的分配在会计实务中并不一定要通过编制"完工产品与月末在产品分配表"来完成。（　　）
6. 在产品盘点发生毁损时,对该在产品成本连同应负担的增值税一并计入"营业外支出"账户。（　　）
7. 各月末在产品数量变化不大的产品,可以不计算其月末在产品成本。（　　）
8. 月末在产品成本按年初固定数计价法适用于在产品数量较少,或者虽然在产品数量较多,但各月之间在产品数量变动不大,月初、月末在产品成本的差额不大,算不算各月在产品成本的差额对完工产品成本的影响都不大的产品。（　　）
9. 任何企业都可以采用定额成本法在完工产品与月末在产品之间分配费用。（　　）
10. 在产品的盘亏无论何种原因,只能增加制造费用的账面价值。（　　）
11. 某工序在产品完工率=（该工序工时定额+前面各工序累计的工时定额之和×50%）÷产品工时定额。（　　）
12. 冶炼企业的产品,由于高炉容积固定,可采用按年初固定成本计价法计算期末在产品成本。（　　）
13. 按定额比例法计算月末在产品成本,一般以原材料定额消耗量作为分配标准。（　　）
14. 采用约当产量比例法时,当各工序在产品数量和在产品加工量比较均衡时,全部在产品的平均完工程度可按50%计算。（　　）
15. 在产品只计算原材料成本时,本月完工产品成本一定小于本月发生的生产费用。（　　）
16. 在产品的日常收发存核算,可以通过设置"在产品台账"进行。（　　）
17. 广义在产品包括返修的废品和等待返修的废品。（　　）
18. 月末产品成本明细账中归集的全部生产费用,就是该种完工产品的成本。（　　）
19. 完工产品验收入库,其成本应从"基本生产成本"科目的贷方转入"库存商品"科目的借方。（　　）
20. 在财产清查中发生的在产品盘盈,应借记"营业外收入"账户。（　　）

四、实务操作题

1. 某企业生产A产品,因每月在产品数量很少,不计算在产品成本。5月份发生生产费用为：直接材料7 200元,燃料及动力2 400元,直接人工1 800元,制造费用80元。本月完工产品200件,月末在产品2件。

要求:按在产品不计价法计算本月完工产品总成本和单位成本。

2. 某企业生产B产品,每月末在产品的数量较大,但各月在产品数量变化不大,在产品按年初固定成本计价。年初在产品固定成本:直接材料3 600元,燃料及动力2 400元,直接人工1 400元,制造费用1 200元。2015年5月份发生的生产费用:直接材料7 600元,燃料及动力6 400元,直接人工3 800元,制造费用2 020元。本月完工B产品200件,月末在产品100件。

要求:按年初固定成本计价法,计算本月完工产品总成本和单位成本,并登记B产品成本明细账。

3. 某企业生产甲产品,原材料系生产开始时一次投入,产品成本中原材料费用所占的比重较大。2015年5月份月初在产品成本为2 800元,本月发生额为:直接材料12 200元,燃料及动力4 000元,直接人工2 800元,制造费用800元。本月完工产品400件,月末在产品200件。

要求:在产品按所耗原材料费用计价法,计算完工产品总成本、单位成本和月末在产品成本,并登记甲产品成本明细账,编制产成品入库的会计分录。

4. 某企业生产乙产品,2015年3月末在产品接近完工,采用按完工产品计价法计算月末在产品成本。乙产品月初在产品成本为:直接材料20 000元,燃料及动力3 000元,直接人工9 000元,制造费用1 000元,共计33 000元;本月发生额为:直接材料30 000元,燃料及动力2 000元,直接人工11 000元,制造费用2 000元,共计45 000元。本月完工产品450件,月末在产品50件接近完工。原材料系生产开始时一次投入。

要求:月末在产品按完工产品成本计价法,计算完工产品成本、单位成本和月末在产品成本;编制产品成本计算单及完工产品成本结转的会计分录。

5. 某企业A产品经过两道工序制成,完工产品工时定额为40小时,其中:第一道工序为14小时,第二道工序为26小时。

要求:分工序计算各道工序的完工程度(完工率),编制"完工程度计算表"。

6. 某企业生产A产品经过三道工序加工完成,其各道工序的工时定额为:第一道工序12小时,第二道工序15小时,第三道工序3小时。2015年3月A产品月初在产品成本为:直接材料4 500元,直接人工2 070元,制造费用1 242元;本月发生额为:直接材料37 590元,直接人工12 930元,制造费用8 758元。本月完工产品2 086件,月末在产品为:第一道工序200件,第二道工序400件,第三道工序120件。该产品原材料系生产开始时一次投入。

要求:编制"在产品完工程度及约当产量计算表",计算各道工序在产品完工程度和约当产量;编制"产品成本计算单",采用约当产量比例法分配完工产品和月末在产品的成本。

7. 某产品经两道工序加工制成,各工序原材料消耗定额为:第一道工序260千克,第二道工序140千克。

要求:

(1) 若原材料在各道工序开始时一次投料,计算各工序的投料程度(投料率);

(2) 若原材料在各道工序陆续投料,且与生产进度不一致,计算各工序投料程度。

8. 某企业产品由两道工序加工制成,原材料在生产开始后逐渐投入,并与生产进度不一致。第一道工序投料定额为 80 千克,月末在产品数量 1 400 件,第二道工序投料定额为 120 千克,月末在产品数量 1 000 件。当月完工产品 6 200 件,月初和本月发生的原材料费用累计为 359 000 元。

要求:分别计算各工序原材料成本项目的在产品投料程度和月末在产品约当产量;按约当产量比例法分配完工产品和月末在产品的原材料成本。

9. 某企业生产甲产品,经过三道工序加工完成。2015 年 6 月份,各工序在产品定额为:第一道工序材料定额 100 千克,工时定额 20 小时,月末产品 90 件;第二道工序材料定额 80 千克,工时定额 15 小时,月末产品 100 件;第三道工序材料定额 20 千克,工时定额 5 小时,月末在产品 110 件。加工完成甲产品 1 000 件,月初在产品成本为:直接材料 12 000 元,直接人工 11 500 元,制造费用 9 800 元;当月发生额为:直接材料 46 000 元,直接人工 45 000 元,制造费用 22 000 元。

要求:根据下列情况,计算完工产品成本、单位成本和月末在产品成本。

(1) 若原材料系各工序生产开始时一次投入。
(2) 若原材料系各工序生产开始后陆续投入,且与生产进度不一致。
(3) 若原材料系各工序生产开始后陆续投入,且与生产进度一致。

10. 某企业生产甲产品由两道工序加工完成,原材料系生产开始时一次投入。其费用定额为:原材料 400 元,直接人工 1.2 元,制造费用 1.6 元。工时定额:第一道工序 40 小时,第二道工序 20 小时。2015 年 6 月份,月初在产品产量:第一道工序为 100 件,第二道工序为 80 件;月初在产品成本为:直接材料 24 000 元,直接人工 4 200 元,制造费用 6 400 元;当月发生额为:直接材料 96 000 元,直接人工 26 000 元,制造费用 28 000 元。

要求:根据上述资料计算月末在产品定额成本;用定额成本法计算甲产品的成本。

在产品定额成本计算表

2015 年 6 月　　　　　　　　　　　　　　　金额单位:元

产品名称	工序	在产品数量	直接材料		在产品累计工时定额	在产品定额工时	直接人工	制造费用	合计
			费用定额	定额费用					
甲产品	1								
	2								
合　计									

产品成本计算单

产品名称:甲产品　　　　　2015 年 6 月　　　　　　　金额单位:元

摘　要	直接材料	直接人工	制造费用	合　计
月初在产品成本				
本月生产费用				
生产费用合计				
完工产品成本				
月末在产品定额成本				

11. 某车间生产 C 产品,其有关资料如下表:

项　目	直接材料	直接人工	制造费用	合　计
月发生额	3 300	1 291	4 574	9 165
月初在产品成本	1 250	1 005	2 314	4 569
合　计	4 550	2 296	6 888	13 734

原材料定额费用:完工产品 5 600 元,在产品 3 500 元;工时定额:完工产品 3 860 小时,在产品 1 880 小时。

要求:采用定额比例法计算完工产品和月末在产品成本,编制"产品成本计算单"和完工产品成本入库会计分录。

12. 某企业生产乙产品,2015 年 7 月,月初在产品原材料定额费用为 37 500 元,工时定额为 15 000 小时,月初在产品的实际费用为:原材料 39 300 元,燃料及动力 12 300 元,直接人工 11 670 元,制造费用 33 870 元。本月原材料定额费用为 75 600 元,定额工时 21 000 小时。本月实际费用为:直接材料 70 407 元,燃料与动力 185 700 元,直接人工 146 730 元,制造费用 200 130 元。本月完工产品原材料定额费用为 39 000 元,定额工时 24 000 小时。

要求:根据以上资料采用定额比例法计算完工产品成本和月末在产品成本。

产品成本计算单

产品名称:乙产品　　　　　　　　　2015 年 7 月　　　　　　　　　金额单位:元

摘　要		直接材料	燃料及动力	直接人工	制造费用	合　计
月初在产品费用	定额					
	实际					
本月生产费用	定额					
	实际					
生产费用合计	定额					
	实际					
费用分配率						
完工产品成本	定额					
	实际					
月末产品成本	定额					
	实际					

项目四 计算产品成本的基本方法

知识目标
1. 了解不同企业的生产类型和特点,深刻体会生产类型和成本管理要求对成本计算方法的影响。
2. 了解产品成本计算方法的形成及结合应用。
3. 理解品种法、分批法、分步法的概念、特点和适用条件;掌握品种法、分批法(包括简化分批法)、分步法的计算原理。
4. 理解广义在产品的含义,掌握逐步结转法和平行结转分步法的计算原理。
5. 体会逐步结转法与平行结转法的异同点及其关系。

技能目标
1. 理解和掌握各种生产类型的划分方式,熟知生产类型和成本管理要求对产品成本计算方法的影响。
2. 掌握品种法、分批法的计算程序,熟练运用品种法、一般分批法和简化分批法的原理解决实际问题。
3. 掌握并运用逐步综合结转法和成本还原解决实际问题。
4. 掌握并运用逐步分项结转法解决实际问题。
5. 掌握并运用平行结转法解决实际问题。

任务一 如何选择产品成本计算方法

产品的成本是在生产过程中形成的。企业产品成本计算的过程,就是对生产经营过程中所发生的费用,按照一定的对象进行归集和分配,计算出产品的总成本和单位成本的过程。因此,决定成本计算方法的主要因素是产品成本计算对象,而产品生产类型特点和管理要求不同,也决定着成本计算对象的不同。

为了正确计算产品成本,企业必须根据自身的生产特点,考虑成本管理的要求,选择适当的成本计算方法。

一、企业生产类型

企业的生产类型,是指企业产品的生产特点。产品的生产特点不同,成本核算的组织方式和成本计算的方法也不相同。

（一）按生产工艺过程的特点分类

产品的生产工艺过程,是指产品从投料到完工的生产工艺、加工制造的过程。按生产工艺过程的特点,产品生产可分为单步骤生产和多步骤生产。

单步骤生产又称简单生产,是指生产过程不能间断、不可能或不需要分散在不同地点进行的生产。此类生产的特点是生产周期较短,工艺较简单。如发电、采煤等生产。

多步骤生产又称复杂生产,是指生产工艺过程可以间断的,可以分散在不同地点、不同时间进行的由不同生产步骤组成的生产。此类生产的特点是生产周期相对较长,工艺较复杂。如纺织、造纸、钢铁、机械、服装、食品加工等生产。

多步骤生产按其产品的加工方式,又可分为连续式生产和装配式生产。

连续式生产是指从原材料投入生产到产品完工,要依次经过各生产步骤的连续加工,才能成为产成品的生产,即前一个步骤完工的半成品为后一步骤的加工对象。如纺织、造纸、钢铁等生产。

装配式生产又称平行式生产,是指先将原材料分别在不同的加工车间加工成零件、部件,然后再将这些零件、部件装配成产成品。如机械制造、仪表、汽车等生产。

（二）按生产组织方式分类

生产组织方式是指企业生产的专业化程度,即企业在一定的时期内生产产品品种的多少、同种类型产品的数量以及生产的重复程度。按生产组织方式,产品生产可分为大量生产、成批生产和单件生产。

大量生产,是指不断地大量地重复生产相同产品的生产。此类生产的特点是产品品种少,产量较大,生产周期相对较短。如纺织、食品、自来水厂、发电、化工、采掘、造纸、钢铁制造等的生产。

成批生产,是指按照事先规定的产品批别和数量进行的生产。此类生产的特点是产品品种较多、产量较大,生产具有重复性。如服装、机械等生产。成批生产按其批量的大小,又可分为大批生产和小批生产。大批生产性质上相当于大量生产,小批生产性质上相当于单件生产。

单件生产,是指根据订货单位的要求,生产个别的、性质特殊的产品的生产。此类生产的特点是产品品种较多、产量少,重复性低,产品生产周期相对较长。如船舶、飞机、新产品试制、精密仪器等生产。

在企业的生产过程中,产品的生产工艺和生产组织方式是结合在一起的。不同的生产工艺与生产组织相合,就形成了不同类型的生产企业。

通常情况下,单步骤生产、连续式生产往往都是大量大批生产,可分别称之为大量大批单步骤生产和大量大批连续式多步骤生产。装配式生产情况比较复杂,可以是大量生产,也可以成批生产,还可以单件生产。如果是大量大批生产,可称之为大量大批装配式生产;如果是小批、单件生产,可称之为单件小批装配式生产。

二、生产特点和成本管理要求对产品成本计算的影响

生产类型和成本管理要求对产品成本计算的影响,主要表现在成本计算对象的确定、成

本计算期的确定、生产费用在完工产品与在产品之间的分配等三个方面,其中,成本计算对象起决定性作用,它是区别各种成本计算方法的主要标志。

(一) 对成本计算对象的影响

成本计算对象就是成本的具体承担者,即为计算产品成本而确定的归集和分配生产费用的对象。它回答了为谁计算成本的问题。

从生产工艺过程特点来看,在单步骤生产下,由于生产过程不能间断,从原材料投入到产品完工,都是连续不断地进行生产,因而不可能也不需要按照生产步骤来计算产品成本,只能按照生产产品的品种作为计算对象;在规模较小的多步骤生产中,如果成本管理上不要求分步计算产品成本,也可以不按照产品的生产步骤而只按照产品的品种作为成本计算对象。

在多步骤生产的企业,为了加强各个步骤的成本管理,往往不仅要求按照产品的品种或批别计算产品成本,而且还要求按照产品的生产步骤计算成本,即以产品的生产步骤及其所生产的产品作为成本计算对象。

从生产组织方式来看,在大量大批的情况下,只能以产品品种作为成本计算对象;如果是大批生产的零件、部件按产品的批别投产,也可以按批别或件别作为成本计算对象;如果是小批、单件生产,由于产品批量小,一般以产品的批别(批号、订单号、生产任务单)作为成本计算对象。

综上所述,由于企业生产类型的不同和成本管理要求不同,产品成本计算对象可以归结为三种:① 产品品种;② 产品的生产步骤及其所加工的产品;③ 产品的批别。

(二) 对成本计算期的影响

成本计算期即计算产品成本的日期,也就是对生产费用计入产品成本所规定的起讫日期。它回答了何时计算成本的问题。

不同类型的生产企业,产品成本计算期也不完全一样,这主要取决于企业的生产组织的特点。

在大量大批生产中,由于产品生产是连续不断地进行,企业不断地投入原材料,不同又不断地有完工产品,因而产品成本计算要定期在月末进行,与产品的生产周期不一致,而与会计报告期一致。

在单件小批生产中,由于产品批量小,一般都不重复进行,各批产品的生产周期不同,因此其成本计算期是不定期的,与产品的生产周期一致,而与会计报告期不一致。

(三) 对生产费用在完工产品与在产品之间分配的影响

企业的生产类型还影响到月末进行成本计算时有没有在产品、是否需要计算在产品成本的问题。

一般来说,在单步骤生产中,由于产品生产周期较短,月末没有在产品或在产品数量很少,因此,生产费用不必在完工产品与在产品之间进行分配。

在多步骤生产中,是否需要在完工产品与在产品之间分配费用,主要取决于生产组织的特点。在大量大批生产中,由于生产连续地进行,月末经常有在产品,因而在计算成本时,就需要采用适当的方法将生产费用在完工产品与在产品之间进行分配。

在单件小批生产中，由于成本计算期与产品生产周期一致，当产品尚未完工时，该批（件）产品成本计算单中所归集的费用就是在产品的成本；当该批（件）产品全部完工时，其成本计算单中所归集的费用就是完工产品的成本。因而在单件小批生产中，一般不存在完工产品与在产品之间分配费用的问题。但是，如果同批产品有跨月（或分期）陆续完工并分别对外销售的，就有必要计算在产品成本，以便及时反映完工产品的成本。

三、产品成本计算方法种类

（一）产品成本计算的基本方法

选择产品成本计算方法就必须考虑企业产品生产的工艺过程特点、生产组织特点和成本管理要求。成本计算对象、成本计算期、月末在产品成本计价三者的结合，形成了三种不同的产品成本计算基本方法：品种法、分步法和分批法。

（1）品种法：是以产品品种为成本计算对象的产品成本计算方法。它主要适用于大量大批单步骤生产或管理上不要求分步计算成本的多步骤生产。

（2）分步法：是以产品的生产步骤及其所加工的产品为计算对象的产品成本计算方法。它主要适用于大量大批且管理上要求分步计算成本的多步骤生产。

（3）分批法：是以产品的批别为计算对象的产品成本计算方法。它适用于单件、小批的单步骤生产或管理上不要求按步骤计算成本的多步骤生产。

这三种方法是计算产品成本必不可少的基本方法，其中品种法是三种方法中最基本的方法。所有企业，不论是哪一种生产类型，进行成本计算所采用的基本方法，不外乎这三种。

（二）产品成本计算的辅助方法

在实际的成本核算工作中，除了上述三种基本方法外，有的企业还采用其他的成本计算方法。

在产品品种规格繁多、可以分为若干类别的情况下，为了简化成本计算工作，企业可以采用分类法计算产品成本。

在定额管理工作基础好，定额水平较高的企业中，为了配合与加强生产费用和产品成本的定额管理，还可采用一种将符合定额的费用和脱离定额的差异分别计算产品成本的定额法。

此外，还有一些产生于西方发达国家的新的成本计算方法，例如：为向企业提供短期生产经营数据而采用的变动成本法；为加强企业内部成本控制和分析而采用的标准成本法；为改变将间接费用分配到各种产品的标准，提高产品成本计算的正确性而采用的作业成本法，等等。这些方法近年来也开始在我国一些企业得到应用。

无论是分类法、定额法，还是来自西方的成本计算方法，都与生产类型没有直接联系，不涉及成本计算对象，因此，从计算产品实际成本的角度，它们只能作为辅助性方法，不能单独使用，必须与产品成本计算的基本方法结合使用。

任务二　品　种　法

一、品种法的概念、特点及适用范围

（一）品种法的概念

品种法也称简单法，就是以产品的品种作为成本计算对象，归集生产费用，计算产品成本的一种方法。按照产品品种计算成本，是产品成本计算最一般、最基本的要求。

（二）品种法的特点

主要有：

（1）以产品品种作为成本计算对象，并据此设置产品成本明细账，归集和计算生产费用。

（2）在大量大批的单步骤生产中，由于是不断地重复生产一种或几种产品，不能在产品制造完工时计算它的成本，因而成本计算期一般是定于每月月末；在多步骤生产中，如采用品种法计算成本，成本计算期一般也是定期于月末，与会计报告期一致，与产品生产周期不一致。

（3）在单步骤生产中，月末一般不存在在产品，或者数量很小，因而可以不计算在产品成本，即生产费用不需要在完工产品和在产品之间分配。此时，产品成本明细账中所归集的生产费用，就是该产品的完工产品总成本。在一些规模较小，而且管理上又不要求分步骤计算产品成本的大量大批多步骤生产中，月末一般都有在产品，而且数量较多，因而就需要将生产费用在完工产品与月末在产品之间进行分配，以计算完工产品总成本和月末在产品成本。

（三）品种法的适用范围

（1）适用于大量大批单步骤生产的产品或劳务。

（2）适用于大量大批多步骤且管理上不要求分步计算成本的产品或劳务。

二、品种法的计算程序

如图 4-1 所示，品种法的计算程序如下：

（1）按产品品种设置和登记基本生产成本明细账，账内按成本项目设立专栏。

（2）归集和分配各要素费用，并登记有关成本、费用类账户。

（3）归集和分配辅助生产费用，并登记有关成本、费用类账户。

（4）归集和分配制造费用，并登记有关基本生产成本明细账。

（5）月末将生产费用在完工产品与月末在产品之间进行分配，以计算完工产品总成本和单位成本及月末在产品成本。

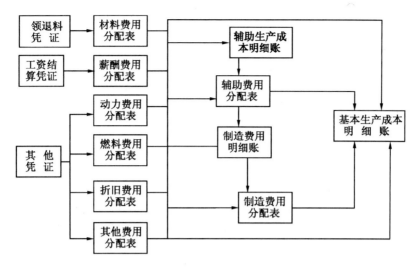

图 4-1 品种法成本计算流程图

三、品种法的应用实例

【例 4-1】 宏达数码电子公司基本生产车间大量大批单步骤生产 LE415 数码产品、LE416 数码产品,并设有供电、机修两个辅助生产车间。根据生产特点和管理要求,采用品种法计算两种数码产品的成本。基本生产成本明细账内设立"直接材料"、"直接人工"、"制造费用"三个成本项目。"制造费用"账户只核算基本生产车间发生的间接费用,辅助生产车间发生的间接费用不通过"制造费用"账户核算,直接计入"辅助生产成本"总账及其所属的明细账。该企业 2015 年 5 月有关成本资料如下:

(1)月初在产品成本如表 4-1 所示。

表 4-1 月初在产品成本

单位:元

摘要	直接材料	直接人工	制造费用	合计
LE415	82 000	16 237.50	17 412.50	262 760
LE416	618 700	82 040	16 755	717 495

(2)本月产量资料:LE415 数码产品本月完工 2 500 件,月末在产品 500 件,实际生产工时 500 000 小时;LE416 数码产品本月完工 1 000 件,月末在产品 200 件,实际生产工时 250 000 小时;两种产品的原材料都是在生产开始时一次投入,月末在产品的完工程度均为 50%,采用约当产量法分配生产费用。

(3)5 月份实际发生的费用资料:

① 本月材料消耗情况如表 4-2 所示。

表 4-2　本月发出材料汇总表

2015 年 5 月　　　　　　　　　　　　　　　　　　　　　　　　单位：元

领料部门及用途	原材料	包装物	低值易耗品	合计
LE415 产品用料	4 000 000	50 000		4 050 000
LE416 产品用料	3 000 000	20 000		3 020 000
两种产品共同用料	140 000			140 000
基本车间一般耗用	10 000		500	10 500
供电车间耗用	5 000			5 000
机修车间耗用	6 000			6 000
行政管理部门耗用	6 000			8 000
合　计	7 167 000	70 000	500	7 239 500

注：产品共同耗用的材料按两种产品直接耗用的原材料费用比例分配。

② 本月工资结算情况如表 4-3 所示。

表 4-3　工资结算汇总表

2015 年 5 月　　　　　　　　　　　　　　　　　　　　　　　　单位：元

单位或部门	应付工资总额	代扣个人所得税	实发工资总额
基本生产车间生产工人	2 100 000	13 000	2 087 000
基本生产车间管理人员	100 000	1 200	98 800
供电车间	40 000	800	39 200
机修车间	35 000	750	34 250
行政管理人员	200 000	1 550	198 450
销售机构人员	125 000	2 700	122 300
合　计	2 600 000	20 000	2 580 000

注：生产工人工资按产品实际生产工时比例分配，并计提职工福利费。

③ 本月库存现金及银行存款支付费用情况如表 4-4、表 4-5 所示。

表 4-4　库存现金支付费用汇总表

2015 年 5 月　　　　　　　　　　　　　　　　　　　　　　　　单位：元

用　途	办公费	市内交通费	外部加工费	运输费	合　计
基本生产车间	1 300	1 325			2 625
供电车间		725			725
机修车间			3 000		3 000
行政管理部门	7 000			1 050	8 050
合　计	8 300	2 050	3 000	1 050	14 400

表 4-5　银行存款支付费用汇总表

2015 年 5 月　　　　　　　　　　　　　　　　　　　　　　　　　　　单位:元

用　　途	办公费	水费	差旅费	设计制图费	外部修理费	招待费	电话费	合　　计
基本生产车间	5 000	10 000	7 000	13 000				35 000
供电车间		2 500			9 000			11 500
机修车间	2 000							2 000
行政管理部门	15 000	6 000				1 000	3 000	25 000
合　　计	22 000	18 500	7 000	13 000	9 000	1 000	3 000	73 500

④ 固定资产提取折旧情况如表 4-6 所示。

表 4-6　固定资产折旧计算表

2015 年 5 月　　　　　　　　　　　　　　　　　　　　　　　　　　　单位:元

使用单位	上月计提折旧额	上月增加的固定资产应计提的折旧额	上月减少的固定资产应计提的折旧额	本月应计提的折旧额
基本生产车间	49 000	3 500	2 225	50 275
供电车间	10 000			10 000
机修车间	20 000			20 000
行政管理部门	30 000			30 000
合　　计	109 000	3 500	2 225	110 275

⑤ 辅助生产车间提供劳务情况如表 4-7 所示。

表 4-7　辅助生产车间劳务供应量

2015 年 5 月

受益对象	供电车间(度)	机修车间(小时)
供电车间		2 000
机修车间	15 000	
LE415	90 000	
LE416	45 000	
基本生产车间	30 000	15 000
行政管理部门	50 000	5 500
合计	230 000	22 500

注:辅助生产费用采用直接分配法进行分配。

(4) 要求:

① 设置基本生产成本明细账、辅助生产成本明细账、制造费用明细账。

② 材料费用按产品耗用的原材料费用比例分配;工资和制造费用按生产工时比例分配;辅助生产费用用直接分配法分配;采用约当产量法将生产费用在完工产品与月末在产品

之间分配。

③ 编制各要素费用、综合费用的分配表,并作相应的会计分录,登记有关账户。

④ 编制完工产品成本汇总表,并编制产成品成本结转的会计分录,登记有关账户。

(5) 品种法计算流程:

① 编制材料费用分配表如表 4-8 所示。

表 4-8 材料费用分配表

2015 年 5 月　　　　　　　　　　　　　　　　　　　　单位:元

分配对象	成本项目或费用项目上	直接计入		共同耗用		合　计
		周转材料	原材料	分配率	分配金额	
LE415	直接材料	50 000	4 000 000	0.02	80 000	4 130 000
LE416	直接材料	20 000	3 000 000	0.02	60 000	3 080 000
小　计		70 000	7 000 000	0.02	140 000	7 210 000
基本生产车间	材料费	500	10 000			10 500
供电车间	材料费		5 000			5 000
机修车间	材料费		6 000			6 000
行政管理部门	材料费	2 000	6 000			8 000
合　计		72 500	7 027 000		140 000	7 239 500

分配会计分录:

借:基本生产成本——LE415——直接材料　　　　　4 130 000.00
　　　　　　　　——LE416——直接材料　　　　　3 080 000.00
　　辅助生产成本——供电车间——材料费　　　　　5 000.00
　　　　　　　　——机修车间——材料费　　　　　6 000.00
　　制造费用——基本生产车间——材料费　　　　　10 500.00
　　管理费用——材料费　　　　　　　　　　　　　8 000.00
　　贷:原材料　　　　　　　　　　　　　　　　　7 239 500.00

② 编制薪酬费用分配表如表 4-9 所示。

表 4-9 职工薪酬费用分配表

2015 年 5 月　　　　　　　　　　　　　　　　　　　　单位:元

分配对象	成本项目或费用项目上	应付职工工资			职工福利费(14%)	合　计
		生产工时	分配率	分配金额		
LE415	直接人工	500 000	2.8	1 400 000	196 000	1 596 000
LE416	直接人工	250 000	2.8	700 000	98 000	798 000
小　计		750 000	2.8	2 100 000	294 000	2 394 000
基本生产车间	薪酬			100 000	14 000	114 000
供电车间	薪酬			40 000	5 600	45 600

续表

分配对象	成本项目或费用项目上	应付职工工资			职工福利费（14%）	合 计
		生产工时	分配率	分配金额		
机修车间	薪酬			35 000	4 900	39 900
行政管理部门	薪酬			200 000	28 000	228 000
销售机构	薪酬			125 000	17 500	142 500
合 计				2 600 000	364 000	2 964 000

会计分录如下：

借：基本生产成本——LE415——直接人工　　　　　　　　1 596 000.00
　　　　　　　　——LE416——直接人工　　　　　　　　　798 000.00
　　辅助生产成本——供电车间——薪酬　　　　　　　　　 45 600.00
　　　　　　　　——机修车间——薪酬　　　　　　　　　 39 900.00
　　制造费用——基本生产车间——薪酬　　　　　　　　　114 000.00
　　管理费用——薪酬　　　　　　　　　　　　　　　　　228 000.00
　　销售费用——薪酬　　　　　　　　　　　　　　　　　142 500.00
　　贷：应付职工薪酬——应付工资　　　　　　　　　　2 600 000.00
　　　　　　　　　　　应付福利费　　　　　　　　　　　364 000.00

③ 编制"折旧及其他费用分配表"如表4-10所示。

会计分录如下：

借：制造费用——基本生产车间　　　　　　　　　　　　 87 900.00
　　辅助生产成本——供电车间　　　　　　　　　　　　　 22 225.00
　　　　　　　　——机修车间　　　　　　　　　　　　　 25 000.00
　　管理费用　　　　　　　　　　　　　　　　　　　　　 63 050.00
　　贷：累计折旧　　　　　　　　　　　　　　　　　　　110 275.00
　　　　库存现金　　　　　　　　　　　　　　　　　　　 14 400.00
　　　　银行存款　　　　　　　　　　　　　　　　　　　 73 500.00

表 4-10　折旧及其他费用分配表

2015 年 5 月　　　　　　　　　　　　　　　　　　　　　　　　　　单位：元

分配对象	折旧费	办公费	水费	交通差旅费	制图费	加工费	修理费	运输费	招待费	电话费	合计
基本生产车间	50 275	6 300	10 000	8 325	13 000						87 900
供电车间	10 000	0	2 500	725			9 000				22 225
机修车间	20 000	2 000				3 000					25 000
行政管理部门	30 000	22 000	6 000					1 050	1 000	3 000	63 050
合计	110 275	30 300	18 500	9 050	13 000	3 000	9 000	1 050	1 000	3 000	198 175

④ 归集和分配辅助生产费用。如表4-11、4-12、4-13所示。

表 4-11　辅助生产成本明细账(简化格式)

车间：供电车间　　　　　　　　　　　　　　　　单位：元

摘要	材料费	薪酬	折旧费	办公费	其他	合计
分配材料费用	5 000					5 000
分配薪酬费用		45 600				45 600
分配折旧及其他费用			10 000		12 225	22 225
本期费用合计	5 000	45 600	10 000		12 225	72 825
费用转出	5 000	45 600	10 000		12 225	72 825

表 4-12　辅助生产成本明细账(简化格式)

车间：机修车间　　　　　　　　　　　　　　　　单位：元

摘要	材料费	薪酬	折旧费	办公费	其他	合计
分配材料费用	6 000					6 000
分配薪酬费用		39 900				39 900
分配折旧及其他费用			20 000	2 000	3 000	25 000
本期费用合计	6 000	39 900	20 000	2 000	3 000	70 900
费用转出	6 000	39 900	20 000	2 000	3 000	70 900

编制辅助生产费用分配表如下：

表 4-13　辅助生产费用分配表(直接分配法)

2015 年 5 月　　　　　　　　　　　　　　　　　单位：元

项　目			供电车间	机修车间	合计
待分配费用			72 825	70 900	143 725
劳务供应量			215 000	20 500	
分配率			0.338 7	3.458 5	
受益单位	LE415	数量	90 000		
		金额	30 483		30 483
	LE416	数量	45 000		
		金额	15 241.5		15 241.5
	基本生产车间	数量	30 000	15 000	
		金额	10 161	51 877.5	62 038.5
	行政管理部门	数量	50 000	5 500	
		金额	16 939.5	19 022.5	35 962
合　计			72 825	70 900	143 725

会计分录如下：

借：基本生产成本——LE415　　　　　　　　　　　　　　　　30 483.00

基本生产成本——LE416　　　　　　　　　　　　　　15 241.50
　　制造费用——基本生产车间　　　　　　　　　　　　 62 038.50
　　管理费用　　　　　　　　　　　　　　　　　　　　 35 962.00
　　贷：辅助生产成本——供电车间　　　　　　　　　　　72 825.00
　　　　　　　　　　——机修车间　　　　　　　　　　　70 900.00

⑤ 归集和分配制造费用。制造费用明细账如表4-14所示。

表4-14　制造费用明细账

车间：基本生产车间　　　　　　　　　　　　　　　　　　　　　　　　单位：元

摘　　要	材料费	薪酬	折旧费	办公费	其他	合计
分配材料费用	10 500					10 500
分配薪酬费用		114 000				114 000
分配折旧及其他费用			50 275	6 300	31 325	87 900
分配辅助生产费用					62 038.5	62 038.50
本期费用合计	10 500	114 000	50 275	6 300	93 363.5	274 438.5
费用转出	10 500	114 000	50 275	6 300	93 363.5	274 438.5

根据制造费用明细账，根据生产工时比例法分配费用。制造费用分配如表4-15所示。
会计分录如下：
　　借：基本生产成本——LE415　　　　　　　　　　　　182 959.00
　　　　　　　　　　——LE416　　　　　　　　　　　　 91 479.50
　　贷：制造费用——基本生产车间　　　　　　　　　　　274 438.50

表4-15　制造费用分配表

2015年5月　　　　　　　　　　　　　　　　　　　　　　　　　　　　单位：元

产品名称	生产工时	分配率	分配金额
LE415	500 000	0.365 918	182 959
LE416	250 000	0.365 918	91 479.5
合　计	750 000	0.365 918	274 438.5

⑥ 登记基本生产成本明细账，并计算完工产品和月末在产品成本，编制完工产品成本汇总表，并作完工产品入库会计分录。如表4-16、4-17、4-18所示。

表4-16　基本生产成本明细账

产品名称：LE415　　　　　　　　　　　　　　　　　　　　　　　　　　单位：元

2015年		凭证号	摘要	直接材料	直接人工	制造费用	合　计
月	日	（略）					
4	30		月初在产品成本	82 000	16 237.5	18 412.5	262 760
5	31		分配材料费用	4 130 000			4 130 000
	31		分配薪酬费用		1 596 000		1 596 000
	31		分配辅助生产费用			30 483	30 483

续表

2015年 月	日	凭证号（略）	摘要	直接材料	直接人工	制造费用	合　计
	31		分配制造费用			182 959	182 959
	31		生产费用合计	4 212 000	1 612 237.5	231 854.5	6 202 202
	31		约当(总)产量	3 000	2 750	2 750	
	31		分配率(单位成本)	1 404	586.27	84.31	2 127.71
	31		完工产品成本	3 510 000	1 465 675	210 775	5 319 275
	31		月末在产品成本	702 000	146 562.5	21 079.5	882 927

表 4-17　基本生产成本明细账

产品名称：LE415　　　　　　　　　　　　　　　　　　　　　　　　　　单位：元

2015年 月	日	凭证号（略）	摘要	直接材料	直接人工	制造费用	合　计
4	30		月初在产品成本	618 700	82 040	16 755	717 495
5	31		分配材料费用	3 080 000			3 080 000
	31		分配薪酬费用		798 000		798 000
	31		分配辅助生产费用			15 241.5	15 241.5
	31		分配制造费用			91 479.5	91 479.5
	31		生产费用合计	3 698 700	880 040	123 476	4 702 216
	31		约当(总)产量	1 200	1 100	1 100	
	31		分配率(单位成本)	3 082.25	800.04	112.25	3 994.54
	31		完工产品成本	3 082 250	800 040	112 250	3 994 540
	31		月末在产品成本	616 450	80 000	11 226	707 676

表 4-18　完工产品成本汇总表

2015 年 5 月　　　　　　　　　　　　　　　　　　　　　　　　　　　单位：元

项　目		直接材料	直接人工	制造费用	合计
LE415(完工 2500 台)	总成本	3 510 000	1 598 500	210 775	5 319 275
	单位成本	1 404	639.40	84.31	2 127.71
LE416(完工 1000 台)	总成本	3 082 250	800 040	112 250	3 994 540
	单位成本	3 082.25	800.04	112.25	3 994.54

产成品完工入库会计分录：

借：库存商品——LE415　　　　　　　　　　　　　　5 319 275.00
　　　　　　——LE416　　　　　　　　　　　　　　3 994 540.00
　贷：基本生产成本——LE415　　　　　　　　　　　5 319 275.00
　　　　　　　　——LE416　　　　　　　　　　　　3 994 540.00

任务三　分 批 法

一、分批法的概念、特点及适用范围

(一) 分批法的概念

分批法也称订单法,是指以产品的批别作为成本计算对象,归集生产费用,计算产品成本的一种方法。

(二) 分批法的特点

1. 成本计算对象

在分批法下,成本计算对象是产品的批次或购货者的订单。

如果一份订单中只有一种产品且要求同时交货时,就将该订单作为成本计算对象;当订单中有几种产品或虽只有一种产品但数量较多而且要求分批交货时,就要由企业生产计划部门按批别开立"生产任务通知单",以此组织生产,并以"生产任务通知单"号作为成本计算对象;如果不同的订单中要求生产同一种产品时,也可以合并开立"生产任务通知单";如果一张订单中只规定一种产品且属于大型复杂的产品,价值较大,生产周期较长,如大型船舶制造、飞机制造等,也可以按照产品的组成部分分批组织生产,计算成本。

在分批法下,产品成本明细账按订单或批次开设。某批产品发生的直接费用,应当根据有关费用的原始凭证或分配表,直接计入该批产品的成本明细账中的有关成本项目;对不能直接计入的间接费用,则应按照一定的方法分配计入各批产品成本明细账中的有关成本项目。

2. 成本计算期

在分批法下,要按月归集各批产品的生产费用,但由于产品成本要在订单或批次产品完工后才能计算出来,所以,其成本计算期是不固定的,与会计报告期不一致,而与产品的生产周期一致。

3. 生产费用在完工产品与月末在产品之间的分配

在分批法下,通常不存在批内完工产品与月末在产品之间分配生产费用的问题。各订单或批次的产品在未完工之前,其成本明细账中所归集的费用就是在产品成本;当该订单或批次产品全部完工时,其成本明细账中所归集的费用就是完工产品的成本。

但当一份订单或同批次的产品有跨月陆续完工并分期交货,在月末计算成本时,一部分产品完工,而另一部分产品未完工,此时就有必要在完工产品与在产品之间分配生产费用,以便计算完工产品的成本和月末在产品成本。如果完工的数量不多时,可以按定额成本或计划成本或近期同种产品的实际成本计算完工产品成本;如果完工产品数量较多时,应当采用适当的方法在完工产品与在产品之间分配费用,以便确定和报告完工产品成本和月末在产品成本。

(三)分批法的适用范围

分批法主要适用于单件、小批,在管理上不要求分步计算成本的多步骤生产,以及新产品试制或试验、工业性修理作业、在建工程等。

二、分批法的计算程序

计算程序如下:

(1)按订单、批别或生产任务单号设立基本生产成本明细账,账内按成本项目设专栏核算。

(2)按月归集和分配要素费用及各种综合性费用。

(3)如果有完工产品的批次,根据完工批别产品的完工通知单,采用适当的方法将该批次生产费用在该批次完工产品与月末在产品之间进行分配,从而计算出完工产品成本和月末在产品成本。

三、分批法的应用实例

【例4-2】 华晨机械厂根据客户订单要求组织生产,采用分批法计算产品成本。

(1)2015年7月企业生产产品情况如下:

① MJ-12产品20台,批号601,6月份投产,本月全部完工。

② MJ-13产品40台,批号701,本月投产,本月尚未完工。

③ MJ-14产品60台,批号702,本月投产,月末完工10台。

④ MJ-11产品120台,批号507,5月投产,本月完工90台,其余尚未完工。

(2)7月份各批产品月初在产品成本如表4-19所示。

表4-19 各批产品月初在产品成本

批别与产品名称	直接材料	直接人工	制造费用	合计
601/MJ—12	318 400	20 000	18 060	356 460
507/MJ—11	2 330 400	200 000	354 200	2 884 600
合 计	2 648 800	220 000	372 260	3 241 060

(3)7月份各批产品生产费用发生额如表4-20所示。

表4-20 本月各批产品生产费用发生额汇总表

2015年7月 单位:元

批别与产品名称	直接材料	直接人工	制造费用	合计
601/MJ—12	300 000	12 800	11 920	324 720
701/MJ—13	100 000	7 200	4 340	111 540
702/MJ—14	340 000	108 600	124 200	572 800
507/MJ—11		16 000	104 800	120 800
合 计	740 000	144 600	245 260	1 129 860

（4）MJ-14产品,本月完工10台,按单位定额成本计价,其单位定额成本为:直接材料10 000元,直接人工6 000元,制造费用4 000元;MJ-11产品,本月完工90台,按约当产量比例法计算完工产品成本,该批产品的原材料系生产开始时一次投入,月末在产品的完工程度为60%。

现根据上述资料,采用分批法计算各批产品的完工产品成本和月末在产品成本。

计算结果如表4-21、4-22、4-23、4-24、4-25所示。

表4-21　基本生产成本明细账

批别:601　　　　　　　　投产日期:2015年6月　　　　　　　　投产量:20台
产品:MJ-12　　　　　　　完工日期:2015年7月　　　　　　　　完工量:20台

2015年		凭证号（略）	摘　要	直接材料	直接人工	制造费用	合计
月	日						
7	1		6月份发生额	318 400	20 000	18 060	356 460
	31		7月份发生额	300 000	12 800	11 920	324 720
	31		累计生产费用	618 400	32 800	29 980	681 180
	31		结转完工产品成本	618 400	32 800	29 980	681 180
	31		单位成本	30 920	1 640	1 499	34 059

表4-22　基本生产成本明细账

批别:701　　　　　　　　投产日期:2015年7月　　　　　　　　投产量:40台
产品:MJ-13　　　　　　　完工日期:　　　　　　　　　　　　　完工量:　台

2015年		凭证号（略）	摘　要	直接材料	直接人工	制造费用	合计
月	日						
7	31		7月发生额	100 000	7 200	4 340	111 540

表4-23　基本生产成本明细账

批别:702　　　　　　　　投产日期:2015年7月　　　　　　　　投产量:60台
产品:MJ-14　　　　　　　完工日期:2015年7月　　　　　　　　完工量:10台

2015年		凭证号（略）	摘　要	直接材料	直接人工	制造费用	合计
月	日						
7	31		7月发生额	340 000	108 600	124 200	572 800
	31		单位定额成本	10 000	6 000	4 000	20 000
	31		结转完工产品成本	100 000	60 000	40 000	200 000
	31		截至7月末累计余额	240 000	48 600	84 200	372 800

表 4-24 基本生产成本明细账

批别:507　　　　　　　　　投产日期:2015 年 5 月　　　　　　　投产量:120 台
产品:MJ－11　　　　　　　完工日期:2015 年 7 月　　　　　　　完工量:90 台

2015 年		凭证号(略)	摘　要	直接材料	直接人工	制造费用	合计
月	日						
7	1		5－6 月发生额	2 330 400	200 000	354 200	2 884 600
	31		7 月份发生额		16 000	104 800	120 800
			5－7 月费用合计	2 330 400	216 000	459 000	3 005 400
			约当(总)产量	120	108	108	
			单位成本	19 420	2 000	4 250	25 670
			结转完工产品成本	1 747 800	180 000	382 500	2 310 300
			7 月末在产品成本	582 600	36 000	76 500	695 100

表 4-25 完工产品成本汇总表
2015 年 7 月　　　　　　　　　　　　　　　　　　　　　　　　　单位:元

产品批别及名称	成本	直接材料	直接人工	制造费用	合计
601/MJ—12(完工 20 台)	总成本	618 400	32 800	29 980	681 180
	单位成本	30 920	1 640	1 499	34 059
702/MJ—14(完工 10 台)	总成本	100 000	60 000	40 000	200 000
	单位成本	10 000	6 000	4 000	20 000
507/MJ—11(完工 90 台)	总成本	1 747 800	180 000	382 500	2 310 300
	单位成本	19 420	2 000	4 250	25 670

产成品入库会计分录:
　　借:库存商品——601(MJ-12)　　　　　　　　　　681 180.00
　　　　　　——702(MJ-14)　　　　　　　　　　　　200 000.00
　　　　　　——507(MJ-11)　　　　　　　　　　　 2 310 300.00
　　　贷:基本生产成本——601(MJ-12)　　　　　　　681 180.00
　　　　　　——702(MJ-14)　　　　　　　　　　　　200 000.00
　　　　　　——507(MJ-11)　　　　　　　　　　　 2 310 300.00

四、简化分批法

在小批单件生产的企业或车间,如果同一月份投产的产品批数很多,并且月末未完工的批数也较多,将各种间接费用在各批产品之间按月进行分配,其工作量极为繁重。例如机械制造厂或修配厂等。在这种情况下,企业或车间可采用一种简化的分批法计算各批完工产品成本。

（一）简化分批法的概念及特点

1. 概念

简化分批法又称为累计间接费用分配法，或称为不分批计算在产品成本分批法。它是指对于每月发生的制造费用、人工费用等一些间接费用，不是按月在各批次产品之间进行分配，而是将这些间接费用先分别按照成本项目计入基本生产成本二级账中，待有完工产品时，再按照完工产品累计工时的比例，在各批完工产品之间进行分配，计算完工产品成本的一种方法。

2. 特点

（1）设置基本生产成本二级账。在分批法下，除要按照产品批别设置基本生产成本明细账外，必须设置基本生产成本二级账；账内除按成本项目设置专栏外，还要增设生产工时专栏。该二级账按月登记所有批别产品的累计生产费用（包括直接费用和间接费用）和累计生产工时。

（2）二级账按月提供企业或车间全部产品的累计生产费用和生产工时资料，其中，生产工时资料可以是实际工时，也可以是定额工时，以便于考核企业总产品的生产耗费水平。

（3）平时，基本生产成本明细账只登记本批产品生产所发生的直接费用和生产工时。在有完工产品时，再计算登记本批完工产品的成本（包括直接费用、生产工时和应负担的间接费用）。

（4）基本生产成本二级账与基本生产成本明细账之间存在统驭与附属关系，相当于总账与总分类账的关系。

（二）简化分批法计算程序

计算程序如下：

（1）按产品批别设置基本生产成本明细账，并设置基本生产成本二级账，两者账内要设立成本项目和生产工时专栏。

（2）按月根据直接费用的原始凭证和分配表、生产工时记录凭证等，登记各批产品的基本生产成本明细账相关项目。

（3）根据各项费用（包括直接费用和间接费用）的原始凭证及分配表、生产工时记录凭证等，汇总登记基本生产成本二级账各有关项目。

（4）在有完工产品的月份，根据基本生产成本二级账中累计的生产工时和累计的间接费用，计算累计间接费用分配率，并分别在基本生产二级账和有完工产品批别的基本生产成本明细账登记。累计间接费用分配率计算公式如下：

$$某项累计间接费用分配率 = \frac{全部该该项目累计间接费用}{全部产品累计生产工时}$$

（5）在有完工产品批别的基本生产明细账中，计算并登记该批别完工产品应负担的直接费用、生产工时、间接费用，同时计算出月末在产品累计的直接费用、生产工时的余额。

（6）根据有完工产品批别已计算并登记的完工产品成本及生产工时，汇总登记基本生产二级账的有关项目，并结算出全部在产品累计的生产费用（包括直接费用和间接费用）及生产工时余额。

（三）简化分批法的应用实例

【例4-3】 某工厂分批生产多种产品,产品批数和月末未完工产品批数较多。为简化核算工作,采用简化分批法进行成本核算。该厂2015年9月份生产的产品批别有：

A产品25台,批号:708,7月投产,本月完工。

B产品15台,批号:801,8月投产,本月完工。

C产品10台,批号:802,8月投产,本月尚未完工。

D产品30台,批号:901,9月投产,本月尚未完工。

各批产品生产所发生的生产费用详见基本生产二级账、各批产品基本生产成本明细账,如表4-26、4-27、4-28、4-29、4-30、4-31所示。

表4-26　基本生产成本二级账

2015年		摘　要	直接材料	生产工时	直接人工	制造费用	合计
月	日						
9	1	截至8月末累计生产费用	290 000	9 100	45 500	54 600	390 100
	30	材料费用分配表	397 000				397 000
	30	薪酬费用分配表		15 900	82 000		82 000
	30	转入制造费用				102 900	102 900
	30	截至9月末累计生产费用	687 000	25 000	127 500	157 500	972 000
	30	累计费用分配率			5.1	6.3	
	30	转出完工产品成本	407 000	13 500	68 850	85 050	560 900
	30	月末在产品成本	280 000	11 500	58 650	72 450	411 100

表4-27　基本生产成本明细账

产品批别:708　　　　　　　投产日期:2015年7月　　　　　　　投产量:25台
产品名称:A产品　　　　　　完工日期:2015年9月　　　　　　　完工量:25台

2015年		摘　要	直接材料	生产工时	直接人工	制造费用	合计
月	日						
9	1	7-8月末累计生产费用	210 000	6 000			
	30	本月发生额	17 000	500			
	30	截至9月末累计生产费用	227 000	6 500			
	30	累计费用分配率			5.1	6.3	
	30	转出完工产品成本	227 000	6 500	33 150	40 950	301 100

表 4-28　基本生产成本明细账

产品批别：801　　　　　　投产日期：2015 年 8 月　　　　　　投产量：15 台
产品名称：B 产品　　　　　完工日期：2015 年 9 月　　　　　　完工量：15 台

2015 年		摘　要	直接材料	生产工时	直接人工	制造费用	合计
月	日						
9	1	截至 8 月末累计生产费用	70 000	3 000			
	30	本月发生额	110 000	4 000			
	30	截至 9 月末累计生产费用	180 000	7 000			
	30	累计费用分配率			5.1	6.3	
	30	转出完工产品成本	180 000	7 000	35 700	44 100	259 800

表 4-29　基本生产成本明细账

产品批别：802　　　　　　投产日期：2015 年 8 月　　　　　　投产量：10 台
产品名称：C 产品　　　　　完工日期：　　　　　　　　　　　完工量：　台

2015 年		摘　要	直接材料	生产工时	直接人工	制造费用	合计
月	日						
9	1	截至 8 月末累计生产费用	10 000	100			
	30	本月发生额	120 000	6 600			
	30	截至 9 月末累计生产费用	130 000	6 700			

表 4-30　基本生产成本明细账

产品批别：901　　　　　　投产日期：2015 年 9 月　　　　　　投产量：30 台
产品名称：D 产品　　　　　完工日期：　　　　　　　　　　　完工量：　台

2015 年		摘　要	直接材料	生产工时	直接人工	制造费用	合计
月	日						
9	30	本月发生额	150 000	4 800			

表 4-31　完工产品成本汇总表

2015 年 9 月　　　　　　　　　　　　　　　　　　　　　　　　单位：元

产品批别及名称	成　本	直接材料	直接人工	制造费用	合计
708/A 产品（完工 25 台）	总成本	227 000	33 150	40 950	301 100
	单位成本	9 080	1 326	1 638	12 044
801/B 产品（完工 15 台）	总成本	180 000	35 700	44 100	259 800
	单位成本	12 000	2 380	2 940	17 320

产成品入库会计分录：
　　借：库存商品——708——A 产品　　　　　　　　　　　　　301 100.00
　　　　　　　　——801——B 产品　　　　　　　　　　　　　259 800.00

贷：基本生产成本——708——A产品　　　　　　　301 100.00
　　　　　　　——801——B产品　　　　　　　259 800.00

任务四　分步法

一、分步法的概念、特点和适用范围

（一）分步法的概念

分步法就是以产品的生产步骤及其所生产的产品品种作为成本计算对象，归集生产费用，计算产品成本的一种方法。

（二）分步法的特点

1. 成本计算对象

分步法的成本计算对象，就是各种产品的生产步骤及其所生产的产品品种。即按每种产品的各个生产步骤设置基本生产成本明细账进行成本计算。

在实际工作中，成本计算的分步是按照成本管理要求划分的，与实际的产品生产步骤可能不一样。在大量大批多步骤生产企业中，生产单位一般是按照生产步骤设立的。为了加强成本管理，也要求按照生产单位归集生产费用，计算产品成本。但是，当一个生产单位规模较大，生产单位内部可以划分为若干个生产步骤，而管理上也要求生产单位内分步计算成本时，成本计算的分步不应当是生产单位，而是生产单位内各个具体的生产步骤。此外，为了简化成本核算工作，根据成本管理需要，也可以将几个生产步骤合并为一个成本计算的步骤归集费用，计算产品成本。总而言之，企业应当根据生产特点和成本管理要求，确定成本计算对象的产品品种及其生产步骤。

2. 成本计算期

在分步法下，一般是按月计算产品成本，与会计报告期一致，与产品的生产周期不一致。

3. 生产费用在完工产品与在产品之间的分配

在月末计算完工产品成本时，各步骤一般存在未完工的产品，因此，产品各生产步骤所归集的生产费用要采用适当的方法，在完工产品与在产品之间进行分配。

（三）分步法的适用范围

分步法主要适用于大量大批多步骤生产，包括连续式多步骤生产和装配式多步骤生产企业。如钢铁、纺织、造纸、冶金、大批量的机械制造及电子电器产品生产等。

二、分步法的分类

分步法按照是否计算各步骤半成品成本可分为逐步结转分步法和平行结转分步法。

逐步结转分步法是按照生产步骤归集生产费用，计算各步骤半成品成本，同时将半成品成本随着实物的转移而在各生产步骤之间顺序结转，最后计算出产品成本的一种方法。逐步结转法按照半成品成本的结转方式，又可分为综合结转法和分项结转法。

平行结转分步法是指各步骤只计算本步骤发生的生产费用和这些费用计入到产成品成本的份额,最后将相同产品在各步骤的份额进行平行结转、汇总,计算出产成品成本的一种方法。

三、逐步结转分步法

(一) 逐步结转分步法的特点

逐步结转分步法也称为计算半成品成本的分步法,是逐步计算和结转各生产步骤半成品成本,直到最后生产步骤计算出产成品成本的方法。运用该方法计算产品成本,就如同滚雪球一样,通过对各个步骤生产耗费的追踪和成本积累,越滚越大,最终汇集成产成品成本。

采用逐步结转法时,各步骤生产的半成品既可以作为半成品交与下一步骤继续加工,也可以直接作为产成品对外销售(例如纺织厂的纱锭),这就要求企业不仅要计算最终的产成品成本,还要计算各步骤半成品的成本。逐步结转分步法的特点主要表现在:

(1) 成本计算对象是产品的生产步骤及其所生产的产品(包括各步骤加工的半成品和最后步骤的产成品)。这就要求按照产品的生产步骤设置明细账,按步骤及所生产的产品归集生产费用,计算出本步骤完工的半成品(最后步骤为产成品)的成本。

(2) 逐步结转分步法下,各步骤基本生产成本明细账中的费用包括三个部分:一是本步骤月初在产品的成本;二是本步骤本月自身发生的费用;三是本步骤耗用上步骤的半成品成本。三个部分汇总后形成本步骤加工产品发生的生产费用总额。

(3) 逐步结转分步法下,各步骤的"完工产品"是指本步骤完工的产品,即前几个步骤指的是完工半成品,最后一个步骤指的产成品;各步骤的"在产品"指的是狭义在产品,即本步骤正在加工的产品。综合上述两点,生产费用在完工产品与在产品之间的分配可以概括为:本步骤生产费用合计数在本步骤完工产品与本步骤月末在产品之间进行分配。

(4) 半成品成本与其实物的结转相一致,即半成品成本随着实物的转移而转移。

(二) 逐步结转分步法的适用范围

一般来说,逐步结转分步法适用于大量大批连续式多步骤生产的企业。具体来说,主要包括:

(1) 半成品可以对外出售或虽不对外出售但需要进行比较考核的企业。如纺织厂的棉纱、坯布,冶金行业的生铁、钢锭、铝锭,化肥厂的合成氨等半成品。

(2) 一种半成品同时转做几种产成品原料的企业。如生产钢铸件、铜铸件的机械企业,生产纸浆的造纸企业等。

(3) 实行承包制的企业。企业对外承包必然也要求对内部进行承包和逐级考核,这就需要计算各步骤半成品成本。

(三) 逐步结转分步法的成本计算程序

计算程序如下:
(1) 按产品的生产步骤设置基本生产成本明细账,归集生产费用。
(2) 归集和分配本步骤的生产费用,包括各要素费用和综合费用。

（3）月末将本步骤的生产费用总额在本步骤的完工产品与在产品之间进行分配，计算出本步骤完工产品成本和本步骤月末在产品成本。

（4）结转本步骤完工半成品的成本（最后步骤结转产成品成本）。

企业半成品实物的结转有两种方式：直接结转和间接结转。直接结转就是上一步骤生产完工的半成品全部直接转交给下一步骤继续加工；间接结转就是上一步骤完工的半成品先转交到自制半成品库，而下一步骤要对上一步骤的半成品继续加工，要像领用材料一样从自制半成品库领用。两种半成品结转方式的成本计算程序如图4-2、4-3所示。

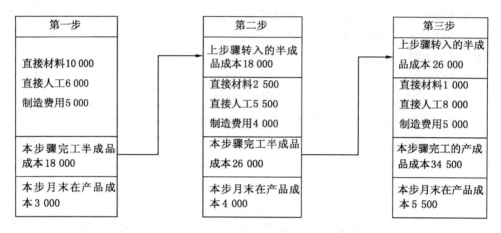

图4-2　不通过半成品库收发的成本计算程序

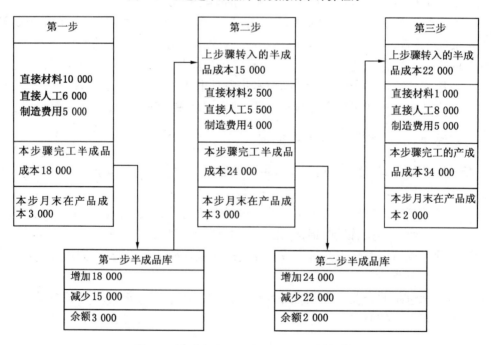

图4-3　通过半成品库收发的成本计算程序

（四）逐步综合结转分步法及其应用实例

综合结转分步法是指将各步骤耗用上一步骤的半成品成本，以一个合计金额结转到该步骤成本明细账中的"直接材料"或专设"自制半成品"项目的一种方法。

耗用的半成品成本可以按实际成本结转,也可以按计划成本结转,现分别举例说明。

1. 按半成品实际成本结转的综合结转分步法

【例4-4】 万海公司生产的甲产品经过三个步骤连续加工完成,第一步骤生产完工的A半成品直接转入第二步骤继续加工成B半成品,B半成品通过仓库收发,第三步骤从半成品库领用B半成品继续加工成甲产品。其中1件甲产品耗用1件B半成品,1件B半成品耗用1件A半成品。

原材料系第一步生产开始时一次投入,第二、三步骤不再投入原材料。各步骤月末在产品成本完工程度均为50%。

第三步骤领用B半成品时,其成本采用先进先出法计价,月初B半成品数量为20件,单位成本135元,共计2 700元。各步骤生产费用在完工产品与月末在产品之间分配采用约当产量法。

2015年3月,该公司生产甲产品的有关资料如下:

(1) 本月各步骤产量情况如表4-32所示。

表4-32 各车间产量统计表

2015年3月　　　　　　　　　　　　　　　　　　　　　　单位:件

项　目	第一步骤	第二步骤	第三步骤
月初在产品数量	20	50	40
本月投产量	180	160	180
本月完工产品数量	160	180	200
月末在产品数量	40	30	20

(2) 各步骤生产费用情况如表4-33所示。

表4-33 各步骤生产费用汇总表

2015年3月　　　　　　　　　　　　　　　　　　　　　　单位:元

项　目		直接材料	自制半成品	直接人工	制造费用	合计
第一步骤	月初在产品	1 000		60	100	1 160
	本月发生额	18 400		2 200	2 400	23 000
第二步骤	月初在产品		6 172.50	200	120	6 492.50
	本月发生额			3 200	4 800	8 000
第三步骤	月初在产品		6 644.80	180	160	6 984.80
	本月发生额			3 450	2 550	6 000

要求:根据以上资料,采用综合逐步结转分步法计算各步骤半成品及产成品的成本。

计算过程如表4-34、4-35、4-36、4-37所示。

表 4-34 基本生产成本明细账

步骤:第一步骤　　　　　　　　产品名称:A 半成品　　　　　　　　　　　　单位:元

摘　要	直接材料	直接人工	制造费用	合计
月初在产品成本	1 000	60	100	1 160
本月发生额	18 400	2 200	2 400	23 000
生产费用合计	19 400	2 260	2 500	24 160
约当产量	200	180	180	
单位成本	97	12.56	13.89	123.45
完工产品成本	15 520	2 009.6	2 222.4	19 752
月末在产品成本	3 880	250.4	277.6	4 408

表 4-35 基本生产成本明细账

步骤:第二步骤　　　　　　　　产品名称:B 半成品　　　　　　　　　　　　单位:元

摘　要	直接材料	自制半成品	直接人工	制造费用	合计
月初在产品成本		6 172.50	200	120	6 492.50
本月发生额			3 200	4 800	8 000
上步骤转入半成品		19 752			19 752
生产费用合计		25 924.5	3 400	4 920	34 244.5
约当产量		210	195	195	
单位成本		123.45	17.44	25.23	166.12
完工产品成本		22 221	3 139.2	4 541.4	29 901.6
月末在产品成本		3 703.5	260.8	378.6	4 342.9

B 半成品入库会计分录:

借:自制半成品——B 半成品　　　　　　　　　　　　　　　　　　　　29 901.60
　　贷:基本生产成本——第二步骤(B 半成品)　　　　　　　　　　　　　　29 901.60

表 4-36 自制半成品明细账(简化格式)

品名:B 半成品　　　　　　　　2015 年 3 月

摘要	收入			发出			结存		
	数量	单价	金额	数量	单价	金额	数量	单价	金额
月初结存							20	135	2 700
本月增加	180	166.12	29 901.6						
本月减少				180		29 279.2			
月末结存							20	166.12	3 322.4

第三步骤领用 180 件 B 半成品成本 = 20 × 135 + 160 × 166.12 = 29 279.2(元)

第三步骤领用 B 半成品会计分录:

借:基本生产成本——第三步骤(甲产品) 29 279.20
  贷:自制半成品——B半成品 29 279.20

表 4-37 基本生产成本明细账

步骤:第三步骤　　　　　　　产品名称:甲产品　　　　　　　　　　单位:元

摘　要	直接材料	自制半成品	直接人工	制造费用	合计
月初在产品成本		6 644.80	180	160	6 984.80
本月发生额		0	3 450	2 550	6 000
上步骤转入半成品		29 279.2	0	0	29 279.2
生产费用合计		35 924	3 630	2 710	42 264
约当产量		220	210	210	
单位成本		163.29	17.29	12.90	193.48
完工产品成本		32 658	3 458	2 580	38 696
月末在产品成本		3 266	172	130	3 568

完工产成品验交入库会计分录:
借:库存商品——甲产品 38 696.00
  贷:基本生产成本——第三步骤(甲产品) 38 696.00

2. 按半成品计划成本结转的综合结转分步法

【例 4-5】 某机械制造企业生产乙产品,分两个步骤加工完工。第一车间生产的乙半成品交半成品库验收;第二车间按需向半成品库领用乙半成品,半成品按计划成本结转。两个车间的在产品均按定额成本计算。

根据相关资料计算产品成本的过程如表 4-38、4-39、4-40 所示。

表 4-38 基本生产成本明细账

车间:第一车间　　　　　产品:乙半成品　　　　完工:100 件　　　　单位:元

日期	摘　要	直接材料	直接人工	制造费用	合计
	月初在产品定额成本	5 000	2 500	8 000	15 500
	本月发生额	8 200	3 600	11 000	22 800
	生产费用合计	13 200	6 100	19 000	38 300
	完工产品成本	7 000	3 700	11 500	22 200
	月末在产品定额成本	6 200	2 400	7 500	16 100

乙半成品入库会计分录:
借:自制半成品——乙半成品 22 200.00
  贷:基本生产成本——第一车间(乙半成品) 22 200.00

表 4-39　自制半成品明细账

产品：乙半成品　　　　　　　　　　　　　　　　　　　　　　　　　　　计划单位成本：200 元

月份	月初			本月增加			结存					本月减少		
	数量	计划成本	实际成本	数量	计划成本	实际成本	数量	计划成本	实际成本	成本差异	差异率	数量	计划成本	实际成本
行次	1	2	3	4	5	6	7=1+4	8=2+5	9=3+6	10=9-8	11=10/8	12	13	14=13+13×11
×	80	16 000	15 600	100	20 000	22 200	180	36 000	37 800	1 800	5%	120	24 000	25 200
×	60	12 000	12 600											

第二步骤领用乙半成品会计分录：

借：基本生产成本——第二车间（乙产品）　　　　　25 200.00
　　贷：自制半成品——乙半成品　　　　　　　　　　　　　25 200.00

表 4-40　基本生产成本明细账

车间：第二车间　　　　　　产品：乙产品　　　　　完工：200 件　　　　　　单位：元

日期	摘要	自制半成品			直接人工	制造费用	合计
		计划成本	成本差异	实际成本			
	在产品定额成本	6 100		6 100	2 100	3 400	11 600
	本月发生额	24 000	1 200	25 200	3 400	7 300	35 900
	生产费用合计	30 100	1 200	31 300	5 500	10 700	47 500
	完工产品成本	26 400	1 200	27 600	4 000	9 200	40 800
	单位完工产品成本	132	6	138	20	46	204
	月末在产品成本	3 700		3 700	1 500	1 500	6 700

逐步综合结转分步法按计划成本结转，具有原材料按计划成本核算的优点，适宜在企业成本核算基础工作较好、企业内部实行经济核算制度的单位应用。

3. 成本还原

采用逐步综合结转分步法结转成本，各步骤所耗半成品的成本是以一个合计成本综合反映的，这样计算出来的产成品成本，不能提供按原始成本项目反映的成本资料。通过综合结转后，表现在产成品成本中的绝大多数是最后一个步骤所耗半成品的费用，其他费用只是最后一个步骤中费用的一部分，在产品成本中所占比重很小。这显然不符合产品成本的实际结构，因而不能据以从整个企业的角度来考核和分析产品成本的原始构成水平。因此，当企业成本管理上要求提供按照实际成本项目考核和分析产品成本计划的完成情况资料时，就需要将半成品的综合成本项目还原为原始成本项目。

成本还原就是从最后一个步骤开始，将产成品中耗用的上步骤的半成品成本，按照上一步骤本月所产的该半成品的成本构成，分解还原成直接材料、直接人工和制造费用等原始成本项目，从而求得按原始成本项目反映的产成品成本资料。其计算程序可用图 4-4 所示。

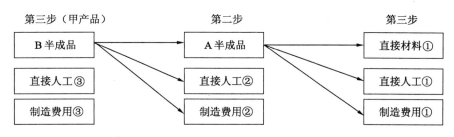

图 4-4 成本还原计算程序示意图

根据以上成本还原程序,还原后的产成品总成本为:

还原后产品成本 (按原始成本项目反映)	直接材料①
	直接人工③ + 直接人工② + 直接人工①
	制造费用③ + 制造费用② + 制造费用①

成本还原常用的方法有两种:系数法和成本项目比重还原法。

(1)系数法。系数法也称成本还原率法,是指构成产成品成本的半成品成本还原后的各项费用,是以本月所产的半成品的各项费用,分别乘以还原率计算出来的。具体计算公式为:

成本还原率 = 产成品成本中耗用上一步骤某半成品成本 ÷ 本月上步骤所产该种半成品成本合计

还原为某成本项目的数据 = 上步骤所产半成品中该成本项目金额 × 成本还原率

(2)比重法。产品成本项目比重法,简称比重法,是指构成产成品的半成品成本,按照上一步骤所产的该半成品成本中各项目所占的比重进行还原的方法。具体计算公式为:

某半成品项目的比重 =(该半成品成本项目金额 ÷ 半成品总成本)× 100%

某项目的还原金额 = 产成品中耗用的某半成品成本 × 半成品中该成本项目的比重

【例 4-6】 以【例 4-4】成本核算资料为例,分别用系数法和比重法进行成本还原。
(1)系数法还原如表 4-41 所示。

表 4-41 成本还原表(系数法)

2015 年 3 月　　　　　　　　　　　　　　　　　　　　　　　　　　　　　单位:元

摘 要	成本还原率	直接材料	自制半成品		直接人工	制造费用	合计
			A 半成品	B 半成品			
还原前产成品成本①				32 658	3 458	2 580	38 696
第二步半成品成本②			22 221		3 139.2	4 541.4	29 901.6
第三步向第二步还原③	1.092 2		24 269.78	-32 658	3 428.63	4 959.59 *	0
第一步半成品成本④		15 520			2 009.6	2 222.4	19 752
第二步向第一步还原⑤	1.228 7	19 069.42	-24 269.78		2 469.20	2 731.16	0
还原后产成品成本⑥ = ① + ③ + ⑤		19 069.42			9 355.83	10 270.75	38 696
还原后产成品单位成本⑦	200 件	95.35			46.78	51.37	193.50

表中数据:
(1)还原率精确到 0.000 1,金额精确到 0.01,以下四舍五入。
(2)1.092 2 = 32 658 ÷ 29 901.6;24 269.78 = 22 221 × 1.092 2;3 428.63 = 3 192.2 × 1.092 2;4 959.59 = 32 658 - 24 269.78 - 3 428.63。
(3)1.228 7 = 24 269.78 ÷ 19 752;19 069.42 = 15 520 × 1.228 7;2 469.20 = 2 009.6 × 1.228 7;5 731.16 = 24 269.76 - 19 069.42 - 2 469.20。

(2)比重法还原如表4-42所示。

表4-42 成本还原表(比重法)

2015年3月　　　　　　　　　　　　　　　　　　　　　　　　单位:元

摘 要	直接材料	自制半成品		直接人工	制造费用	合计
		A半成品	B半成品			
还原前产成品成本①			32 658	3 458	2 580	38 696
第二步半成品成本②		22 221		3 139.2	4 541.4	29 901.6
第二步半成品项目比重③		74.31%		10.50%	15.19	
第三步向第二步还原④		24 268.16	-32 658	3 429.09	4 960.75	0
第一步半成品成本⑤	15 520			2 009.6	2 222.4	19 752
第一步半成品项目比重⑥	78.57%			10.17%	11.26%	
第二步向第一步还原⑦	19 067.49	-24 268.16		2 468.07	2 732.60	0
还原后产成品成本⑧=①+④+⑦	19 067.49			9 355.16	10 273.35	38 696
还原后产成品单位成本⑨	95.34			46.78	51.37	193.49

(五)逐步分项结转法及其应用实例

分项结转,是指上一步骤完工的半成品成本在结转到下一步骤时,按其成本项目分别记入下一步骤产品成本明细账中相对应的成本项目中。如果半成品通过半成品库收发,那么,在自制半成品明细账中登记半成品成本时,也要按照成本项目分别登记。

分项结转时可以按半成品实际成本结转,也可以按半成品的计划成本结转,然后按成本项目分项结转成本差异。显然,后一种做法的核算工作时较大。因此,分项结转时,一般按实际成本结转。

【例4-7】 新兴企业设有两个生产车间,第一车间生产的A半成品,直接转交第二车间继续加工,第二车间生产出甲产品。原材料在第一车间生产开始时一次投入,各车间月末在产品的完工程度均为50%。半成品成本按成本项目分项结转,生产费用在完工产品与月末在产品之间采用约当产量法分配。

2015年4月有关资料如表4-43、4-44所示。

表4-43 产量及完工程度汇总表

项 目	计量单位	第一车间	第二车间
月初在产品	件	200	340
本月投入	件	600	660
本月完工	件	660	800
月末在产品	件	140	200
完工程度		50%	50%

表 4-44　费用资料　　　　　　　　　　　　　　　　　　　　　　单位：元

项　目		直接材料	燃料与动力	直接人工	制造费用	合计
第一车间	月初在产品	12 000	2 500	1 490	2 000	17 990
	本月发生额	38 000	12 100	13 037	12 600	75 737
第二车间	月初在产品	21 750	7 950	4 542	9 210	43 452
	本月发生额		9 900	1 386	5 500	16 786

根据以上资料，采用逐步分项结转法计算如表 4-45、4-46 所示。

表 4-45　基本生产成本明细账

车间：第一车间　　　　2015 年 4 月　　　　产品：A 半成品　　　　单位：元

摘要	直接材料	燃料与动力	直接人工	制造费用	合计
月初在产品成本	12 000	2 500	1 490	2 000	17 990
本月发生额	38 000	12 100	13 037	12 600	75 737
生产费用合计	50 000	14 600	14 527	14 600	93 727
约当产量	800	730	730	730	
分配率	62.5	20	19.9	20	122.4
完工产品成本	41 250	13 200	13 134	13 200	80 784
月末在产品成本	8 750	1 400	1 393	1 400	12 943

表 4-46　基本生产成本明细账

车间：第二车间　　　　2015 年 4 月　　　　产品：甲产品　　　　单位：元

摘要	直接材料	燃料与动力	直接人工	制造费用	合计
月初在产品成本	21 750	7 950	4 542	9 210	43 452
本月发生额	0	9 900	1 386	5 500	16 786
上步转入半成品成本	41 250	13 200	13 134	13 200	80 784
生产费用合计	63 000	31 050	19 062	27 910	141 022
约当产量	1 000	900	900	900	
分配率	63	34.5	21.18	31.01	149.69
完工产品成本	50 400	27 600	16 944	24 808	119 752
月末在产品成本	12 600	3 450	2 118	3 102	21 270

（六）逐步结转分步法的评价

1. 优点

（1）能够直接提供各生产步骤的半成品成本资料，便于从整个企业的角度考核和分析产品成本计划和各生产步骤半成品成本计划的执行情况，为正确计算半成品销售成本提供资料。

（2）各生产步骤的成本随着实物的转移而转移，有利于各生产步骤加强实物管理和资金管理。

（3）综合结转时，由于各生产步骤产品成本中，所耗上一步骤的半成品成本和本步骤的加工费用水平，能够较好地满足生产步骤成本管理的要求；采用分项结转法时，可以直接提供按原始成本项目反映的产品成本资料，不需要进行成本还原。

2．缺点

（1）各生产步骤逐步结转半成品成本，成本核算工作的及时性较差。

（2）采用综合结转，有时还需要进行成本还原，加大了核算工作量；如果采用分项结转，由于按成本项目分项结转，各步骤结转的工作量也较大，不利于简化和加速成本核算工作。

四、平行结转分步法

平行结转分步法，也称不计算半成品成本法，是将各生产步骤计入同一种产品成本的份额进行平行汇总，以求得产成品成本的一种方法。

（一）平行结转分步法的特点

（1）各步骤可同时进行成本核算。

（2）各步骤不计算半成品成本，只核算本步骤发生的费用以及这些费用计入最终产成品成本的"份额"。

（3）平行结转分步下，"生产费用"仅是指本步骤加工产品发生的费用，不包括耗用上步骤半成品的成本；"完工产品"指的最终产品；"在产品"指的是广义在产品，包括本步骤正在加工的产品、本步骤已经完工转入半成品库的半成品、已从半成品库转入到以后各步骤继续加工但尚未最后完成的在产品，以及已经完成所有工序但尚未办理验收入库手续的产品。

（4）在平行结转法下，半成品成本不随实物的转移而结转。

（5）各个步骤发生的生产费用是在最终产成品与月末广义在产品之间进行分配。

（二）平行结转分步法的适用范围

一般适用于大量大批装配式多步骤生产的企业，如船舶制造、汽车制造等。

（三）平行结转分步法的计算程序

先由各生产步骤计算出本步骤所产半成品发生的各种费用，然后将这些费用在最终的产成品与本步骤月末广义在产品之间进行分配，从而计算出本步骤发生的费用中应计入产成品成本的"份额"，最后将各步骤计入最终产成品成本的"份额"进行平行汇总，即可计算出产成品的成本。平行结转分步法的计算程序如图 4-5 所示。

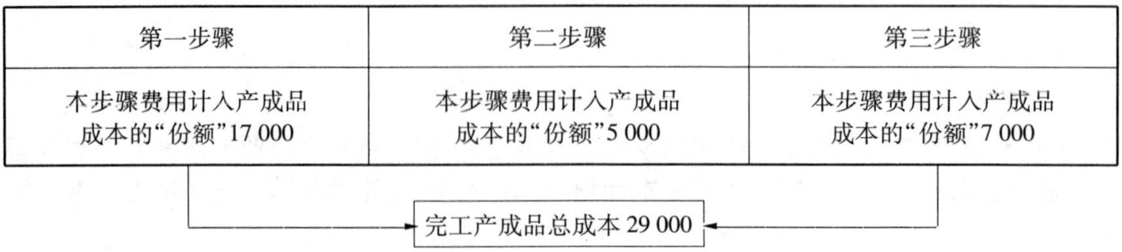

第一步骤	第二步骤	第三步骤
本步骤费用计入产成品成本的"份额"17 000	本步骤费用计入产成品成本的"份额"5 000	本步骤费用计入产成品成本的"份额"7 000

完工产成品总成本 29 000

图 4-5　平行结转分步法计算程序

（四）平行结转分步法中各步骤计入成本"份额"的计算

平行结转分步法中各步骤计入产成品成本的"份额"计算，主要有约当产量法、定额比例法、定额成本法等。这里重点介绍按约当产量法计算"份额"的方法。其计算步骤及公式如下：

（1）某步骤广义在产品约当产量 = 该步骤月末在产品数量×完工程度（投料程度）+ 后续各步骤在产品数量

（2）某步骤约当总产量 = 最终产成品数量 + 该步骤广义在产品约当产量

或 = 最终产成品数量 + 该步骤狭义在产品约当产量 + 后续各步骤月末在产品数量

或 = 该步骤完工半成品数量 + 该步骤狭义在产品约当产量 + 后续各步骤月初在产品数量

（3）某步骤某项费用分配率（即半成品分项目单位成本）= 该项费用合计 ÷ 该步骤约当总产量

（4）某步骤应计入产成品成本的"份额"= 最终产成品数量 × 产成品耗用该步骤半成品数量 × 该步骤某项费用分配率

（五）平行结转分步法应用实例

【例4-8】 大华机械厂设有三个基本生产车间，大量生产丁产品。丁产品由三个车间平行加工而成。第一车间生产的产品为A产品，第二车间对A产品继续加工为B产品，第三车间对B产品继续加工为丁产品。各步骤产品转交采用直接转交的方式。

加工丁产品所需原材料在第一车间生产开始时一次性投入，第二、三车间不再投入原材料。各步骤月末在产品的完工程度均为50%。各步骤生产费用采用约当产量法进行分配。

2015年6月，该厂生产的有关资料及记录如表4-47、4-48所示。

表4-47 产量记录表

产品：丁产品　　　　　　　　　　2015年6月　　　　　　　　　　单位：台

摘要	第一车间	第二车间	第三车间
月初在产品	70	90	30
本月投入	180	150	200
本月完工	150	200	180
月末在产品	100	40	50

表4-48 生产费用汇总表

产品：丁产品　　　　　　　　　　2015年6月　　　　　　　　　　单位：元

项目		直接材料	直接人工	制造费用	合计
第一车间	月初在产品	3 500	1 400	600	5 500
	本月发生额	8 710	4 040	3 240	15 990
第二车间	月初在产品		6 600	3 400	10 000
	本月发生额		7 100	5 100	12 200
第三车间	月初在产品		5 500	3 300	8 800
	本月发生额		2 905	1 620	4 525

根据以上资料,用平行结转分步法计算产品成本及产成品成本汇兑表如表4-49、4-50、4-51、4-52所示。

第一车间约当总产量计算：

分配材料费用约当总产量：180 + 100 + 40 + 50 = 370(台)

分配其他费用约当总产量：180 + 100 × 50% + 40 + 50 = 320(台)

第二车间约当总产量：180 + 40 × 50% + 50 = 250(台)

第三车间约当总产量：180 + 50 × 50% = 205(台)

表4-49　基本生产成本明细账

车间：第一车间　　产品名称：A产品　　2015年6月　　完工产量在产量：180台　　单位：元

摘　　要	直接材料	直接人工	制造费用	合计
月初在产品成本	3 500	1 400	600	5 500
本月发生额	8 710	4 040	3 240	15 990
生产费用合计	12 210	5 440	3 840	21 490
约当总产量	370	320	320	
分配率(单位成本)	33	17	12	62
计入产成品成本"份额"	5 940	3 060	2 160	11 160
月末广义在产品成本	6 270	2 380	1 680	10 330

表4-50　基本生产成本明细账

车间：第二车间　　产品名称：B产品　　2015年6月　　完工产量在产量：180台　　单位：元

摘　　要	直接材料	直接人工	制造费用	合计
月初在产品成本		6 600	3 400	10 000
本月发生额		7 100	5 100	12 200
生产费用合计		13 700	8 500	22 200
约当总产量		250	250	
分配率(单位成本)		54.8	34	88.8
计入产成品成本"份额"		9 864	6 120	15 984
月末广义在产品成本		3 836	2 380	6 216

表4-51　基本生产成本明细账

车间：第三车间　　产品名称：丁产品　　2015年6月　　完工产量在产量：180台　　单位：元

摘　　要	直接材料	直接人工	制造费用	合计
月初在产品成本		5 500	3 300	8 800
本月发生额		2 905	1 620	4 525
生产费用合计		8 405	4 920	13 325
约当总产量		205	205	
分配率(单位成本)		41	24	65
计入产成品成本"份额"		7 380	4 320	11 700
月末广义在产品成本		1 025	600	1 625

表 4-52　产品成本汇总表

产品名称：丁产品　　　　　　　　2015 年 6 月　　　　　　　　　　　　　　单位：元

摘要	直接材料	直接人工	制造费用	合计
第一车间计入产成品成本"份额"	5 940	3 060	2 160	11 160
第二车间计入产成品成本"份额"		9 864	6 120	15 984
第三车间计入产成品成本"份额"		7 380	4 320	11 700
产成品成本（180 台）合计	5 940	20 304	12 600	38 844
产成品单位成本	33	112.8	70	215.8

结转产成品成本分录：

借：库存商品——丁产品　　　　　　　　　　　　　　　　38 844.00

　　贷　基本生产成本——丁产品　　　　　　　　　　　　38 844.00

【例 4-9】　康泰工厂生产丙产品，生产费用在完工产品与在产品之间采用定额比例法，其中：原材料费用按定额原材料费用比例分配，其他费用按定额工时比例分配。2015 年 7 月有关资料及计算见表 4-53、4-54、4-55、4-56 所示。

表 4-53　丙产品的定额成本及工时情况表

车间份额	月初在产品		本月投入		本月产成品				
	定额原材料费用/元	定额工时/小时	定额原材料费用/元	定额工时/小时	单件定额		产量/件	定额原材料费用/元	定额工时/小时
					原材料/元	工时/小时			
一车间份额	10 560	4 880	6 400	2 800	50	30	200	10 000	6 000
二车间份额		2 600		6 910		40	200		8 000
合计	10 560	7 480	6 400	9 710	50	70	200	10 000	14 000

表 4-54　基本生产成本明细账

车间：第一车间　　产品：丙产品　　2015 年 7 月　　完工：200 件　　单位：元

摘要	直接材料	直接人工	制造费用	合计
月初在产品	11 210	5 020	9 810	26 040
本月发生额	7 446	4 196	6 318	17 960
生产费用合计	18 656	9 216	16 128	44 000
月初在产品定额	10 560	4 880	4 880	
本月投入定额	6 400	2 800	2 800	
定额合计	16 960	7 680	7 680	
分配率	1.1	1.2	2.1	
完工产品定额	10 000	6 000	6 000	
计入成本份额	11 000	7 200	12 600	30 800
月末在产品定额	6 960	1 680	1 680	
月末在产品	7 656	2 016	3 528	13 200

注：月初在产品定额 + 本月投入定额 = 完工产品定额 + 月末在产品定额。（下表同）

表 4-55　基本生产成本明细账

车间：第二车间　　　产品：丙产品　　　2015 年 7 月　　　完工：200 件　　　单位：元

摘要	直接材料	直接人工	制造费用	合计
月初在产品		2 910	4 870	7 780
本月发生额		7 551	7 493	15 044
生产费用合计		10 461	12 363	22 824
月初在产品定额		2 600	2 600	
本月投入定额		6 910	6 910	
定额合计		9 510	9 510	
分配率		1.1	1.3	
完工产品定额		8 000	8 000	
计入成本份额		8 800	10 400	19 200
月末在产品定额		1 510	1 510	
月末在产品		1 661	1 963	3 624

表 4-56　产成品成本汇总表

产品名称：丙产品　　　2015 年 7 月　　　单位：元

摘　要	直接材料	直接人工	制造费用	合计
第一车间计入产成品成本"份额"	11 000	7 200	12 600	30 800
第二车间计入产成品成本"份额"		8 800	10 400	19 200
产成品成本(200 台)合计	11 000	16 000	23 000	50 000
产成品单位成本	55	80	115	250

结转产成品成本分录：

　　借：库存商品——丙产品　　　　　　　　　　　　　　　　50 000.00

　　　　贷：基本生产成本——丙产品　　　　　　　　　　　　　　　50 000.00

（六）平行结转分步法评价

1．优点

（1）各步骤同时计算产品成本，然后将各步骤应计入产成品成本的份额进行平行结转汇总计算出产成品成本，不必逐步结转半成品成本，从而简化和加速了成本核算工作。

（2）按成本项目平行结转汇总各步骤应计入产成品成本的份额，因而能够提供按原始成本项目反映的成本资料，不必进行成本还原，也省去大量繁琐的计算工作。

2．缺点

（1）不能提供各步骤半成品成本资料及所耗上步骤半成品费用情况，不能全面反映各步骤生产耗费的水平，不利于各步骤的成本管理。

（2）由于半成品成本不随实物的转移而结转，因而不利于对各步骤在产品的实物管理和资金管理。

项目小结

产品成本计算方法应根据企业生产类型的特点和成本管理要求进行选择。企业的生产按照生产工艺过程的特点,生产可分为单步骤生产和多步骤生产,其中多步骤生产按其加工方式不同又可分为连续式生产和装配式生产;按照生产组织方式可分为大量生产、成批生产和单件生产,其中,成批生产按照批量的大小又可分为大批生产和小批生产。

企业的生产特点和成本管理要求对产品成本计算产生影响,主要表现在成本计算对象的确定、成本计算期的确定、生产费用在完工产品与在产品之间的分配三方面,这三个方面相互联系、相互影响,其中生产类型对成本计算对象的影响是主要的。因此,成本计算对象的确定是正确计算产品成本方法的前提,也是区别各种成本计算方法的主要标志,由此,形成了三种成本计算的基本方法,即以产品品种为计算对象的品种法、以产品批别为计算对象的分批法、以产品生产步骤为计算对象的分步法。

品种法就是以产品品种为成本计算对象,归集生产费用,计算产品成本的方法,适用于单步骤大量大批生产以及管理上不要求分步计算产品成本的多步骤大量大批生产。品种法是产品成本计算的最基本的方法。

分批法就是以产品的批别为计算对象,归集生产费用,计算产品成本的方法,主要适用于小批、单件的单步骤生产和管理上不要求分步计算成本的多步骤生产。采用分批法计算产品成本,虽然各批产品仍按月归集生产费用,但是,只有该批产品全部完工时才能计算其实际成本。如果出现批内产品跨月陆续完工的情况时,应采用适当方法将生产费用在完工产品与月末在产品之间分配。分批法有一般的分批法和简化分批法之分。如果企业在同一月份投产的批次较多而且月末未完工批次较多,为了简化各种间接费用在各批产品之间分配的工作量,可以采用简化的分批法计算。采用简化分批法必须要设立基本生产成本二级账。

分步法就是以产品的生产步骤及其所加工的产品作为成本计算对象,归集生产费用,计算产品成本的方法。按照是否分步计算半成品成本,分步法又分为逐步结转法和平行结转法。逐步结转法是为了计算半成品成本而采用的一种方法,根据半成品成本结转方式的不同,又分为综合结转法和分项结转法。综合结转法是将各步骤耗用上一步半成品成本以完工半成品的综合成本(即成本合计数)结转到该步骤的基本生产成本明细账中的直接材料或半成品项目中。采用该种方法存在成本还原问题,而成本还原的要点主要包括:对象——产成品中耗用的各步半成品的综合成本;目的——使产品成本按其原始成本项目结构反映;依据——所耗用的上一步半成品的成本结构;方向——从最后一个步骤往前逐步还原。分项结转法是将各步耗用上一步的半成品成本,按照成本项目分别计入各步骤的基本生产成本明细账中对应的成本项目,不需要进行成本还原。平行结转分步法就是各步只归集本身发生的费用,并计算其中应计入最终产成品成本的份额,最后将各步骤应计入产成品成本的份额平行汇总,计算出完工产品的成本。

项目测试题

一、单项选择题

1. 大量大批多步骤生产适用的成本计算方法是(　　)。
   A. 品种法　　B. 分批法　　C. 分类法　　D. 分步法
2. 工业企业的生产按其组织方式不同可以分为(　　)。
   A. 单步骤生产和多步骤生产　　B. 大量生产、成批生产和单件生产
   C. 连续式生产和装配式生产　　D. 简单生产和复杂生产
3. 生产特点和管理要求对产品成本计算的影响,主要表现在(　　)的确定上。
   A. 成本计算对象　　B. 成本计算日期
   C. 间接费用的分配方法　　D. 在产品计价方法
4. 区分各种成本计算方法的主要标志是(　　)。
   A. 成本计算对象　　B. 成本计算日期
   C. 成本项目　　D. 制造费用的分配方法
5. 划分成本计算的基本方法和辅助方法的标准是(　　)。
   A. 成本计算工作的简繁　　B. 对成本管理作用的大小
   C. 应用是否广泛　　D. 对于计算产品实际成本是否必不可少
6. 采用简化分批法,在产品完工之前,产品成本明细账(　　)。
   A. 不登记任何费用　　B. 只登记直接计入费用和生产工时
   C. 只登记材料费用　　D. 登记间接计入费用,不登记直接计入费用
7. 下列方法中,属于不计算半成品成本的分步法是(　　)。
   A. 逐步结转法　　B. 综合结转法　　C. 分项结转法　　D. 平行结转分步法
8. 采用逐步结转分步法,按照半成品成本在下一步骤成本明细账中的反映方法,可以分为(　　)。
   A. 实际成本结转和计划成本结转　　B. 综合结转法和分项结转法
   C. 平行结转法和分项结转法　　D. 平行结转法和综合结转法
9. 成本还原的对象是(　　)。
   A. 产成品成本　　B. 各步骤半成品成本
   C. 最后步骤的产成品成本　　D. 各步骤所耗上一步骤半成品的综合成本
10. 在各种产品成本计算方法中,必须设置基本生产成本二级账的方法是(　　)。
    A. 简化分批法　　B. 分类法　　C. 定额法　　D. 平行结转分步法
11. 在大量生产的企业里,要求连续不断地重复生产一种或几种产品,因而管理上只要求而且也只能按照(　　)。
    A. 产品的批别计算成本　　B. 产品的品种计算成本
    C. 产品的类别计算成本　　D. 产品的步骤计算成本
12. 在大量大批管理上不要求计算步骤成本的多步骤生产的企业里,应采用的成本核算方法是(　　)。
    A. 品种法　　B. 分批法　　C. 分步法　　D. 分类法

13. 在简化的分批法下,累计间接计入费用分配率(　　)。
    A. 只是在各批产品之间分配间接计入费用的依据
    B. 只是在各批在产品之间分配间接计入费用的依据
    C. 既是各批产品之间,也是完工产品与在产品之间分配间接计入费用的依据
    D. 只是完工产品与在产品之间分配间接计入费用的依据

14. 简化的分批法是(　　)。
    A. 不计算在产品成本的分批法
    B. 不分批计算产品成本的分批法
    C. 不分批计算完工产品成本的分批法
    D. 分批计算完工产品和在产品成本的分批法

15. 某企业采用分批法计算产品成本,6月1投产甲产品5件,乙产品3件;6月15日投产甲产品4件,乙产品4件,丙产品3件;6月26日只投产甲产品6件。该企业6月份应开设产品成本明细账的张数是(　　)。
    A. 3张　　　　B. 4张　　　　C. 5张　　　　D. 6张

16. 下列情况中,不宜采用简化分批法的是(　　)。
    A. 各月间接计入费用水平相差较多　　B. 月末未完工产品批数较多
    C. 同一月份投产的批数很多　　　　　D. 各月间接计入费用水平相差不多

17. 采用逐步结转分步法,其完工产品与在产品之间分配费用,是指(　　)之间的费用分配。
    A. 产成品与月末在产品
    B. 完工半成品与月末在产品
    C. 产成品与广义在产品
    D. 前面步骤的完工半成品与加工中的在产品及最后步骤的产成品与加工中的在产品

18. 采用平行结转分步法,(　　)。
    A. 不能全面反映各个生产步骤的生产耗费水平
    B. 能够全面反映各个生产步骤的生产耗费水平
    C. 能够全面反映第一个生产步骤产品的生产耗费水平
    D. 能够全面反映最后一个生产步骤产品的生产耗费水平

19. 下列方法中,需要进行成本还原的是(　　)。
    A. 平行结转法　B. 逐步结转法　　C. 综合结转法　　D. 分项结转法

20. 品种法的成本计算期与(　　)是不一致的。
    A. 生产周期　　B. 会计报告期　　C. 会计分期　　D. 生产日期

21. 综合结转法下,成本还原率的计算公式是(　　)。
    A. 本月所产半成品成本合计除以本月产成品成本合计
    B. 本月产成品成本合计除以本月所产半成品成本合计
    C. 某步骤领用半成品成本合计除以上一步骤所产该种半成品成本合计
    D. 本月产品成本所耗上一步骤半成品成本合计除以本月所产该种半成品成本合计

22. 采用逐步结转法时,前一生产步骤完工的半成品直接转入下一生产步骤,半成品成本应借记的科目是( )。
   A. 基本生产成本　　　　　　　B. 自制半成品
   C. 原材料　　　　　　　　　　D. 制造费用
23. 产品成本最基本的计算方法是( )。
   A. 品种法　　B. 分批法　　　C. 分步法　　　D. 分类法
24. 工业企业产品成本的计算最终是通过( )进行的。
   A. 制造成本　　B. 基本生产成本　C. 制造费用　　D. 辅助生产成本
25. 品种法的产品生产成本计算单应按( )开设。
   A. 产品品种　　B. 产品批别　　C. 生产步骤　　D. 产品类别
26. 品种法的计算程序中第一步骤是( )。
   A. 归集和分配各种要素费用　　B. 归集和分配各种制造费用
   C. 归集和分配辅助生产费用　　D. 开设生产成本明细账
27. 分批法适用的生产组织形式是( )。
   A. 大量生产　　B. 成批生产　　C. 单件生产　　D. 单件小批生产
28. 在同一时期内,如果在几张订单中有相同的产品,则计算产品成本时可以( )。
   A. 按订单分批组织生产　　　　B. 按品种分批组织生产
   C. 按产品的组成部分分批组织生产　D. 将相同的产品合为一批组织生产
29. 累计间接费用分配率应用于( )。
   A. 品种法　　B. 简化分批法　　C. 分批法　　　D. 分步法
30. 甲企业是一个多步骤生产企业,不能提供各个生产步骤的半成品成本资料,则可判断其所采用的分步法是( )。
   A. 逐步结转分步法　　　　　　B. 平行结转分步法
   C. 综合结转分步法　　　　　　D. 分项结转分步法
31. 某种产品由三个步骤组成,采用逐步结转法计算成本。本月第一步骤转入第二生产步骤的生产费用为 2 300 元,第二步骤转入第三步骤的生产费用为 4 100 元。本月第三步骤本身发生的费用为 2 500 元,第三步骤月初在产品成本为 800 元,月末在产品成本为 600 元,则本月该种产品的产成品成本为( )元。
   A. 10 900　　B. 6 800　　　C. 6400　　　D. 2 700
32. 在产品的费用不按其所在的地点登记,而按其发送的地点登记的成本计算方法是( )。
   A. 品种法　　B. 分批法　　　C. 逐步结转法　D. 平行结转法
33. 成本还原是从( )生产步骤的前一个生产步骤开始,将其耗用的上一步骤半成品的综合成本,按照上一步骤完工半成品的成本结构,还原成原始成本项目。
   A. 最前　　　B. 最后　　　　C. 中间　　　　D. 任意
34. 采用平行结转分步法,第二步骤的广义在产品不包括( )。
   A. 第一生产步骤正在加工的在产品　B. 第二生产步骤正在加工的在产品
   C. 第二生产步骤完工入库的半成品　D. 第三生产步骤正在加工的在产品

35. 综合结转分步法实际上就是各步骤相互间多个(　　)的连接应用。
　　A. 品种法　　B. 分批法　　C. 分步法　　D. 定额法
36. 采用平行结转分步法,不论半成品在各步骤间是直接移交还是间接移交,都(　　)科目进行总分类核算
　　A. 不通过"自制半成品"　　　　B. 通过"自制半成品"
　　C. 不通过"库存商品"　　　　　D. 通过"库存商品"
37. 下列各种方法中,适用于大量大批多步骤生产,如冶金、纺织、机械制造等生产的是(　　)。
　　A. 品种法　　B. 分批法　　C. 分步法　　D. 约当产量法
38. 半成品成本流转与实物流转相一致,又不需要成本还原的方法是(　　)。
　　A. 逐步结转法　B. 分项结转法　C. 综合结转法　D. 平行结转分步法
39. 半成品成本流转与实物流转相一致,又需要成本还原的方法是(　　)。
　　A. 逐步结转法　B. 分项结转法　C. 综合结转法　D. 平行结转分步法
40. 半成品成本不随实物的转移而转移的成本计算方法是(　　)。
　　A. 逐步结转法　B. 分项结转法　C. 综合结转法　D. 平行结转分步法
41. 在产品成本计算方法中,既是一种产品成本计算方法,又是一种成本管理方法的是(　　)。
　　A. 品种法　　B. 分步法　　C. 分批法　　D. 定额法
42. 下列各种方法中,属于产品成本计算辅助方法的是(　　)。
　　A. 品种法　　B. 分批法　　C. 分类法　　D. 分步
43. 在下列方法中,不能独立成为产品成本计算方法的是(　　)。
　　A. 品种法　　B. 分批法　　C. 分步法　　D. 分类法
44. 汽车制造业按其产品生产工艺过程属于(　　)。
　　A. 大批生产　　　　　　　　B. 大量生产
　　C. 装配式多步骤生产　　　　D. 连续式多步骤生产
45. 煤矿采掘企业按其生产组织形式属于(　　)。
　　A. 单件生产　　B. 大量生产　　C. 简单生产　　D. 成批生产

二、多项选择题

1. 确定成本计算方法的主要因素有(　　)。
　　A. 生产阶段　　　　　　　　B. 生产周期
　　C. 产品生产工艺特点　　　　D. 生产组织特点
2. 工业企业产品生产按其生产工艺过程可分为(　　)。
　　A. 大量生产　　B. 多步骤生产　　C. 单步骤生产
　　D. 单件生产　　E. 成批生产
3. 工业企业产品生产按其生产组织形式可以分为(　　)。
　　A. 大量生产　　B. 多步骤生产　　C. 单步骤生产
　　D. 单件生产　　E. 成批生产

4. 决定一个企业采用何种成本计算方法的因素有( )。
   A. 企业的生产工艺特点　　　　　　B. 成本会计机构及人员的配置
   C. 企业生产组织特特点　　　　　　D. 企业的成本管理要求
5. 从生产组织特点和管理要求角度看,下列成本计算方法中,适用于大量大批生产的是( )。
   A. 品种法　　　B. 分批法　　　C. 分步法　　　D. 分类法
6. 产品成本计算的辅助方法有( )。
   A. 定额法　　　B. 品种法　　　C. 分类法　　　D. 分步法
7. 分批法适用于( )。
   A. 小批单件生产
   B. 大量大批生产
   C. 单步骤生产
   D. 管理上不要求分步骤计算成本的多步骤生产
8. 产品成本计算的基本方法包括( )。
   A. 品种法　　　B. 分批法　　　C. 分步法　　　D. 分类法
9. 下列选项中属于逐步结转分步法优点的有( )。
   A. 为各个生产步骤的在产品实物管理和资金管理提供资料
   B. 能提供各个生产步骤的半成品成本资料
   C. 成本结转工作量大
   D. 各生产步骤的半成品如果采用逐步综合结转法,还要进行成本还原
10. 下列选项中属于平行结转分步法优点的有( )。
    A. 各步骤可以同时计算产品成本,平行汇总计入产成品成本,不必逐步结转产品成本
    B. 能够直接提供按原始成本项目反映的产成品成本资料
    C. 不能提供各个步骤的半成品资料
    D. 为各生产步骤的在产品实物管理提供资料。
11. 平行结转法的特点不包括( )。
    A. 各生产步骤不计算半成品成本,只计算本步骤所发生的生产费用
    B. 各步骤之间不结转半成品成本
    C. 各步骤计算本步骤发生的生产费用中计入产成品的"份额"
    D. 将各步骤应计入产成品的"份额"平行结转,汇总计算产成品的总成本和单位成本
12. 逐步结转分步法的特点有( )。
    A. 可以计算出半成品成本　　　　　B. 半成品成本随着实物的转移而结转
    C. 期末在产品是指狭义在产品　　　D. 期末在产品是指广义在产品
13. 广义在产品包括( )。
    A. 尚在本步骤加工中的产品
    B. 企业最后一个步骤的完工产品
    C. 转入各半成品库的半成品

D. 已从半成品库转入到以后各步骤进一步加工,尚未最后制成的产品
14. 在分步法中,相互对称的结转方法有( )。
   A. 逐步结转与分项结转   B. 综合结转与平行结转
   C. 逐步结转与平行结转   D. 综合结转与分项结转
15. 下列企业适合采用分批法计算产品成本的是( )。
   A. 造船   B. 重型机械制造   C. 纺织   D. 精密仪器制造
16. 下列关于分批法核算的表述中正确的有( )。
   A. 成本计算对象是产品的批别
   B. 成本计算期与产品生产周期一致,与会计报告期不一致
   C. 如果是单件生产,在月末计算产品成本时,不存在完工产品与月末在产品之间分配费用的问题
   D. 如果批内产品跨月陆续完工,这时就要在完工产品与月末在产品之间分配费用
17. 分批法的成本计算对象可以是( )。
   A. 产品批次   B. 订单   C. 单件产品   D. 生产步骤
18. 产品成本计算分批法的特点是( )。
   A. 间接费用月末必须进行分配
   B. 按产品批别开设成本计算单
   C. 通常不存在生产费用在完工产品与在产品之间分配的问题
   D. 成本计算期不固定,应随各批别产品的生产周期而定
19. 简化分批法的应用条件是( )。
   A. 同一月份投产的产品批次很少   B. 各月生产费用水平相差不多
   C. 各月间接费用水平相差不多   D. 月末未完工产品的批数较多
20. 一般分批法,若小批生产的批内产品跨月陆续完工较少时,完工产品成本可以采用( )计算。
   A. 约当产量法   B. 计划单位成本
   C. 定额单位成本   D. 近期同类产品的实际成本
21. 采用简化分批法,( )。
   A. 必须设置基本生产成本二级账
   B. 在产品完工之前,产品成本明细账只登记直接费用和生产工时
   C. 在基本生产成本二级账中只登记间接费用和生产工时
   D. 不分批计算在产品成本
22. 下列关于分批法的表述中不正确的有( )。
   A. 分批法也称定额法
   B. 分批法适用于大量大批简单生产企业
   C. 如果一张订单中规定有几种产品,也可以合为一批组织生产
   D. 按产品批别计算产品成本也就是按照订单计算产品成本
23. 采用分批法时,作为成本计算对象的某一批别可以是( )。
   A. 同一订单中的不同产品   B. 不同订单中的相同产品
   C. 不同订单中的不同产品   D. 同一订单同种产品的组成部分

24. 采用分批法计算产品成本的企业有(   )。
    A. 发电企业   B. 飞机制造   C. 航天飞船   D. 重型机械制造
25. 品种法适用于(   )。
    A. 大量大批单步骤生产
    B. 大量大批多步骤生产但管理上不要求分步骤计算成本的企业
    C. 小批单件生产
    D. 大量大批多步骤生产但管理上要求分步骤计算成本的企业
26. 品种法是产品成本计算的最基本的方法,这是因为(   )。
    A. 品种法计算成本最简单
    B. 任何成本计算方法最终都要计算出各个产品的成本
    C. 品种法的成本计算程序最具有代表性
    D. 品种法需要按月计算产品成本
27. 下列企业中,适合品种法计算产品成本的有(   )。
    A. 发电企业   B. 汽车制造业   C. 采掘企业   D. 自来水行业
28. 下列关于品种法的表述中正确的有(   )。
    A. 如果只生产一种产品,只需为这种产品开设一张产品成本明细账
    B. 如果生产多种产品,要按照产品的品种开设产品成本明细账
    C. 发生的各种直接费用直接计入各产品成本明细账
    D. 发生的间接费用则采用适当的方法分配计入各产品成本明细账
29. 在大量大批多步骤生产的企业,管理上不要求计算步骤成本,其成本计算方法可以采用(   )。
    A. 品种法   B. 分批法   C. 分类法   D. 分步法
30. 采用分步法时,作为成本计算对象的生产步骤可以(   )。
    A. 按生产车间设立   B. 按实际生产步骤设立
    C. 在一个车间内按不同生产步骤设立   D. 将几个车间合并设立
31. 需要进行成本还原的方法是(   )。
    A. 平行结转分步法   B. 逐步分项结转分步法
    C. 按实际成本逐步综合结转法   D. 按计划成本逐步综合结转分步法
32. 下列各种方法中,不需要进行成本还原的是(   )。
    A. 平行结转法   B. 分项结转法   C. 综合结转法   D. 品种法
33. 如果某产品生产分三步在3个车间进行,采用平行结转法计算产品成本,则第二车间的在产品包括(   )。
    A. 第一车间尚未完工产品   B. 第二车间尚未完工产品
    C. 第三车间尚未完工产品   D. 第三车间完工产品
34. 分步法中能够直接反映产品成本原始构成项目的成本计算方法有(   )。
    A. 逐步结转分步法   B. 平行结转分步法
    C. 综合结转分步法   D. 分项结转分步法
35. 采用简化分批法,基本生产成本二级账与产品成本明细账可以逐月核对的项目有(   )。

A. 月末在产品原材料项目余额 B. 月末在产品直接人工项目余额
C. 月末在产品制造费用余额 D. 月末在产品生产工时项目余额

三、判断题

1. 逐步结转法中的"生产费用"包括本步骤发生的生产费用和上步骤转入的半成品成本。（　）
2. 逐步结转法中的"完工产品"指的是本步骤加工完成的产品，前面各步骤为加工完成的半成品，最后步骤指的是产成品。（　）
3. 逐步结转法中的"在产品"指的是本步骤正在加工的在产品，即狭义的在产品。（　）
4. 平行结转分步法的"生产费用"仅是指本步骤发生的生产费用，不包括上步骤转入的半成品成本。（　）
5. 平行结转法中的"生产费用"包括本步骤发生的生产费用和上步骤转入的半成品成本。（　）
6. 平行结转法中的"完工产品"指的是最后步骤完工的产成品。（　）
7. 平行结转法中的"在产品"指的是广义的在产品。（　）
8. 在平行结转法中，完工产品与月末在产品之间分配费用，指的是本步骤发生的生产费用在最终产成品与本步骤广义在产品之间的分配。（　）
9. 品种法在大量大批多步骤的生产企业，无论管理要求如何，均不适用。（　）
10. 品种法的成本计算期与会计报告期一致，与产品生产周期不一致。（　）
11. 工业企业的生产按照生产工艺过程特点可以分为大量生产、成批生产和单件生产。（　）
12. 品种法主要适用于简单的生产，所以也称为简单法。（　）
13. 所有多步骤生产企业的成本计算都必须采用分步法。（　）
14. 由于每个企业最终都必须按照产品的品种计算出产品成本，因此，品种法是成本计算方法中最基本的方法。（　）
15. 分批法是按照产品的生产步骤归集生产费用，计算产品成本的一种方法。（　）
16. 分批法一般不需要在完工产品与月末在产品之间分配生产费用，但当一批产品跨月陆续完工时，也需要进行分配。（　）
17. 采用分批法计算产品成本，在批内产品部分完工产品按计划单位成本计算结转后，待该批产品全部完工时，还应计算该批产品的实际总成本，并调整前期完工产品实际成本与计划成本的差异。（　）
18. 采用简化分批法，必须设立基本生产成本二级账。（　）
19. 采用累计间接费用分配法，在间接费用水平相差悬殊的情况下，会影响成本的正确性。（　）
20. 简化分批法就是不分批计算在产品成本的分批法。（　）
21. 逐步结转分步法有利于各步在产品的实物管理和成本管理。（　）
22. 在实际工作中，分步法产品成本计算的步骤与产品的实际生产步骤应完全一致。（　）

23. 在平行结转分步下，各步应转出的份额应以最终的完工产品的数量为基数进行计算。（　　）
24. 分步法都可以进行成本还原。（　　）
25. 综合结转分步法能够提供各步骤的半成品成本资料,而分项结转法却不能。（　　）
26. 完工产品的各成本项目,其成本还原后的合计数与成本还原前的合计数应该是相等的。（　　）
27. 在成本还原后,最终产成品的总成本应该与还原前的总成本完全相等。（　　）
28. 平行结转分步法能够直接提供原始的成本项目资料。（　　）
29. 平行结转分步法各步不计算半成品成本。（　　）
30. 在平行结转分步下,半成品成本的结转与其实物相互分离。（　　）
31. 逐步结转法按照半成品是否入半成品库的标准,可以划分为综合结转法和分项结转法两种。（　　）
32. 生产特点和管理要求对产品成本计算对象的影响,主要表现在成本计算对象的确定上。（　　）
33. 成本计算对象是区分各种产品成本计算方法的主要标志。（　　）
34. 单步骤生产由于工艺过程不能间断,因而只能按照产品的品种计算成本。（　　）
35. 在不同的生产类型中,产品成本计算的日期也不同,这主要取决于生产组织的特点。（　　）
36. 品种法、分步法和定额法是产品成本计算的三种基本方法。（　　）
37. 在一张订单中只规定一种产品,但其属于大型复杂的产品,价值大,生产周期长,也可以按照产品的组成部分分批组织生产,计算成本。（　　）
38. 不论是综合结转还是分项结转,半成品成本都是随着实物的转移而结转。（　　）
39. 在平行结转法下,各步完工产品与在产品之间的费用分配,都是指产成品与广义在产品之间的分配。（　　）
40. 在逐步结转分步法中,无论是综合结转还是分项结转,第一个生产步骤的成本明细账的登记方法均相同。（　　）

四、实务操作题

1. 振兴工厂生产 A、B 两种产品,原材料都在开始生产时全部一次投料,成本计算采用品种法。共同耗用的甲原材料按定额消耗量比例进行分配;生产工人工资和制造费用按实际工时比例分配。20××年 10 月有关资料如下:(1) A 产品期初在产品成本:直接材料 13 200 元,直接人工 4 600 元,制造费用 1 200 元。B 产品期初无在产品。(2) 本月有关费用:甲材料的实际成本为 66 300 元,A 产品实际工时为 26 000 小时,B 产品实际生产工时为 16 000 小时,工资总额为 16 800 元,制造费用总额为 6 300 元。A 产品和 B 产品甲材料的消耗定额分别为 4 000 千克和 2 500 千克。(3) A 产品完工产品和在产品的费用分配,按产量和约当产量比例分配,本月完工 2 100 千克,期末在产品 1 500 千克（完工程度 60%）。(4) B 产品完工产量 1 000 千克;无期末在产品。要求:

(1) 编制原材料费用分配表,工资（不计提福利费）、制造费用分配表。

（2）编制基本生产成本明细账，计算完工产品总成本。
（3）编制费用分配及产品入库的会计分录。

材料费用分配表

产品名称	定额耗用量	分配率	分配金额
A 产品			
B 产品			
合计			

工资费用分配表

产品名称	定额工时	分配率	分配金额
A 产品			
B 产品			
合计			

制造费用分配表

产品名称	定额工时	分配率	分配金额
A 产品			
B 产品			
合计			

基本生产成本明细账

产品名称：A 产品　　完工产量：_____千克　　月末在产品：_____千克　　完工程度：_____

摘要	直接材料	直接人工	制造费用	合计
月初在产品				
本月发生额				
合计				
约当产量				
分配率				
完工产品成本				
月末在产品				

基本生产成本明细账

产品名称：B 产品　　完工产量：_____千克　　月末在产品：_____千克　　完工程度：_____

摘　要	直接材料	直接人工	制造费用	合　计
月初在产品				
本月发生额				
合计				
完工产品成本				
单位成本				

2. 某厂第一生产车间生产甲、乙两种产品,第二车间生产丙产品,机修车间为生产车间、管理部门提供修理服务。2015年4月有关成本资料如下:

(1) 月初在产品成本如下表所示:

产品名称	直接材料	直接人工	制造费用	合计
甲产品	5 100	4 230	4 000	13 330
乙产品	4 540	2 090	2 920	9 550
丙产品	8 200	4 380	5 000	17 580

(2) 领用材料及用途如下:

甲产品直接耗用材料45 000元,乙产品直接耗用材料25 400元,甲、乙两种产品共同耗用材料10 560元;丙产品直接耗用材料32 000元;第一车间耗用机物料3 200元,低值易耗品摊销2 000元;第二车间机物料消耗4 000元,低值易耗品摊销2 400元;机修车间修理用材料5 000元,机物料消耗1 000元,低值易耗品摊销2 000元。

(3) 工资薪酬资料如下:

第一车间生产工人工资18 000元,管理人员工资1 600元;第二车间生产人员工资8 000元,管理人员工资750元;机修车间生产工人及管理人员工资3 000元;甲、乙、丙三种产品的生产工时分别为7 000小时、5 000小时、4 000小时。按工资总额的14%提取职工福利费。

(4) 固定资产折旧费用计提情况:

固定资产原值总计为:第一车间40 000元,第二车间36 000元,机修车间24 000元。月分类折旧率均为0.5%。

(5) 耗电量及计费标准如下:

产品生产动力电36 000度;第一车间照明用电3 000度,第二车间照明用电2 000度;机修车间照明用电1 000度,生产动力用电2 500度。生产动力用电每度计费0.20元,照明用电每度计费0.25元。

(6) 各部门发生办公费、差旅费等其他费用为:第一车间4 026元,第二车间2 065元,机修车间5 710元。

要求:

(1) 根据上述资料,按指定的分配方法计算和分配各种费用,编制各种费用分配表及会计分录。

(2) 设置并登记辅助生产成本明细账,编制辅助生产费用分配表及分配的会计分录。

(3) 设置并登记制造费用明细账,编制制造费用分配表及分配的会计分录。

(4) 按产品品种设置并登记基本生产成本明细账,采用约当产量比例法计算完工产品成本及月末在产品成本。

(5) 编制产成品成本汇总表,并作结转完工产品成本的会计分录。

附:有关计算表格

材料费用分配表

2015 年 4 月 金额单位：元

摘要	项目	直接耗用	共同耗用		总计
			分配率	分配金额	
甲产品	直接材料				
乙产品	直接材料				
小　计					
丙产品	直接材料				
合　计					
第一车间	机物料				
	低值易耗品				
第二车间	机物料				
	低值易耗品				
机修车间	修理材料				
	机物料				
	低值易耗品				
总　计					

注：共同耗用材料费用按各产品直接耗用材料费用的比例分配。

职工薪酬费用分配表

2015 年 4 月 金额单位：元

分配对象	项目	生产工时	分配率	工资金额	职工福利费	合计
甲产品	直接人工					
乙产品	直接人工					
小计						
丙产品	直接人工					
合计						
第一车间	工资及福利费					
第二车间	工资及福利费					
机修车间	工资及福利费					
总计						

动力费用分配表

2015 年 4 月　　　　　　　　　金额单位:元

用途	分配对象	生产工时	分配率	分配金额
生产用电	甲产品			
	乙产品			
	丙产品			
	小　计			
照明用电	第一车间			
	第二车间			
	机修车间			
合　计				

注：机修车间不分生产和照明，按前述资料分别计算相加后填列。

折旧及其他费用分配表

2015 年 4 月　　　　　　　　　金额单位:元

车间名称	计提固定资产折旧费			其他费用
	原值	月类折旧率	月折旧额	
第一车间				
第二车间				
机修车间				
合　计				

辅助生产成本明细账

车间名称:机修车间　　　　2015 年 4 月　　　　　　金额单位:元

摘　要	材料	机物料	低值易耗品	工资及福利费	折旧费	电费	其他费用	合计
分配材料费用								
分配薪酬费用								
分配动力费用								
分配折旧及其他费用								
本月发生								
本月转出								

辅助生产费用分配表

车间名称：机修车间　　　　　　2015 年 4 月　　　　　　金额单位：元

待分配费用	机修工时	分配率	第一车间		第二车间	
			机修工时	分配费用	机修工时	分配费用
	4 500		3 000		1 500	

注：采用直接分配法，分配费用取整数，尾差由最后一项承担。

制造费用明细账

车间名称：第一车间　　　　　　2015 年 4 月　　　　　　金额单位：元

摘要	机物料	低值易耗品	工资及福利费	折旧费	电费	修理费	其他费用	合计
分配材料费用								
分配薪酬费用								
分配动力费用								
分配折旧及其他费用								
分配机修费用								
本月发生								
本月转出								

制造费用明细账

车间名称：第二车间　　　　　　2015 年 4 月　　　　　　金额单位：元

摘要	机物料	低值易耗品	工资及福利费	折旧费	电费	修理费	其他费用	合计
分配材料费用								
分配薪酬费用								
分配动力费用								
分配折旧及其他费用								
分配机修费用								
本月发生								
本月转出								

制造费用分配表

2015 年 4 月　　　　　　金额单位：元

产品名称	生产工时	分配率	分配金额
甲产品			
乙产品			
小计			
丙产品			
合计			

基本生产成本明细账(简化格式)

产品名称:甲产品　　　　　　2015 年 4 月　　　　　　金额单位:元
完工数量:800 件　　　月末在产品数量:200 件　　　在产品完工程度:50%

摘　要	直接材料	直接人工	制造费用	合计
月初在产品成本				
分配材料费用				
分配薪酬费用				
分配动力费用				
分配制造费用				
生产费用合计				
约当(总)产量				
分配率(单位成本)				
完工产品成本				
月末在产品成本				

注:材料系生产开始时一次投料。

基本生产成本明细账(简化格式)

产品名称:乙产品　　　　　　2015 年 4 月　　　　　　金额单位:元
完工数量:700 件　　　月末在产品数量:100 件　　　在产品完工程度:60%

摘　要	直接材料	直接人工	制造费用	合计
月初在产品成本				
分配材料费用				
分配薪酬费用				
分配动力费用				
分配制造费用				
生产费用合计				
约当(总)产量				
分配率(单位成本)				
完工产品成本				
月末在产品成本				

注:材料系生产开始时一次投料。

基本生产成本明细账(简化格式)

产品名称:丙产品　　　　　　　　　2015年4月　　　　　　　　　金额单位:元
完工数量:1 200件　　　　月末在产品数量:400件　　　　在产品完工程度:75%

摘　要	直接材料	直接人工	制造费用	合计
月初在产品成本				
分配材料费用				
分配薪酬费用				
分配动力费用				
分配制造费用				
生产费用合计				
约当(总)产量				
分配率(单位成本)				
完工产品成本				
月末在产品成本				

注:材料系按完工程度逐步投入。

完工产品成本汇总表

2015年4月　　　　　　　　　　　　　　　　　　　　　金额单位:元

摘要	甲产品800件		乙产品700件		丙产品1200件		合计
	总成本	单位成本	总成本	单位成本	总成本	单位成本	
直接材料							
直接人工							
制造费用							
合　计							

3. 某厂采用分批法计算产品成本。成本项目分设为"直接材料"、"直接人工"、"制造费用"、"其他直接支出"四项。2015年9月份有关成本计算资料如下:

(1) 产品生产情况如下表所示:

产品批号	产品名称	批量	完工产量	耗用工时
9101	449 卷扬机	50 台	无	12 600
9102	225 卷扬机	40 台	5 台	9 800
7103	655 车床	10 台	4 台	2 800
7104	620 车间	20 台	20 台	4 800

注:8103批号655车床已于上月完工6台。

(2) 该厂各批产品共同耗用材料,按当月各批产品直接领用半成品、原料及主要材料金额比例分配,分配金额取整数。本月份半成品和材料耗用情况如下：

项目	9101 批号	9102 批号	7103 批号	7104 批号	共同耗用	合计
半成品	9 703	1 628				11 331
原料及主要材料	20 997	18 272	2 500	1 300		43 069
辅助材料				900	6 600	7 500
合计	30 700	19 900	2 500	2 200	6 600	61 900

(3) 该厂生产工人工资及福利费,按当月各批产品耗用工时分配。本月份生产工人工资为 15 000 元,职工福利费 2 100 元。

(4) 该厂各车间制造费用在全厂范围内按各批产品的耗用工时分配。本月份各车间制造费用总额为 9 600 元。

(5) 8102 批号产品每台计划成本为:直接材料 1 800 元,直接人工 400 元,制造费用 344 元,其他直接支出 56 元。

要求：

(1) 编制材料费用分配表、职工薪酬费用分配表、制造费用分配表。

(2) 登记产品成本明细账,计算完工产品成本。其中 8102 批号完工产品按单位计划成本计算。作完工产品入库的会计分录。

附：有关计算表格式

材料费用分配汇总表

2015 年 9 月 　　　　　　　　　　　　　　　　　　　　　　　　　　金额单位:元

批号	直接耗用			共同耗用辅助材料		直接耗用辅助材料	合计
	半成品	原料及主要材料	小计	分配率	分配金额		
9101							
9102							
7103							
7104							
合计							

薪酬费用分配表

2015 年 9 月 　　　　　　　　　　　　　　　　　　　　　　　　　　金额单位:元

批号	生产工时	分配率	分配工资额	职工福利费
9101				
9102				
7103				
7104				
合计				

制造费用分配表

2015 年 9 月　　　　　　　　　　　　　　　　　　　金额单位:元

批号	生产工时	分配率	分配金额
9101			
9102			
7103			
7104			
合计			

产品成本明细账

批　　号:9101　　　　　　2015 年 9 月　　　　　　　　　　批量:50 台
产品名称:449 卷扬机　　　完工:0 台　　　　　　　　　　　金额单位:元

摘　要	直接材料	直接人工	制造费用	其他支出	合计

产品成本明细账

批　　号:9102　　　　　　2015 年 9 月　　　　　　　　　　批量:40 台
产品名称:225 卷扬机　　　完工:5 台　　　　　　　　　　　金额单位:元

摘　要	直接材料	直接人工	制造费用	其他支出	合计

产品成本明细账

批　　号:7103　　　　　　2015 年 9 月　　　　　　　　　　批量:10 台
产品名称:655 车床　　　　完工:4 台　　　　　　　　　　　金额单位:元

摘　要	直接材料	直接人工	制造费用	其他支出	合计
7 月份发生额	17 560	2 000	1 400	280	
8 月份发生额	6 310	1 500	1200	210	
8 月份转出额(6 台)	16 500	3 000	4 200	420	

产品成本明细账

批　号:7104　　　　　　　　　　2015 年 9 月　　　　　　　　　　批量:20 台
产品名称:620 车床　　　　　　　完工:20 台　　　　　　　　　　金额单位:元

摘　要	直接材料	直接人工	制造费用	其他支出	合计
7 月份发生额	22 540	3 300	4 000	462	
8 月份发生额	10 670	2 800	3 800	392	

4. 某厂属于小批生产,采用简化的分批法计算成本。4 月份生产情况如下:

（1）月初在产品成本:101 批号,直接材料 3 750 元;102 批号,直接材料 2 200 元;103 批号,直接材料 1 600 元。月初直接人工 1 725 元,制造费用 2 350 元。

（2）月初在产品累计工时:101 批号 1 800 小时;102 批号 590 小时;103 批号 960 小时。

（3）本月发生的工时和直接材料如下表所示:

产品名称	批号	批量(件)	投产日期	完工日期	生产工时	直接材料
甲	101	10	2 月	4 月	450	250
乙	102	5	3 月	4 月	810	300
丙	103	4	3 月	6 月	1640	300

（4）本月发生的各项间接费用为:直接人工 1 400 元,制造费用 2 025 元。

要求:根据上述资料,登记基本生产成本二级帐和产品成本明细帐;计算完工产品成本。

基本生产成本二级帐

2015 年		摘　要	直接材料	工时	直接人工	制造费用	合计
月	日						
3	31	累计发生					
4	30	本月发生					
		累计发生数					
		累计间接费用分配率					
		完工产品成本转出					
		月末在产品					

产品成本明细帐

批号：101　　　　　　　　　　投产日期：2月　　　　　　　　　　产量：10件
产品名称：甲　　　　　　　　　完工日期：4月　　　　　　　　　　完工：＿＿件

2015年		摘　要	直接材料	工时	直接人工	制造费用	合计
月	日						
3	31	累计发生					
4	30	本月发生					
		累计发生数					
		累计间接费用分配率					
		完工产品成本转出					
		单位成本					

产品成本明细帐

批号：102　　　　　　　　　　投产日期：3月　　　　　　　　　　产量：5件
产品名称：乙　　　　　　　　　完工日期：4月　　　　　　　　　　完工：＿＿件

2015年		摘　要	直接材料	工时	直接人工	制造费用	合计
月	日						
3	31	累计发生					
4	30	本月发生					
		累计发生数					
		累计间接费用分配率					
		完工产品成本转出					
		单位成本					

产品成本明细帐

批号：103　　　　　　　　　　投产日期：3月　　　　　　　　　　产量：4件
产品名称：丙　　　　　　　　　完工日期：6月　　　　　　　　　　完工：＿＿件

2015年		摘　要	直接材料	工时	直接人工	制造费用	合计
月	日						
3	31	累计发生					
4	30	本月发生					
		累计发生数					

5. 某厂设有三个生产步骤,第一步骤生产甲半成品,第二步骤将甲半成品加工成乙半成品,第三步骤将乙半成品加工成丙产成品。原材料在加工开始时一次投入。各加工步骤狭义在产品的加工程度均为50％。2015年8月份有关产量和成本资料如下表:

产量资料

单位:台

项 目	第一步骤	第二步骤	第三步骤
月初在产品	80	60	20
本月投入	340	400	360
本月完工	400	360	300
月末在产品	20	100	80

生产费用资料

单位:元

项 目	第一步骤		第二步骤		第三步骤	
	月初在产品	本月发生	月初在产品	本月发生	月初在产品	本月发生
直接材料	1 250	22 750				
直接人工	755	11 495	826	9 064	1 565	5 915
制造费用	2 090	13 100	620	5 400	628	4 852

要求:根据以上资料,用平行结转分步法计算完工产品成本,登记有关成本明细账,并编制产品成本汇总表。

第一步骤产品成本明细账

产品名称:　　　　　　　　完工产品数量:　台　　　　　　金额单位:元

摘 要	直接材料	直接人工	制造费用	合计
月初在产品				
本月发生额				
生产费用合计				
约当(总)产量				
单位成本				
计入产品成本份额				
月末在产品成本				

第二步骤产品成本明细账

产品名称：　　　　　　　完工产品数量：　　台　　　　　　　金额单位：元

摘　要	直接材料	直接人工	制造费用	合　计
月初在产品				
本月发生额				
生产费用合计				
约当（总）产量				
单位成本				
计入产品成本份额				
月末在产品成本				

第三步骤产品成本明细账

产品名称：　　　　　　　完工产品数量：　　台　　　　　　　金额单位：元

摘　要	直接材料	直接人工	制造费用	合　计
月初在产品				
本月发生额				
生产费用合计				
约当（总）产量				
单位成本				
计入产品成本份额				
月末在产品成本				

产品成本汇总表

产品名称：　　　　　　　完工产品数量：　　台　　　　　　　金额单位：元

摘　要	直接材料	直接人工	制造费用	合　计
第一步骤计算产品成本份额				
第一步骤计算产品成本份额				
第一步骤计算产品成本份额				
产品成本合计				
完工产品单位成本				

6. 宏利公司2015年8月生产A产品，分两个步骤连续加工完成，其中第一步骤完工的A半成品入半成品库。第二车间领用A半成品采用一次加权平均法计价。产品成本计算采用逐步综合结转法计算，并进行成本还原。

各步骤成本资料及"自制半成品明细账"见下列表中数据。

自制半成品明细账——A 半成品

月初结存		本月增加		合计			本月减少		月末结存	
数量（件）	金额（元）	数量（件）	金额（元）	数量（件）	单价（元/件）	金额（元）	数量（件）	金额（元）	数量（件）	金额（元）
5	53 500						10			

注：请将上表中空缺数据填写完整。

第一车间基本生产成本明细账

产品名称：A 半成品　　　　　　　　完工产量：25 件　　　　　　月末在产品 10 件

摘　要	直接材料	直接人工	燃料及动力	制造费用	合　计
月初在产品成本	3 000	1 500	2 500	2 100	9 100
本月发生额	6 000	2 500	7 800	7 200	23 500
生产费用合计					
在产品单位定额成本	250	100	180	130	
完工产品成本					
月末在产品成本					

注：该步骤月末在产品成本采用定额成本法计算。

第二车间基本生产成本明细账

产品名称：A 产成品　　　　　　　　完工产量：5 件　　　月末在产品 10 件，完工程度：50%

摘　要	直接材料	直接人工	燃料及动力	制造费用	合　计
月初在产品成本	5 060	3 000	5 000	4 040	17 100
本月发生额		4 000	7 000	5 000	
生产费用合计					
约当产量（件）					
分配率（单位成本）					
完工产品成本					
月末在产品成本					

注：二车间在生产开始时一次领用 A 半成品 10 件。用约当产量法分配费用。

成本还原表（一）（系数法）

2015 年 8 月　　　　　　　　　　　　　　　　　　　单位：元

摘　要	还原率	直接材料	A 半成品	直接人工	燃料及动力	制造费用	合　计
还原前产成品成本							
上步骤完工半成品成本							
成本还原							
还原后产成品成本							

成本还原表(二)(比重法)

2015 年 8 月　　　　　　　　　　　　　　　　　　　　　　　　　　　　单位:元

摘　要	直接材料	A 半成品	直接人工	燃料及动力	制造费用	合计
还原前产成品成本						
上步骤完工半成品成本						
上步骤半成品成本结构						
成本还原						
还原后产成品成本						

7. 东城公司设有三个生产步骤,第一步骤生产甲半成品,第二步骤将甲半成品加工成乙半成品,第三步骤将乙半成品加工成丙产成品。原材料在加工开始时一次投入。各加工步骤狭义在产品的加工程度均为 50%。

2015 年 8 月份有关产量和成本资料如下表:

产量和生产费用资料

项　目		第一步骤	第二步骤	第三步骤
产量记录(件)	月初在产品	80	60	30
	本月投入	120	160	120
	本月完工	160	120	100
	月末在产品	40	100	50
月初在产品成本(元)	直接材料	12 000		
	直接人工	3 500	3 120	890
	制造费用	2 200	2 000	600
	合计	17 700	5 120	1 490
本月本步骤发生额(元)	直接材料	31 500		
	直接人工	8 650	7 280	3 235
	制造费用	5 900	5 800	2 400
	合计	46 050	13 080	5 635

要求:根据以上资料,用平行结转分步法计算完工产品成本,登记有关成本明细账,并编制产品成本汇总表。

8. 东风工厂 2015 年 10 月生产甲产品经过三个基本生产车间加工,第一车间完工产品为 A 半成品,完工后全部交第二车间继续加工;第二车间完工产品为 B 半成品,完工后全部交第三车间继续加工;第三车间完工产品为甲产成品。原材料在每一车间开始时一次投入,各车间的工资和费用发生比较均衡,月末在产品完工程度均为 50%。本月有关成本资料如下:

产量资料

摘　　要	第一车间	第二车间	第三车间
月初在产品	200	100	100
本月投入	400	500	400
本月完工	500	400	200
月末在产品	100	200	300

生产费用资料

摘要	第一车间		第二车间		第三车间	
	月初在产品	本月发生额	月初在产品	本月发生额	月初在产品	本月发生额
直接材料	180 000	280 000				
直接人工	64 000	140 000	110 000	250 000	50 000	220 000
制造费用	56 000	130 000	70 000	110 000	30 000	150 000
合计	300 000	550 000	180 000	360 000	80 000	370 000

要求：

（1）采用逐步综合结转法计算产品成本，并分别采用系数法和比重法进行成本还原。

（2）假定第二、三车间月初在产品的"直接材料"分别为 120 000 元、70 000 元，未投入新原材料，本月发生额中的"直接材料"金额为耗用上步骤的半成品的"直接材料"项目的金额，其他资料不变。试采用逐步分项结转法计算产品成本。

（3）假定第二、三车间月初在产品的"直接材料"分别为 120 000 元、70 000 元，未投入新原材料，其他资料不变。试采用平行结转法计算产品成本。

（4）按车间编制"产品成本计算单"，作出产成品成本结转会计分录。

项目五 计算产品成本的辅助方法

知识目标
1. 了解各类成本计算辅助方法的实际应用。
2. 理解分类法和定额法的含义、特点及适用范围。

技能目标
1. 能根据有关资料运用分类法计算产品成本。
2. 掌握各种定额及定额差异的计算与分析。

任务一 分 类 法

一、分类法的概念、特点及适用范围

（一）分类法的概念

分类法是按照产品类别归集生产费用，在计算出各类产品成本的基础上，再按一定标准在类别内部各种产品之间分配费用成本的计算方法。

（二）分类法的特点

（1）按照产品的类别归集生产费用，计算产品成本。分类法以产品的类别作为成本计算对象，汇集该类产品的生产费用，该类产品耗用的直接费用直接计入，各类产品共同耗用的费用，则需要采用一定的方法分配计入各类产品成本中。

（2）分类法的成本计算期要视产品的生产类型和管理要求而定。如果是大量生产，配合品种法或分步法进行成本计算，其成本计算期是固定的，与会计报告期一致，与产品的生产周期不一致；如果是小批生产类型，配合分批法使用，其成本计算期是不固定的，与产品生产周期一致，与会计报告期不一致。

（3）若月末在产品的数量较多，同样需要将该类产品的生产费用在完工产品与在产品之间进行分配。

从分类法的特点中，我们可以看出，分类法实际是一种变相的品种法，它是以产品类别作为品种，按品种法计算出类别产品的总成本，然后选择一定的标准，将类别产品的总成本

在类内各种规格产品中进行分配,从而计算出类内各种产品成本。

(三)分类法适用范围

(1)适用于用同样原材料、经过同样工艺过程生产出来的不同规格的产品。如钢铁厂生产的各种型号和规格的生铁、钢锭和钢材;食品加工企业生产的各种规格的饼干、面包、糕点;灯泡厂生产的不同规格和瓦数的灯泡等。

(2)适用于用同一种原材料进行加工而同时生产出几种主要产品,即联产品。如原油经过提炼加工可同时生产出柴油、汽油、机油、石腊;奶制品加工厂可以同时生产出牛奶、奶油等产品。

(3)适用于由于内部结构、所耗原材料质量或工艺技术等因素发生变化而造成的不同等级的产品。如陶瓷厂由于技术操作失误生产出的不同等级的产品;洗煤厂对原煤加工中生产出不同规格的精煤、洗块煤和其他用煤等。

(4)适用于除主要产品之外的零星产品生产成本的计算。如对外加工少量的零部件,或者自制少量的材料和工具等。

(5)适用于副产品的生产成本计算。如面粉厂在生产面粉过程中产生的麸皮;火力发电厂在生产电力的过程中产生的煤渣;炼铁企业生产中产生的高炉煤气等。

二、影响分类法成本计算正确性的因素

合理地划分产品类别,选择适当的类内产品分配标准,是影响分类法成本计算的关键因素。

(一)产品的分类

产品分类的一般原则是将产品的性质、用途、结构、所耗用原材料以及工艺过程相同或者相近的产品划分为一类。对于类内不同产品归类时,类距不宜过大,否则会造成成本计算过粗,如各品种规格产品虽然相差很大,但成本却比较接近的情况;但类距过小,也会加大成本计算工作量,失去分类法的意义。

(二)类内产品费用分配标准的选择

分配标准的选择直接关系到类内产品成本的准确性与合理性。选择的分配标准必须与成本费用水平的高低具有密切的联系。不同的成本项目可选择不同的分配标准,以便使分配结果尽可能接近实际。一般类内产品费用分配的标准有:定额耗用量、定额费用、售价,以及产品的重量、体积和长度等。

三、分类法的计算程序

(1)将产品按照一定的标准划分为不同的类别,以产品类别设置基本生产成本明细账,采用产品成本基本计算方法计算某类产品的完工产品成本。

(2)在类内选择一定的分配标准,正确计算类内各种产品的成本。

企业分配类内各完工产品成本的常用方法主要有定额比例法和系数法。本书将就定额比例法、系数法以及分类法适用范围的情况分别举例说明。

四、分类法实例应用

(一) 定额比例法

在一些定额管理基础较好,各种定额资料完整、准确、稳定的企业,要按类内各种产品的定额成本或定额消耗量的比例,对各类产品的总成本进行分配。其计算公式如下:

某类产品某成本项目费用分配率 = 该类产品该项费用总额 ÷ 该类别内各种产品该项费用的定额成本(或定额消耗量)之和。

类内某产品某成本项目的实际成本 = 类内该种产品成本项目费用的定额成本(或定额消耗量) × 该类产品某成本项目费用分配率

【例5-1】 某公司的产品规格繁多,根据生产工艺将产品划分为 A、B 两类产品。其中:A 类产品包括甲、乙、丙三种产品。类内各产品之间采用定额比例法分配成本。2015 年 9 月份有关资料如下:

(1) 根据费用分配表计算完成 A 类产品"基本生产成本明细账",如表5-1所示。

表5-1 基本生产成本明细账

产品类别:A类产品　　　　　　　2015 年 9 月　　　　　　　　　　　　　单位:元

摘　要	直接材料	直接人工	制造费用	合计
月初在产品	79 500	11 920	15 960	107 380
本月发生额	511 500	143 410	196 130	851 040
生产费用合计	591 000	155 330	212 090	958 420
完工产品成本	507 600	142 080	195 360	845 040
月末在产品	83 400	13 250	16 730	113 380

(2) A 类产品内部各产品消耗定额记录,如表5-2所示。

表5-2 产品产量和消耗定额情况表

产品类别:A类产品　　　　　　　2015 年 9 月

产品名称	产量/件	材料消耗定额/kg	工时消耗定额/小时
甲产品	7 200	18	10
乙产品	9 600	15	8
丙产品	4 800	13.5	6

(3) 根据表5-1、5-2资料,采用定额比例法分配类内产品的成本,如表5-3所示。

表 5-3　A 类产品类内产品成本计算表

2015 年 9 月　　　　　　　　　　　　　　　　　　　　　　　　　单位：元

项目	产量	直接材料			定额工时	直接人工	制造费用	合计	单耗定额
		单耗工时	定额耗用量	分配金额					
行次	①	②	③	④	⑤	⑥	⑦	⑧	⑨
分配率			1.5				0.8	1.1	
甲产品	7 200	18	129 600	194 400	10	72 000	57 600	79 200	331 200
乙产品	9 600	15	144 000	216 000	8	76 800	61 400	84 480	361 920
丙产品	4 800	13.5	64 800	97 200	6	28 800	23 040	31 680	151 920
合计			338 400	507 600		177 600	142 080	195 360	845 040

注：表中数据③ = ①×②；1.5 = ∑④÷∑③；④ = 1.5×③；⑥ = ①×⑤；0.8 = ∑⑦÷∑⑥；⑦ = 0.8×⑥；1.1 = ∑⑧÷∑⑥；⑧ = 1.1×⑥；⑨ = ④ + ⑦ + ⑧。

（二）系数法

以系数为标准将类别总成本在类内各种产品之间进行分配时，首先在类内产品中选择一种产销量大、生产稳定的产品，作为标准产品，将其系数定为"1"，其他产品的料、工、费用，按其与标准产品的比例来确定为一定的系数；将各种产品按其系数折算为标准产品的分配标准，即总系数。根据类别总成本与标准产品的分配标准计算出费用分配率，即可计算出类内各种产品的实际成本和单位成本。其计算公式如下：

某产品分配标准系数 = 该产品的分配标准 ÷ 标准产品的分配标准

其中，分配标准主要有消耗量定额、成本费用定额、产品售价、重量。

某产品总系数 = 该产品实际产量 × 该产品分配标准系数

费用分配率 = 待分配费用总额 ÷ 类内各产品总系数之和

某产品应负担的费用 = 该产品总系数 × 费用分配率

现举例说明。

【例 5-2】　仍以【例 5-1】资料，采用系数法计算 A 类产品内部各种产品成本。其中，直接材料按材料消耗定额确定系数，直接人工和制造费用按工时消耗定额确定系数，以乙产品为标准产品。其计算过程如下：

（1）计算 A 类产品系数，如表 5-4 所示。

表 5-4　A 类产品系数计算表

产品名称	产量	材料消耗定额	工时消耗定额	材料消耗		工时消耗	
				额定系数	总系数	额定系数	总系数
行次	①	②	③	④	⑤	⑥	⑦
甲产品	7 200	18	10	1.2	8 640	1.25	9 000
乙产品	9 600	15	8	1	9 600	1	9 600
丙产品	4 800	13.5	6	0.9	4 320	0.75	3 600

注：表中数据④：1.2 = 18÷15；1 = 15÷15；0.9 = 13.5÷15；⑤ = ①×④。⑥：1.25 = 10÷8；1 = 8÷8；0.75 = 6÷8；⑦ = ①×⑥。

（2）用系数法分配 A 类产品类内各产品成本,如表 5-5 所示。

表 5-5　A 类各种产品成本计算表

2015 年 9 月　　　　　　　　　　　　　　　　　　　　　　　　　　　单位:元

项目	直接材料		工时总系数	直接人工	制造费用	合计
	定额总系数	分配金额				
行次	①	②	③	④	⑤	⑥
分配率		22.5		6.4	8.8	
甲产品	8 640	194 400	9 000	57 600	79 200	331 200
乙产品	9 600	216 000	9 600	61 440	84 480	361 920
丙产品	4 320	97 200	3 600	23 040	31 680	151 920
合计	22 560	507 600	22 200	142 080	195 360	845 040

注：表中数据 $22.5 = \sum ② \div \sum ①$；$② = ① \times 22.5$；$6.4 = \sum ④ \div \sum ③$；$8.8 = \sum ⑤ \div \sum ③$；$④ = ③ \times 6.4$；$⑤ = ③ \times 8.8$；$⑥ = ② + ④ + ⑤$

五、运用分类法计算联产品、副产品、等级产品成本

（一）联产品的成本计算

1. 联产品概述

联产品是指使用同种原料,经过同一生产过程,同时生产出两种或两种以上的主要产品。这些主要产品不仅在经济上具有不同的性质和用途,而且属于企业生产的主要目的。

联产品还可以根据各联产品之间的产量增减关系分为补充联产品或代用联产品。若一种联产品的产量增加或减少不可避免地导致其他联产品的同比例增加或减少,我们就称之为补充联产品;相反,在某些情况下,若一种联产品的增加会导致另一种联产品的减少,则称之为代用联产品。

各种联产品被分离的这个时点被称为"分离点"。分离后的联产品有的作为完工产品可以对外出售,有的作为半成品需要进一步加工成产成品后才可以出售。因此,我们将分离前在联合生产过程中发生的成本称为联合成本或共同成本,将分离后对联产品继续加工而发生的成本称为归属成本。

2. 联产品成本计算的程序

联产品从原材料投入开始到最终形成完工产品为止主要经历了三个阶段,即分离前、分离点和分离后。所以,联产品成本计算也可分为三个步骤完成:

首先,计算分离前的联合成本。在分离前,由于各种联产品所耗用的原材料和工艺过程相同,因而把这些联产品可归为一类,采用分类法计算其联合成本。

其次,分离点联合成本的分配。将联合成本采用一定的分配方法在各联产品之间进行分配,以确定各种联产品的成本。

最后,分离后进一步加工产品的成本计算。对需要继续加工的联产品,将其负担的联合成本加上继续加工所发生的可归属成本,计算出该产品的最终成本。

3. 联合成本的分离方法

联产品成本计算的关键是如何将联合成本在各种联产品之间进行分配。通常情况下，其分离的方法主要有：系数分配法、实物量分配法和相对售价分配法。

下面分别举例说明。

【例 5-3】 某企业利用同一生产过程中同一原材料生产出 A、B、C 三种主要产品。2015 年 5 月利用分类法计算出其联合成本为 342 000 元，其中直接材料 180 000 元、直接人工 99 000元、制造费用 63 000 元。单位定额成本和实际产量资料如表 5-6 所示。

要求：(1) 采用系数法计算各联产品的成本。假定各联产品之间以单位产品的定额成本为标准，以 C 产品为标准产品。

(2) 采用实物量分配法计算各联产品的成本。假定各联产品之间以实际产量为标准分配成本。

(3) 采用相对售价分配法计算各联产品的成本。假定 A 产品的单价为 48 元/吨，B 产品单价 54 元/吨，C 产品单价 56 元/吨。各联产品之间以销售价格为标准分配成本。

表 5-6 单位定额成本及实际产量表

产品名称	产量(吨)	单位定额成本(元)	单价(元/吨)
A 产品	2 000	31.5	48
B 产品	4 000	45.5	54
C 产品	3 000	35	56

联产品成本计算如表 5-7、5-8、5-9 所示。

(1) 采用系数法计算，见表 5-7。

表 5-7 联产品成本计算表
2015 年 5 月
单位：元

项目	实际产量	单位额定成本	系数	总系数	直接材料	直接人工	制造费用	合计
行次	①	②	③	④	⑤	⑥	⑦	⑧
分配率					18	9.9	6.3	
A 产品	2 000	31.5	0.9	1 800	32 400	17 820	11 340	61 560
B 产品	4 000	45.5	1.3	5 200	93 600	51 480	32 760	177 840
C 产品	3 000	35	1	3 000	54 000	29 700	18 900	102 600
合计				10 000	180 000	99 000	63 000	342 000

注：表中数据③：0.9 = 31.5÷35，1.3 = 45.5÷35，1 = 35÷35；④ = ①×③；⑤：18 = ∑⑤÷∑④，⑤ = ④×18；⑥：9.9 = ∑⑥÷∑④，⑤ = ④×9.9；⑦：6.3 = ∑⑦÷∑④，⑤ = ④×6.3；⑧ = ⑤+⑥+⑦。

(2) 采用实物量分配法计算，见表 5-8。

表 5-8　联产品成本计算表

2015 年 5 月　　　　　　　　　　　　　　　　　　　　　　　　　　　　单位:元

项目	产量	直接材料	直接人工	制造费用	合计
行次	①	②	③	④	⑤
分配率		20	11	7	
A 产品	2 000	40 000	22 000	14 000	76 000
B 产品	4 000	80 000	44 000	28 000	152 000
C 产品	3 000	60 000	33 000	21 000	114 000
合计	9 000	180 000	99 000	63 000	342 000

注：表中数据:20 = ∑② ÷ ∑①,11 = ∑③ ÷ ∑①,7 = ∑④ ÷ ∑①；② = ① × 20,③ = ① × 11,④ = ① × 7;⑤ = ② + ③ + ④。

（3）采用相对售价分配法,见表 5-9。

表 5-9　联产品成本计算表

2015 年 5 月　　　　　　　　　　　　　　　　　　　　　　　　　　　　单位:元

项目	产量	单价	销售价格	直接材料	直接人工	制造费用	合计
行次	①	②	③	④	⑤	⑥	⑦
分配率				0.375	0.206 25	0.131 25	
A 产品	2 000	48	96 000	36 000	19 800	12 600	68 400
B 产品	4 000	54	216 000	81 000	44 550	28 350	153 900
C 产品	3 000	56	168 000	63 000	34 650	22 050	119 700
合计			480 000	180 000	99 000	63 000	342 000

注：表中数据:③ = ① × ②;0.375 = ∑④ ÷ ∑③,0.206 25 = ∑⑤ ÷ ∑③,0.131 25 = ∑⑥ ÷ ∑③；④ = ③ × 0.375,⑤ = ③ × 0.206 25,⑥ = ③ × 0.131 25；⑦ = ④ + ⑤ + ⑥。

（二）副产品的成本计算

1. 副产品概述

副产品是指企业使用同种材料,经过同一生产过程,在生产出主要产品的同时附带生产出来的一些非主要产品。如制皂业生产中产生的甘油,炼油生产中产生的油渣、石油焦等。

副产品与联产品之间既有联系又有区别,主要表现在:它们都是联合生产过程中的产物,都是投入相同材料,经过同一生产过程而产生的。但是,它们的价值和地位却不同,一般来说,联产品全都是主要产品,其价值较高,地位同等；而副产品相对于主要产品来说,价值相对较低,处于次要地位。但两者之间的划分并非一成不变,是可以互相转化的。在一定条件下,副产品可能转化为主要产品从而成为联产品。反之,原来的联产品也有可能因为生产目的的改变而成为副产品。

2. 副产品的成本计算

尽管副产品的价值相对于主要产品而言也比较低,但仍具有一定的经济价值,能满足社会上某些方面的需要,而且客观上也发生耗费。因此,需要采取一定的成本计算方法来分配联合成本。

(1) 无需进一步加工的副产品的成本计算。

① 价值较低的副产品,可不负担分离前的联合成本(即联合成本全部由主要产品负担)。

② 价值相对较高的副产品,以销售价格扣除销售税金、销售费用和正常利润后的余额,作为副产品应负担的成本,从联合成本中扣除。

(2) 需要进一步加工的副产品的成本计算。

① 价值较低的副产品,只计算归属于该产品的再加工成本(即不负担分离前的联合成本)。

② 价值相对较高的副产品,以销售价格扣除销售税金、销售费用和正常利润,再减去可归属成本后的余额,作为副产品应负担的成本,从联合成本中扣除。

【例 5-4】 美华公司在生产主要产品——甲产品的同时,附带生产出 A 副产品,A 副产品分离后需进一步加工后才能出售。2015 年 7 月共发生联合成本 155 000 元,其中直接材料 77 500 元、直接人工 31 000 元、制造费用 46 500 元。A 副产品进一步加工发生直接人工费 2 000 元、制造费用 2 500 元。本月生产甲产品 1 000 公斤、A 副产品 200 公斤,A 副产品的市场售价 150 元/公斤,单位税金和利润 50 元。

根据资料,按 A 副产品既要负担专属成本,又要负担分离前联合成本的方法计算甲产品成本和 A 副产品成本,如表 5-10、5-11 所示。

表 5-10 主要产品成本计算单

产品名称:甲产品　　　　　　　　　2015 年 7 月　　　　　　　　　　　　单位:元

项　目	直接材料	直接人工	制造费用	合计
生产费用合计	77 500	31 000	46 500	155 000
结转副产品负担的联合成本	7 750	3 100	4 650	15 500
本月完工产品的成本	69 750	27 900	41 850	139 500
单位成本	69.75	27.90	41.85	139.50

表 5-11 副产品成本计算单

产品名称:A 副产品　　　　　　　　2015 年 7 月　　　　　　　　　　　　单位:元

项目	直接材料	直接人工	制造费用	合计
分摊的联合成本	7 750	3 100	4 650	15 500
可归属成本		2 000	2 500	4 500
A 副产品总成本	7 750	5 100	7 150	20 000
单位成本	38.75	25.50	35.75	100

注:副产品应负担的联合总成本 = 200 × (150 - 50) - (2 000 + 2 500) = 15 500(元),本例中对副产品应负担的联合总成本,按分离前的联合成本的成本项目构成比例分配给副产品的各成本项目,其中:分配率 = 15 500 ÷ 155 000 = 0.1,则:直接材料 = 77 500 × 0.1 = 7 750(元);直接人工 = 31 000 × 0.1 = 3 100(元);制造费用 = 46 500 × 0.1 = 4 650(元)。

根据表 5-10 和表 5-11 的成本计算单和产品入库单,编制结转完工入库产品成本的会计分录:

借:库存商品——甲产品　　　　　　　　　　　　　　　　　139 500
　　　　　　——A 副产品　　　　　　　　　　　　　　　　20 000
　　贷:基本生产成本　　　　　　　　　　　　　　　　　　　　159 500

【例 5-5】　华新厂在同一生产过程生产甲主要产品的同时,附带生产出 A 副产品。2015 年 4 月共发生联合成本 64 000 元,其中:直接材料 32 000 元,直接人工 19 200 元,制造费用 12 800 元。假定 A 副产品需要进一步加工后才能出售,进一步加工的可归属成本为 1 600 元,其中:直接材料 850 元,直接人工 450 元,制造费用 300 元。加工后的 A 副产品产量为 1 000 千克,每千克售价为 10 元,每千克销售费用 0.60 元、税金 0.50 元、利润 1.90 元。副产品按费用比重从各成本项目扣除。主、副产品成本计算如表 5-12、5-13 所示。

A 副产品加工后的单位成本 = 10 - 0.60 - 0.50 - 1.90 = 7(元)

A 副产品加工后的总成本 = 1 000 × 7 = 7 000(元)。

A 副产品加工前的总成本(分离点成本) = 7 000 - 850 - 450 - 300 = 5 400(元)

表 5-12　主副产品成本计算表

项目	直接材料	直接人工	制造费用	合计
联合成本	32 000	19 200	12 800	64 000
费用比重	50%	30%	20%	100%
A 副产品分离成本	2 700	1 620	1 080	5 400
甲产品成本	29 300	17 580	11 720	58 600

表 5-13　A 副产品成本计算表

项目	直接材料	直接人工	制造费用	合计
A 副产品分离成本	2 700	1 620	1 080	5 400
可归属成本	850	450	300	1 600
合计	3 550	2 070	1 380	7 000
单位成本(1 000kg)	3.55	2.07	1.38	7

(三) 等级产品的成本计算

1. 等级产品概述

等级产品是指使用同种原料,经过同一生产过程生产出来的品种相同但品级和质量不同的产品。如纺织品、陶瓷器皿的生产常有等级产品产生。

等级产品与联产品、副产品虽然都是使用同种原料,经过同一生产过程产生的,但存在着较大的区别。联产品、主产品与副产品之间,产品的性质、用途不同,属于不同产品;而等级产品则是性质一样、用途相同的同种产品,只是由于质量上差异而产生了不同的等级,其销售价格一般也不同。等级产品也不同于废品。等级产品是合格产品,虽然存在质量上的差异,但这种差异通常是设计范围所允许的,而且不会因质量上的差异而影响社会对该产品的消费需求。而废品为非合格产品,是产品设计范围所不允许的,且不能满足社会某些方面的使用需要,因而是没有使用价值的。

2. 等级产品的成本计算

等级产品成本的计算应视造成等级产品质量差异的原因而定。

(1) 等级产品产生的原因是由于生产工人技术不熟练、操作不当,或者生产管理不善等原因造成的,不同等级的产品应当承担相同的生产费用,使其单位成本与优质产品的成本相同,以体现不同等级产品对企业盈利产生的不同影响。因此,应采用实物数量分配法计算等级产品成本。

(2) 如果等级产品是由于原材料的质量不同、工艺技术上要求不同,或者是目前生产技术水平限制等原因造成的,应当使不同等级的产品具有相同的毛利水平,因而不能确定相同的单位成本。为此应采用系数分配法来计算各个等级产品的成本。通常情况下,是以单位售价比例定出系数,再按系数比例计算出不同等级产品应负担的联合成本,其计算结果是按售价的高低来负担联合成本的。

【例5-6】 飞腾工厂2015年9月生产乙产品,在生产中出现不同等级质量的产品。本月生产的乙产品实际产量为750件,其中:一等品200件,二等品400件,三等品150件。各种等级的乙产品的市场售价为:一等品售价24元,二等品售价15元,三等品售价12元。本月乙产品的总成本为10 080元(本例为了简化成本计算,不分成本项目计算)。假设不同质量等级的乙产品,是由于目前生产技术水平、工艺技术条件和原材料质量等客观原因所造成的,采用系数分配法计算各等级品成本。

成本计算结果如表5-14所示。

表5-14 乙产品的等级产品成本计算表(系数法)

2015年9月　　　　　　　　　　　　　　　　　　　　　　　　　单位:元

产品等级	实际产量	售价	系数	标准产量	分配率	等级产品总成本	等级产品单位成本
一等品	200	24	1.6	320	12	3 840	19.20
二等品	400	15	1	400	12	4 800	12.00
三等品	150	12	0.8	120	12	1 440	9.60
合计	750			840	12	10 080	

注:确定二等品为标准产品,系数定为"1",按各等级产品的售价计算一等品、三等品的系数为:一等品系数 = 24÷15 = 1.6;三等品系数 = 12÷15 = 0.8。

根据表5-14的等级品成本计算单和产品入库单,编制会计分录如下:

借:库存商品——乙产品(一等品)　　　　　　　　　　　　　　　3 840.00
　　　　——乙产品(二等品)　　　　　　　　　　　　　　　　4 800.00
　　　　——乙产品(三等品)　　　　　　　　　　　　　　　　1 440.00
　贷:基本生产成本——乙产品　　　　　　　　　　　　　　　　10 080.00

【例5-7】 2015年10月,华光陶瓷厂因工作操作技术问题,使利用同种陶土经过同样的造型、烘烤等工艺生产出的陶瓷器皿产生三个不同等级,其中:一等品10 000个,二等品1 000个,三等品500个。当月共发生联合成本49 450元,其中:直接材料23 000元,直接人工 17 250 元,制造费用 20 700 元。要求按实物量比例法分配计算各等级产品成本。

计算结果如表 5-15 所示。

表 5-15 等级产品成本计算表(实物量比例法)

2015 年 10 月　　　　　　　　　　　　　　　　　　　　　　　　单位:元

等级产品	实际产量	直接材料	直接人工	制造费用	合计
分配率		2	1.5	1.8	5.3
一等品	10 000	20 000	15 000	18 000	53 000
二等品	1 000	2 000	1 500	1 800	5 300
三等品	500	1 000	750	900	2 650
合计	11 500	23 000	17 250	20 700	60 950

根据表 5-15 计算结果及产品入库验收单,编制会计分录:

借:库存商品——陶瓷器皿(一等品)　　　　　　　　　　53 000.00
　　　　——陶瓷器皿(二等品)　　　　　　　　　　　5 300.00
　　　　——陶瓷器皿(三等品)　　　　　　　　　　　2 650.00
　贷:基本生产成本——陶瓷器皿　　　　　　　　　　　60 950.00

任务二　定　额　法

一、定额法的含义、特点及适用范围

(一) 定额法的含义

定额法是以事先制定的产品定额成本为基础,在生产费用发生时,及时反映和监督实际生产成本脱离定额成本差异,并根据定额和差异计算产品实际成本的一种辅助方法。

采用定额法计算产品实际成本的计算公式如下:

产品实际成本 = 定额成本 ± 脱离定额差异 ± 材料成本差异 ± 定额变动差异

(二) 定额法的特点

(1) 事前制定产品的各项定额标准,作为降低产品成本的目标,对产品成本进行事前控制。

(2) 当生产费用实际发生时,将其划分为定额成本和脱离定额差异,分别编制凭证和核算,及时反映实际生产费用脱离的程度。

(3) 产品的实际成本的核算是在定额的基础上加减各种成本差异。由于定额法的计算基础是定额成本,在实际费用发生时,一般将其定额成本和定额差异两大类进行汇总和分析,月终以完工产品定额成本为基础,加减完工产品所汇集和分配的脱离定额差异、材料成本差异、定额变动差异,求得完工产品实际成本,从而为成本的定期考核和分析提供数据。

(4) 成本计算对象是企业的完工产品或半成品。根据企业管理的要求,只计算完工产品成本或者同时计算半成品成本与完工产品成本。成本计算期间是每月的会计报告期。

因此,定额法不仅是一种产品成本计算的辅助方法,更重要的还是一种对产品成本进行直接控制、管理的方法。

(三) 定额法的适用范围

一般适用于企业定额管理制度较健全,而且产品生产定额、消耗定额比较准确、稳定的企业,不受生产类型的限制。由于定额法的成本计算对象既可以是最终完工产品,也可以是半成品,所以定额法既可以在整个企业运用,又可以只运用于企业中的某些车间。

二、定额法的计算程序

定额法的计算程序,如图 5-1 所示。

(1) 制定产品的定额成本。根据目前企业消耗定额及费用定额,按成本项目,分产品制定产品定额成本,编制各种产品的定额成本表。

(2) 设置产品成本明细账。按成本计算对象设置产品成本明细账,账内除按成本项目设置专栏外,还应在"月初在产品成本"、"本月发生额"、"生产费用合计"、"完工产品成本"、"月末在产品成本"等项目下增设"定额成本"、"脱离定额差异"、"定额变动差异"、"材料成本差异"栏目。

(3) 及时计算确定定额变动差异。当产品定额成本有修订时,应及时调整月初在产品的定额成本,计算定额变动差异。

(4) 计算脱离定额差异。当生产费用发生时,按成本项目将符合定额的费用和脱离定额的差异分别核算,并予以汇总。

(5) 分配差异。月末,企业应将月初在产品成本脱离定额差异和本月发生的脱离定额差异、定额变动差异、材料成本差异分别汇总,然后按照一定的方法在完工产品与月末在产品之间进行分配。

(6) 计算完工产品的实际总成本和单位成本。以本月完工产品的定额成本加减各种成本差异,即为完工产品的总成本,将总成本除以完工产品产量,即为单位成本。

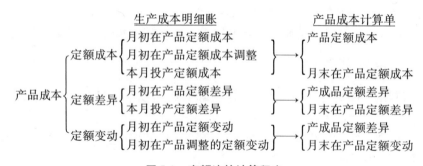

图 5-1 定额法的计算程序

三、产品定额成本的确定

定额成本是根据企业现行材料消耗定额、工时定额、费用定额及其他有关资料计算的一种目标成本。它既是计算实际成本的基础,也是进行成本控制和成本考核的依据。

财会部门会同计划、技术、生产等部门,共同制定产品的材料、工时、费用等消耗定额,并根据各项消耗定额和原材料计划成本、计划小时工资率、计划小时费用率等资料,计算产品的各项费用定额,进而确定产品的定额成本。

产品的定额成本包括直接材料定额成本、直接人工定额成本、制造费用定额成本等。其计算公式如下:

直接材料定额成本 = 直接材料消耗定额量 × 材料计划单位成本
　　　　　　　　 = 本月投产量 × 单位产品材料消耗定额 × 材料计划单位成本

直接人工定额成本 = 产品定额工时 × 计划小时工资率
　　　　　　　　 = 产品约当产量 × 工时定额 × 计划小时工资率

制造费用定额成本 = 产品定额工时 × 计划小时费用率
　　　　　　　　 = 产品约当产量 × 工时定额 × 计划小时费用率

定额成本的计算可以通过编制产品定额成本计算表的形式进行。如果产品的零部件不多,可以先计算各种零件、部件的定额成本,然后汇总计算产品的定额成本;如果产品的零部件较多,可以不逐一计算各种零部件定额成本,而是根据各种零件的原材料消耗定额和工时定额的"零件定额卡",以及材料计划单价、计划小时工资率和计划小时费用率,计算各部件的定额成本,再将各部件的定额成本汇总计算产品的定额成本;也可以根据"零件定额卡"、"部件定额卡"直接计算产品定额成本。

【例5-8】 某企业生产甲产品,耗用的零件K、部件A较多,因而根据"零件定额卡"和"部件定额卡"直接计算产品定额成本。如表5-16、5-17、5-18所示。

表5-16　零件定额卡

零件编号:K202　　　　　　　　　　　　　　　　　　　　　　　　　　　　零件名称:K

材料编号	材料名称	计量单位	材料消耗定额	工序	工时定额	累计工时
1001	M	kg	5	1	8	8
1002	N	kg	4	2	7	15

表5-17　部件定额卡

部件编号:A303　　　　　　　　　　　　　　　　　　　　　　　　　　　　部件名称:A部件

耗用零件	零件数量	C材料			D材料			合计	部件工时定额
		数量	计划单价	金额	数量	计划单价	金额		
K202	2	10	10	100	8	15	120	220	30
K203	4	11	10	110	6	15	90	200	42
K204	4	7	10	70	12	15	180	250	36
装配									10
合计		28	10	280	26	15	390	670	118
定额成本									
原材料	直接人工				制造费用			定额成本合计	
	计划小时工资率		金额		计划小时费用率		金额		
670	4		472		2		236	1 378	

表 5-18 产品定额成本计算表

产品名称：甲产品

耗用部件名称	耗用部件数量	材料费用定额		工时消耗额定	
		部件定额	产品定额	部件定额	产品定额
A303	2	670	1 340	118	236
A203	3	100	300	38	114
装配					30
合计			1 640		380

定额成本					产品定额成本合计
直接材料	直接人工		制造费用		
	计划小时工资率	金额	计划小时费用率	金额	
1 640	4	1 520	2	760	3 920

必须说明的是，在编制产品定额成本计算表时，所采用的成本项目、成本计算方法，必须与计算实际成本所采用的成本项目和成本计算方法一致，以便进行成本考核和分析工作。

四、脱离定额差异的计算

脱离定额差异是指产品生产过程中各项实际发生的费用脱离现行定额的差异额。脱离定额差异反映了企业各项生产费用支出的合理程度及现行定额制度合理程度。

核算出的脱离定额的差异，应及时采取措施：① 属于实际消耗中存在的浪费和损失，应制止发生或防止以后再次发生；② 属于定额脱离实际，应按规定加以调整或修订定额。

（一）直接材料脱离定额差异的计算

直接材料脱离定额差异包括材料耗用量差异（量差）和材料价格差异（价差），这里所指的差异是指材料采用计划成本计价，由于材料实际耗用量背离定额耗用量引起的量差。其总的计算公式如下：

直接材料脱离定额差异 = ∑[（材料实际耗用量 – 材料定额耗用量）× 材料计划单价]

在实际工作中，计算直接材料脱离定额差异的方法一般有限额法（或限额领料单法、差异凭证法）、切割核算法和盘存法。

1. 限额领料单法（差异凭证法，简称限额法）

在领用材料时实行限额领料制度，符合定额的材料应根据限额领料单等定额领料凭证领发。如果增加产量需要增加材料时，需要办理追加手续，然后根据定额凭证领发料。脱离定额的差异领料，应填写专门的差异凭证，在差异凭证中应填写差异的数量、金额以及产生差异的原因等。

在每批产品生产任务完成后，应根据车间余料编制退料单，退料单中的退料数额和限额领料单中的余额都是材料脱离额定的节约差异，即：

脱离定额的节约差异 = 限额领料单中的原材料余额 + 退料单中所列的原材料数额

原材料定额消耗量 = 产品投产数量 × 原材料消耗定额

原材料实际消耗量 = 本期领料数 + 期初余额数量 - 期末余额数量

原材料脱离定额差异 = (原材料实际消耗量 - 原材料定额消耗量)×材料计划单价

需要指出的是,差异凭证所反映的差异只是领料差异,并不完全等同于用料差异,不能完全控制用料。因为投产的产品数量不一定等于完工产品数量,所领用的材料不一定全部为当期完工产品耗用,即期初和期末可能有余料。现举例说明如下:

【例5-9】 某企业生产B产品,本期限额领料单规定的产品数量为2 000件,单位产品材料消耗定额为10千克,领料单实际领料19 800千克,材料计划单价为6元。

要求:计算B产品的直接材料定额差异。

第一种情况:假定本月投产数量是2 000件,无期初期末余料,则:

直接材料费用定额差异 = (19 800 - 2 000×10)×6 = -1 200(元)(节约差)

第二种情况:假定本月投产数量是2 000件,期初余料100千克,期末余料50千克,则:

直接材料定额耗用量 = 2 000×10 = 20 000(千克)

直接材料实际耗用量 = 19 800 + 100 - 50 = 19 850(千克)

直接材料费用定额差异 = (19 850 - 20 000)×6 = -900(元)(节约差)

第三种情况:假定本月投产数量是1 900件,期初余料100千克,期末余料50千克,则:

直接材料定额耗用量 = 1 900×10 = 19 000(千克)

直接材料实际耗用量 = 19 800 + 100 - 50 = 19 850(千克)

直接材料费用定额差异 = (19 850 - 19 000)×6 = 5 100(元)(超支差)

2. 切割核算法

对于某些贵重材料或者经常大量使用的,且车间需要切割后才能进一步加工的材料,如板材、钢材、棒材等,可以采用切割核算法核算用料差异,以控制用料。

这种核算单应按切割材料的批别开立,单中填明发交切割材料的种类、数量、消耗定额和应切割成的毛坯数量,切割完毕,再填写实际割成的毛坯数量和消耗定额,即可计算求得定额消耗量,以此与材料实际消耗量相比较,确定用料脱离定额的差异。

退回余料 = 发料数量 - 材料实际消耗量

应切割毛坯数量 = 材料实际消耗量 ÷ 单位定额消耗量

材料定额消耗量 = 实际切割毛坯数量 × 材料消耗定额

废料定额回收量 = 实际切割毛坯数量 × 单位回收废料定额

材料脱离定额差异 = (实际消耗量 - 材料定额消耗量)× 材料计划单价

废料脱离定额差异 = (废料定额回收量 - 废料实际回收量)× 计划单价

【例5-10】 某企业2015年4月发出H1029材料180千克切割成零件KL02,生产乙产品。单件切割毛坯消耗定额8千克,单件回收废料定额0.2千克,计划单价1.2元;材料H1029的计划单价9元。因未按图纸切割,减少了毛坯数量,实际切割毛坯20件,增加了边角余料,废料实际回收量5千克。回收废料超过定额的差异可以冲减材料费用。

材料切割核算单如表5-19所示。计算过程及结果如下:

应切割的毛坯数量 = (180 - 4) ÷ 8 = 22(件)

材料定额消耗量 = 20 × 8 = 160(千克)

废料定额回收量 = 20 × 0.2 = 4(千克)

材料脱离定额差异 = (176 - 160) × 9 = 144(元)

废料脱离定额差异 = (4 - 5) × 1.2 = -1.2(元)

表 5-19 材料切割核算单

材料名称:H1029　　　　　　材料计量单位:千克　　　　　材料计划单价:9元
产品名称:乙产品　　　　　　零件名称:KL02　　　　　　　图纸编号:4001
发交切割日期:2015年4月8日　　　　　　　　　　　　　完工日期:2015年4月15日

发料数量		退回余料数量		材料实际消耗量		废料实际回收量	
180		4		176		5	
单件消耗定额		单件回收废料定额		应切割数量	实际切割数量	材料消耗定额	废料定额回收
8		0.2		22	20	160	4
材料脱离额定差异		废料脱离定额差异				脱离定额差异原因	
数量	金额	数量	单价	金额		未按图纸切割,减少了毛坯数量,增加了边角余料	
16	144		-1	1.2	-1.2		

3. 盘存法

对于大量生产,不适宜采用上述两种方法的,可以通过定期盘存的方法来核算直接材料脱离定额的差异。其核算程序如下:

投产数量 = 完工产品数量 + 期末在产品数量 - 期初在产品数量

本期完工产品数量 = 本期投产产品数量 + 期初在产品数量 - 期末在产品数量

原材料定额消耗量 = 投产数量 × 原材料消耗定额

原材料实际消耗量 = 限额领料量 + 超额量 - 退料量 - 余料量

原材料脱离定额的差异 = (原材料实际消耗量 - 原材料定额消耗量) × 材料计划单价

【例5-11】　某企业生产甲产品,期初在产品150件,本期完工900件,期末在产品100件。原材料系生产开始时一次投入,材料消耗定额20kg,计划单价10元。期初车间盘存材料800kg,本月限额领料单登记数量17 000kg,材料超额领料单登记数量300kg,期末车间盘存600kg。根据以上资料,当月生产甲产品材料脱离定额差异计算如下:

本月实际投产量 = 900 + 100 - 150 = 850(件)

材料定额耗用量 = 850 × 20 = 17 000(kg)

材料实际耗用量 = 800 + 17 000 + 300 - 600 = 17 500(kg)

材料脱离定额差异 = (17 500 - 17 000) × 10 = 5 000(元)

(二) 直接人工脱离定额差异的计算

计件工资制下,生产工人薪酬属于直接计入费用,其脱离定额差异的计算与材料脱离定额差异的计算相类似,符合定额的生产工人薪酬直接反映在产量记录中,脱离定额的差异反映在专设的补付单等差异凭证中。薪酬差异凭证也应填列原因,并经过一定的审核。

计时工资制下,生产工人薪酬属于间接计入费用,其脱离定额差异只有在月末实际生产工人薪酬总额确定以后,才能计算。影响其脱离定额差异的因素包括生产工时和小时工资率。其计算步骤和公式为:

计划小时工资率＝某车间计划产量的定额直接人工÷该车间计划产量的定额生产工时
实际小时工资率＝某车间实际直接人工总额÷该车间实际生产总工时
某产品定额直接人工费用＝该产品实际产量的定额生产工时×计划小时工资率
该产品实际直接人工费用＝该产品实际生产工时×实际小时工资率
该产品直接人工脱离定额差异＝该产品实际直接人工费用－该产品定额直接人工费用

【例5-12】 锦华公司2015年9月生产甲、乙、丙三种，当月计划产量定额直接人工费用为48 000元，计划产量定额工时为2 400小时；本月实际发生直接人工52 000元，实际生产工时为2 500小时。三种产品的产量分别为95件、50件、50件，工时定额分别为10小时、20小时、9小时；三种产品实际生产总工时为2 500小时，其中：甲产品980小时，乙产品1 030小时，丙产品490小时。根据以上资料计算三种产品直接人工费用脱离定额的差异。

计算结果如表5-20所示。

表5-20 直接人工费用定额和脱离定额差异汇总表

产品名称	产量	工时定额	定额工资			实际工资			脱离定额差异	
			定额工时	计划工资率	金额	实际工时	实际工资率	金额	工时	金额
甲产品	95	10	950	20	19 000	980	20.8	20 384	30	1 384
乙产品	50	20	1 000	20	20 000	1 030	20.8	21 424	30	1 424
丙产品	50	9	450	20	9 000	490	20.8	10 192	40	1 192
合计			2 400	20	48 000	2 500	20.8	52 000		4 000

注：计划工资率＝48 000÷2 400＝20元/小时，实际工资率＝52 000÷2 500＝20.8元/小时。

【例5-13】 强力公司2015年4月生产丁产品，实际发生的生产工时27 600小时；当月产品实际产量的定额工时为27 500小时；当月实际产品的生产工人薪酬223 560元，计划小时工资率8元。根据数据，计算直接人工脱离定额差异。

计算结果如表5-21所示。

表5-21 直接费用和脱离定额差异计算表

产品名称：丁产品　　　　　　　　　　　　　　　　　　　　　　　　　　　2015年4月

定额费用			实际费用			脱离额定差异（元）
定额生产工时（小时）	计划小时工资率（元/小时）	金额	实际生产工时（小时）	实际小时工资率（元/小时）	金额	
27 500	8	220 000	27 600	8.1	223 560	3 560

注：实际小时工资率＝223 560÷27 600＝8.1(元/小时)。

（三）制造费用脱离定额差异的计算

制造费用属于间接费用，不宜在费用发生时按成本计算对象直接确定费用脱离定额差异。在日常核算中，主要是通过制定制造费用预算，下达到各车间、分厂加以控制。费用发生后，按费用发生的地点及费用项目，核算脱离定额的差异。

制造费用脱离定额差异，一般是指实际费用脱离计划（预算）费用的差异。该差异只有在月末将车间实际发生的制造费用分配给各成本计算对象后,才能将实际费用与计划费用进行对比确定,而无法在日常发生时直接确认。制造费用脱离定额差异的计算与直接人工费用相似。其计算公式如下:

计划小时费用率 = 某车间计划产量定额制造费用 ÷ 该车间计划产量的定额生产工时
实际小时费用率 = 某车间实际制造费用总额 ÷ 该车间实际生产总工时
某产品定额制造费用 = 该产品实际产量的定额生产工时 × 计划小时费用率
该产品实际制造费用 = 该产品实际生产工时 × 实际小时费用率
该产品制造费用脱离定额差异 = 该产品实际制造费用 − 该产品定额制造费用

【例 5-14】 强力公司 2015 年 4 月生产丙产品,实际发生的生产工时 27 600 小时;当月产品实际产量的定额工时为 27 500 小时;当月实际发生的制造费用为 162 840 元,计划小时费用率 6 元。根据数据,计算制造费用脱离定额差异。

计算结果如表 5-22 所示。

表 5-22 制造费用费用和脱离定额差异计算表

产品名称:丙产品　　　　　　　　　　　　　　　　　　　　　　2015 年 4 月

定额费用			实际费用			脱离定额差异(元)
定额生产工时(小时)	计划小时工资率(元/小时)	金额	实际生产工时(小时)	实际小时工资率(元/小时)	金额	
27 500	6	165 000	27 600	5.9	162 840	−2 160

注:实际小时费用率 = 162 840 ÷ 27 600 = 5.9(元/小时)。

五、材料成本差异的计算

在定额法下,材料日常核算都是按计划成本进行的,即原材料的定额成本和脱离定额差异都是按照材料的计划成本核算的,因此,月末必须计算产品应负担的材料成本差异。材料成本差异也是产品生产费用脱离定额的一部分。原材料项目的脱离定额差异,只包括其量差(即消耗数量的差异),计算金额为原材料消耗数量差异与其计划单位成本的乘积;原材料成本差异(即价差)单独核算,它计算的是产品成本应负担的材料成本差异,计算金额为按计划单位成本和材料实际消耗量计算的的材料总成本与材料成本差异率的乘积。其计算公式如下:

某产品应负担的材料成本差异 = (该产品直接材料定额成本 ± 直接材料脱离额定差异) × 材料成本差异率

【例 5-15】 某企业生产产品所耗原材料定额成本为 400 000 元,原材料脱离定额差异为超支差 1 000 元,原材料成本差异率为 +1.5%。则该产品应负担的材料成本差异为:

(400 000 + 1 000) × 1.5% = 6 015(元)

六、定额变动差异的计算

定额变动差异是指由于修订消耗定额而产生的新旧定额之间的差额。新定额一般在月初开始实行。

定额变动差异不同于脱离定额差异,定额变动差异是定额本身变动调整的结果,与生产耗费及费用计划节约和浪费无关。而脱离定额差异反映的是企业生产费用支出符合定额的程度,如产量变动、技术熟练程度、管理水平等因素所引起的实际费用与定额费用之间的差异。定额变动差异与脱离定额差异不仅在经济内容和作用上不同,在核算方法上也不同。定额变动差异不是经常发生的,不需要经常核算,只有在发生定额变动时才在期初进行调整。而脱离定额差异则是经常发生的,必须在发生时在确定符合定额的同时,确认脱离定额的差异。定额变动差异一般与某种产品相联系,直接计入该种产品成本,而脱离定额差异则不一定是某种产品引起的。

定额的修订一般是在期初完成。在定额变动的月份,本月发生的产品的定额成本以及完工产品的定额成本和月末在产品的定额成本已经按修订后的新定额计算,但是,期初的在产品定额成本则是按旧定额计算的。这样,"期初在产品定额成本+本期投入产品定额成本 ≠ 完工产品定额成本+月末在产品定额成本"。因此,需要对月初在产品定额成本进行调整,计算月初在产品的定额变动差异。其计算方法如下:

(1)定额变动系数=按新定额计算的单位产品成本/按旧定额计算的单位产品成本。

(2)月初在产品定额变动差异=月初在产品按原定额计算的定额成本-月初在产品按新定额计算的定额成本=按旧定额计算的月初在产品成本×(1-定额变动系数)。

对定额变动差异的处理有如下两种方法:

(1)在定额调高的情况下,月初在产品成本增加差异额,而当月发生额中必须扣除此差异额;

(2)在定额调低的情况下,月初在产品成本减少差异额,而当月发生额中必须增加差异额。

【例5-16】 某企业2015年3月生产A产品,3月初对A产品的部分材料定额进行修订,单位产品原材料费用定额为20 000元,新的材料费用定额为18 000元。月初按原材料定额计算的定额成本为700 000元。则月初在产品的定额变动差异计算如下:

定额变动系数=18 000÷20 000=0.9

月初在产品定额变动差异=700 000×(1-0.9)=70 000(元)

七、定额法核算应用实例

经过上述定额成本及各种成本差异的计算和分配以后,定额法下产品的实际成本可以表述为:

产品实际成本=定额成本±脱离定额差异±材料成本差异±定额变动差异

【例5-17】 金尔乐公司2015年10月大量生产丙产品,由于该企业各项消耗定额资料比较齐全、准确,产品成本计算采用定额法。产品的定额变动成本和材料成本差异由完工产品负担,脱离定额差异按定额比例法在完工产品和月末在产品之间进行分配。本月完工产品4 000件,原费用定额为60.63元,其中:直接材料35.83元,直接人工8.50元,制造费用16.30元。本月修订并执行新定额,新修订费用定额为60.45元,其中直接材料35.65元,其他不变。有关资料见产品成本明细账。

要求:根据有关资料计算完工产品成本和月末在产品成本,并编制结转完工产品成本的会计分录。

计算结果如表5-23所示。

表 5-23 产品成本明细账

产品名称:丙产品　　　　　　　　2015 年 10 月　　　　　　　　　　　　单位:元

摘　要	列次	直接材料	直接人工	制造费用	合计
一、月初在产品					
定额成本	1	24 400	6 278	13 322	44 000
脱离定额差异	2	-1 200	-60	500	-760
二、月初在产品定额变动					
定额成本调整	3	132			132
定额变动差异	4	-132			-132
三、本月生产费用					
定额成本	5	140 000	36 000	77 000	253 000
脱离定额差异	6	-7 000	-1 010	-1 090	-9 100
材料成本差异	7	-2 060			-2 060
四、生产费用累计					
定额成本	8 = 1+3+5	164 532	42 278	90 322	297 132
脱离定额成本差异	9 = 2+6	-8 200	-1 070	-590	-9 860
材料成本差异	10 = 7	-2 060			-2 060
定额变动差异	11 = 4	-132			-132
五、脱离定额差异率%	12 = 9/8	-4.98	-2.53	-0.65	
六、完工产品成本					
定额成本	13	142 600	34 000	65 200	241 800
脱离定额成本差异	14 = 13×12	-7 101.48	-860.20	-423.80	-8 385.48
材料成本差异	15 = 10	-2060			-2 060
定额变动差异	16 = 11	-132			-132
实际成本	17 = 13+14+15+16	133 306.52	33 139.80	64 776.20	231 222.52
单位成本	18 = 17/4 000	33.33	8.28	16.19	57.80
七、月末在产品成本					
定额成本	19 = 8-13	21 932	8 278	25 122	55 332
脱离定额差异	20 = 9-14	-1 098.52	-209.80	-166.20	-1 474.52

注:表中数据月初在产品定额成本调整:定额变动系数 = 60.45÷60.63 = 0.997,月初在产品定额变动差异 = 44 000×(1-0.997) = 132(元);完工产品定额成本:直接材料费用 = 4 000×35.65 = 142 600(元),直接人工费用 = 4 000×8.50 = 34 000(元),制造费用 = 4 000×16.30 = 65 200(元),合计 241 800 元。

结转完工产品成本会计分录:
　　借:库存商品——丙产品　　　　　　　　　　　　　　　　　　　231 222.52

贷：基本生产成本——丙产品（定额成本）		241 800.00
——丙产品（脱离定额差异）		8 385.48
——丙产品（材料成本差异）		2 060.00
——丙产品（定额变动差异）		132.00

八、定额法的评价

（一）主要优点

（1）由于采用定额成本计算法可以计算出定额与实际费用之间的差异额，并采取措施加以改进，所以采用这种方法有利于加强成本的日常控制。

（2）由于采用定额成本计算法可计算出定额成本、定额差异、定额变动差异等项指标，有利于进行产品成本的定期分析。

（3）通过对定额差异的分析，可以对定额进行修改，从而提高定额的管理和计划管理水平。

（4）由于有了现成的定额成本资料，可采用定额资料对定额差异和定额变动差异在完工产品和在产品之间进行分配。

（二）主要缺点

（1）因它要分别核算定额成本、定额差异和定额变动差异，工作量较大，推行起来比较困难。

（2）不便于对各个责任部门的工作情况进行考核和分析。

（3）定额资料若不准确，则会影响成本计算的准确性。

项目小结

本项目主要介绍了分类法和定额法的特点、适用范围和成本计算程序。以实例讲述计算类内产品成本的定额比例法和系数法，以及如何用分类法计算联产品、副产品、等级产品的成本；定额法下计算产品成本时，关键问题是定额的制定、脱离定额差异、材料成本差异、定额变动差异、产品实际成本的计算等。

项目测试题

一、单项选择题

1. 对于产品品种、规格繁多，又可按一定要求划分为若干类别的企业或车间，产品成本计算一般可采用（　　）。

　　A. 分步法　　　B. 分批法　　　C. 分类法　　　D. 定额法

2. 企业利用同种原材料，在同一生产过程中同时生产出的几种地位相同的主要产品，称为（　　）。

A. 副产品　　　B. 联产品　　　C. 半成品　　　D. 等级品
3. 企业在主产品生产过程中,附带生产出来的一些非主要产品称为(　　)。
A. 副产品　　　B. 联产品　　　C. 次品　　　　D. 等级品
4. 分类法的优点是(　　)。
A. 加强成本控制　　　　　　B. 提高成本计算的准确性
C. 简化成本计算工作　　　　D. 分品种掌握产品成本水平
5. 分类法适用范围与企业生产类型(　　)。
A. 有关系　　B. 有直接关系　C. 没有直接关系　D. 有一定关系
6. 产品生产过程中各项实际生产费用脱离定额的差异,称为(　　)。
A. 脱离定额差异　B. 定额变动差异　C. 材料成本差异　D. 定额成本
7. 定额法的适用范围与产品的(　　)无关。
A. 生产类型　　B. 定额管理制度　C. 定额管理基础　D. 定额稳定性
8. 直接材料脱离定额的差异是(　　)。
A. 数量差异　　B. 价格差异　　C. 定额变动差异　D. 材料成本差异
9. 定额变动差异是在修复定额的月份新旧定额之间的差异,只有(　　)存在定额变动差异。
A. 月初在产品　B. 月末在产品　C. 本月投入产品　D. 本月完工产品
10. 产品成本计算定额法的特点是(　　)。
A. 对产品成本进行事前控制
B. 对成本差异进行日常核算、分析和控制
C. 定额成本加减各种成本差异,计算产品的实际成本,并进行成本的定期分析和考核
D. 上列三点都具备
11. 在定额法下,当消耗定额降低时,月初在产品的定额成本调整数和定额变动差异数(　　)。
A. 都是正数　　　　　　　　B. 都是负数
C. 前者是正数,后者是负数　　D. 前者是负数,后者是正数
12. 产品成本计算的定额法,在适用范围上(　　)。
A. 与生产的类型没有直接关系
B. 与生产的类型有直接关系
C. 只适用大批大量生产的机械制造业
D. 只适用于小批单件生产的企业
13. 工时定额是指(　　)。
A. 单位工时的产量标准
B. 单位产量的工时标准
C. 一定时期完工产品按定额计算所耗用的工时
D. 一定时期完工产品所耗用的实际工时
14. 在完工产品成本中,如果月初在产品定额变动差异是正数,说明(　　)。
A. 定额提高了　　　　　　　B. 定额降低了
C. 本月定额管理和成本管理不力　D. 本月定额管理和成本管理取得了成绩

15. 为了核算材料脱离定额差异,对于经过切割才能使用的材料,应该采用(　　)。
    A. 限额法   B. 切割核算法
    C. 盘存法   D. 上述三种方法必须同时具备
16. 采用分类法的目的,在于(　　)。
    A. 分类计算产品成本   B. 简化各种产品成本的计算工作
    C. 简化各类产品成本的计算工作   D. 准确计算各种产品成本
17. 在采用定额法时,为了有利于分析和考核材料消耗定额的执行情况,日常材料的核算都是按(　　)进行的。
    A. 计划成本   B. 实际成本   C. 定额成本   D. 标准成本
18. 按照系数比例分配同类产品中各种产品成本的方法(　　)。
    A. 是一种完工产品和月末在产品之间分配费用的方法
    B. 是一种单纯的产品计算方法
    C. 是一种简化的分类法
    D. 同一种分配间接费用的方法
19. 使用同种材料,经过相同的加工过程生产的品种相同但质量不同的产品是(　　)。
    A. 联产品   B. 副产品   C. 等级产品   D. 主产品
20. 采用系数法时,被选定作为标准产品的应该是(　　)。
    A. 赢利较多的产品
    B. 亏损较多的产品
    C. 成本计算工作量较大的产品
    D. 产品较大,生产比较稳定或规格适中的产品
21. 采用定额法计算产品成本,如果月初在产品定额变动差异是负数,说明(　　)。
    A. 定额降低了   B. 定额提高了
    C. 本月实际发生的成本增加了   D. 累计的实际生产成本增加了
22. 某产品原材料定额费用为 10 000 元,原材料脱离定额差异为 −2 000 元,材料成本差异率为 −1%,则该产品应分配的原材料成本差异为(　　)。
    A. 20 元   B. −80 元   C. −100 元   D. −120 元
23. 某企业 A 产品的部分零件从年初修订原材料消耗定额,每件产品原材料费用的老定额为 200 元,新定额为 190 元,则 A 产品定额变动系数为(　　)。
    A. 0.05   B. 0.95   C. 0.052 1   D. 1.052 1
24. 定额成本是按(　　)制定的成本。
    A. 现行消耗定额   B. 计划期平均消耗定额
    C. 标准消耗定额   D. 实际消耗定额
25. 系数法是(　　)。
    A. 一种单独的产品成本计算方法   B. 一种分配间接费用的方法
    C. 品种法的一种   D. 分配同类产品中各种产品成本的方法
26. 按照标准产量比例分配费用是(　　)。
    A. 按合格产品产量比例分配费用
    B. 按全部产品产量比例分配费用

  C. 按单位系数比例分配费用

  D. 将产品产量按规定的系数折算成本为标准产量,按此比例分配费用

27. 如果副产品的售价不能抵偿其销售费用,则副产品( )。

  A. 按实际成本计价　　　　　B. 按计划成本计价

  C. 按定额成本计价　　　　　D. 不应计价

28. 在脱离定额差异的核算中,与制造费用脱离定额差异核算方法相同的是( )。

  A. 原材料　　　　　　　　　B. 计时工资下的生产工人工资

  C. 计件工资下的生产工人工资　D. 自制半成品

29. 在计件生产条件下领用原材料,核算原材料定额差异时宜采用的方法是( )。

  A. 定额耗用量法　　　　　　B. 限额法

  C. 切割核算法　　　　　　　D. 计划成本法

30. 影响定额变动差异的因素是( )。

  A. 定额本身变动　　　　　　B. 生产费用超支

  C. 生产费用节约　　　　　　D. 产品成本增加

31. 下列各项中,不影响定额变动差异的因素是( )。

  A. 月初在产品盘存数量　　　B. 按旧定额计算的单位产品定额成本

  C. 生产费用的节约或超支　　D. 按新定额计算的单位产品定额成本

32. 由于修订消耗定额而产生的新旧定额之间的差异是( )。

  A. 材料成本差异　　　　　　B. 定额变动差异

  C. 产品成本差异　　　　　　D. 计划成本差异

33. 定额法的缺点在于( )。

  A. 计算工作量大

  B. 不能直接提供按原始成本项目反映的产品成本

  C. 不利于加强成本控制

  D. 不利于解决在完工产品与月末在产品之间分配费用的问题

二、多项选择题

1. 在脱离定额差异的核算中,与原材料脱离定额差异核算方法相同或类似的有( )。

  A. 自制半成品　　　　　　　B. 计件工资形式下的生产工人工资

  C. 计时工资形式下的生产工人工资　D. 制造费用

  E. 管理费用

2. 定额法的主要优点是( )。

  A. 较其他成本计算方法核算工作量小

  B. 有利于加强成本控制,便于成本定期分析

  C. 有利于提高成本的定额管理和计划管理水平

  D. 能够较为合理、简便地解决完工产品和月末在产品之间的费用分配问题

  E. 有利于提高产品成本核算的正确性

3. 在定额法下,产品的实际成本是( )的代数和。

  A. 按现行定额计算的产品定额成本　B. 脱离现行定额的差异

C. 材料成本差异   D. 月初在产品定额变动差异

E. 月末在产品定额变动差异

4. 原材料脱离定额差异的计算方法有（   ）。

    A. 限额法   B. 切割核算法   C. 盘存法   D. 年限法

    E. 总量法

5. 实际所耗材料应负担的材料成本差异是（   ）。

    A. 材料实际消耗量乘以材料计划单价,再乘以材料成本差异率

    B. 材料定额消耗量乘以材料计划单价,再乘以材料成本差异率

    C. 材料定额费用乘以材料成本差异率

    D. 材料计划单价乘以材料成本差异率

    E. 材料定额费用与材料脱离定额差异之和乘以材料成本差异率

6. 核算脱离定额差异的目的是（   ）。

    A. 简化产品成本计算

    B. 进行产品成本的日常分析和事中控制

    C. 为月末进行产品实际成本计算提供数据

    D. 为考核成本管理工作提供数据

7. 在定额法下,计算产品实际成本时涉及的因素有（   ）。

    A. 定额成本   B. 定额变动差异   C. 定额差异

    D. 材料成本差异   E. 产品成本差异

8. 下列各项中,与计算月初在产品定额变动差异有关的是（   ）。

    A. 月初在产品盘存数量   B. 本月完工产品数量

    C. 月末在产品盘存数量   D. 按旧定额计算的单位产品定额成本

    E. 按新定额计算的单位产品定额成本

9. 计算某产品应分配的材料成本差异时所涉及的项目有（   ）。

    A. 该产品材料计划成本   B. 该产品材料定额费用

    C. 原材料脱离定额差异   D. 该产品材料实际成本

    E. 材料成本差异分配率

10. 限额法的适用范围是（   ）。

     A. 计时生产条件下原材料的领用   B. 计件生产条件下原材料的领用

     C. 计时生产条件下半成品的领用   D. 计件生产条件下产成品的领用

     E. 计件生产条件下产成品的发出

11. 下列各项中,与计算制造费用定额差异有关的因素是（   ）。

     A. 产品实际制造费用   B. 产品实际产量的实际工时

     C. 实际小时制造费用   D. 计划小时制造费用

     E. 产品实际产量的定额工时

12. 为了充分发挥定额法的作用,并简化计算工作,采用定额法必须具备的条件是（   ）。

     A. 定额管理制度化比较健全,定额管理工作的基础较好

     B. 大批大量生产

C. 多步骤生产

D. 产品生产已经定型,各项消耗定额都比较准确稳定

13. 下列可以或者应该采用分类法计算产品成本的有( )。

    A. 联产品
    B. 由于工人操作所造成的质量不同的产品
    C. "三废"的综合利用
    D. 少量加工、修理劳务
    E. 品种规格多、数量少、费用比重小的一些零星产品

14. 按照系数法比例分配同类产品中的各种成本的方法是( )。

    A. 分类法的一种
    B. 一种简化的分类法
    C. 一种分配间接费用的方法
    D. 在完工产品与月末在产品之间分配费用的方法

15. 采用分类法计算产品成本,生产费用在同类产品的各种产品之间进行分配,所采用的分配标准有( )。

    A. 定额消耗量
    B. 定额费用
    C. 产品的体积
    D. 产品的长度
    E. 产品的重量

16. 采用副产品按计划成本计价时,适合于下列( )情况。

    A. 副产品加工处理所需时间长
    B. 副产品加工处理所需时间不长
    C. 副产品加工处理费用大
    D. 副产品加工处理费用不大
    E. 副产品的计划成本或定额成本制定的比较准确

17. 采用系数法分配同类产品不同产品的费用时,系数可分为( )。

    A. 单项系数
    B. 双项系数
    C. 综合系数
    D. 原材料系数
    E. 工资及制造费用系数

18. 联合成本的分配方法很多,一般常用的有( )等。

    A. 直接分配法
    B. 系数分配法
    C. 计划分配法
    D. 一次交互分配法
    E. 实物量分配法
    F. 相对售价分配法

19. 在以下的成本计算方法中,属于基本方法的有( )。

    A. 分步法
    B. 品种法
    C. 分类法
    D. 分批法

20. 类内各种产品成本的分配采用系数分配法时,各种产品系数确定的依据主要有( )等。

    A. 产品定额耗用量
    B. 产品定额成本
    C. 产品售价
    D. 产品生产地点

21. 采用分类法计算产品成本,一般可以将( )等方面相同或相似的产品归为一类。

    A. 产品的结构、性质
    B. 产品耗用的原材料
    C. 产品的生产工艺过程
    D. 产品的销售和使用对象

22. 联产品的成本是由( )之和组成的。

    A. 联合成本
    B. 可归属成本
    C. 制造成本
    D. 销售成本

23. 对于分离后需要进一步加工的副产品,其成本计价方法有( )。

    A. 副产品只负担可归属成本
    B. 副产品只负担共同成本

C. 副产品既负担可归属成本,也负担分离前的共同成本
D. 副产品不负担任何成本

24. 定额成本是依据下列( )标准制定的。
   A. 现行消耗定额　　　　　　B. 材料计划单价
   C. 小时工资率　　　　　　　D. 小时制造费用率
25. 产品定额一般由企业的( )部门共同制定。
   A. 财会部门　　B. 计划部门　　C. 生产部门　　D. 技术部门

三、判断题

1. 定额法是一种单纯计算产品实际成本的成本计算方法。（ ）
2. 定额成本,是一种目标成本,是企业进行成本控制和考核的依据。（ ）
3. 只有大批大量生产的企业才能采用定额法计算产品成本。（ ）
4. 编制定额成本计算表时,所采用的成本项目和成本计算方法,可以与编制计划成本,计算实际成本时所采用的成本项目和成本计算方法不相一致。（ ）
5. 在定额法下,退料单是一种差异凭证。（ ）
6. 在计件工资形式下,生产工人工资属于直接费用,因而其脱离定额差异的核算与原材料相类似。（ ）
7. 在计时工资形式下,生产工人工资脱离定额的差异一般不能按照产品进行日常核算。（ ）
8. 在生产两种或两种以上产品的车间中,制造费用脱离定额的差异不能按照产品进行日常核算。（ ）
9. 分类法与产品生产类型没有直接联系,因此其成本计算期应按月份执行。（ ）
10. 分类法是一种独立的计算方法,可以与品种法、分批法、分步法结合使用。（ ）
11. 系数分配法下,应选择类内产品产量较大、生产稳定、规格适中的产品作为标准产品。（ ）
12. 由于副产品价值相对较低,所以一般采用简化的方法将主副产品作为一个成本核算对象。（ ）
13. 各种等级产品成本原则应该相同。（ ）
14. 如果月初定额变动差异为负数,说明定额提高了。（ ）
15. 定额成本包括的成本项目与实际成本项目完全一致。（ ）
16. 材料脱离额定差异是指实际价格与计划价格计算的材料成本的差异。（ ）
17. 定额法是为了加强成本控制而采用的一种独立的成本核算方法。（ ）
18. 定额变动差异是由于定额修订而产生的新旧定额之间的差异,与生产费用超支或节约无关。（ ）
19. 联产品的成本计算,就是将分离后联产品的联合成本在种类联产品之间进行分配。（ ）
20. 定额成本实际上就是计划成本。（ ）
21. 采用分类法计算产品成本时,作为分配费用标准的系数均应用产品产量加权。（ ）
22. 副产品的成本计算必须采用分类法。（ ）

23. 工时定额是指生产产品所耗用的时间总数,定额工时是指生产单位产品所耗用的时间。（   ）
24. 定额变动差异主要是指月初在产品由于定额变动产生的差异。（   ）
25. 定额法是一种成本核算的辅助方法,也是一种成本控制的方法。（   ）
26. 只要产品的品种、规格繁多,就可以用分类法计算产品成本。（   ）
27. 在按系数法在类内各种产品之间分配费用的情况下,若系数是按消耗定额或费用定额计算确定的,则按系数分配的结果与直接按定额消耗量或定额比例分配的结果相同。（   ）
28. 联产品必须采用分类法计算成本。（   ）
29. 产品内部结构、所用原材料、生产工艺技术过程完全相同,但由于工作操作而生产出的质量等级不同的产品,可以应用分类法的原理,按照不同售价在它们之间分配费用。（   ）
30. 用分类法计算出的类内各种产品的成本具有一定的假定性。（   ）
31. 主、副产品在分离前应合为一类产品计算成本。（   ）
32. 副产品在与主产品分离后,还需要单独进行加工的,应按其分离后继续加工的生产特点和管理的要求单独计算成本。（   ）
33. 定额成本是一种目标成本,是企业进行成本控制和考核的依据。（   ）
34. 限额领料单所列的领料限额,就是材料的定额消耗量。（   ）
35. 进行材料切割核算时,回收废料超过定额的差异可以冲减材料费用。（   ）
36. 在生产两种或两种以上产品的车间中,制造费用脱离定额的差异可以按照产品进行日常核算。（   ）
37. 原材料定额费用是定额消耗量与计划单位成本的乘积。（   ）
38. 原材料脱离定额的差异,是按计划单位成本反映的数量差异。（   ）
39. 定额变动差异反映的是生产费用的实际支出符合定额的程度。（   ）
40. 在计算月初在产品定额变动差异时,若是定额降低的差异,应从月初在产品定额成本中减去,同时加入本月产品成本中。（   ）
41. 一个企业或车间有可能同时应用几种成本计算方法。（   ）
42. 对于同一种产品只能采用一种成本计算方法。（   ）
43. 分类法下,进行产品分类时,类距的确定越小越好。（   ）
44. 有些企业在生产主要产品的过程中,还会附带生产出一些非主要产品,这些非主要产品称之为副产品。（   ）
45. 产品的原材料定额成本与原材料脱离定额差异的代数和,乘以原材料成本差异率的结果,是产品所耗原材料应负担的材料成本差异。（   ）

四、实务操作题

1. 某企业生产 A、B、C、D、E 五种产品,其所耗用的原材料与产品生产工艺比较接近,因而归为一类产品。故采用分类法计算产品成本。2015 年 6 月有关成本计算资料如下:

生产费用、产量与定额资料

产品名称	产量(件)	材料消耗定额	工时消耗额定	生产费用		
A	200	15	9.6	项目	月初在产品	本月发生额
B	240	12	8.8	直接材料	20 000	146 880
C	480	10	8	直接人工	30 000	383 040
D	360	9	7.6	制造费用	18 800	255 360
E	300	8	7.2	合计	68 800	785 280

要求：采用月末在产品按年初固定成本计价法，计算本月完工产品成本；采用系数法计算类内各种产品的成本。

2. 某工具厂按分类法计算产品成本。该厂生产的甲、乙、丙三种产品属于小型铁农具类。其原材料和生产工艺相近。某年 5 月份生产甲产品 4 000 把，乙产品 1 500 把，丙产品 2 400 把；月末在产品：甲产品 160 把，乙产品 240 把。其他资料如下：

(1) 该类产品的生产费用：月初在产品成本为直接材料 720 元、直接人工 240 元、制造费用 280 元；本月发生额为直接材料 21 030 元、直接人工 7 428 元、制造费用 8 240 元。

(2) 各种产品成本的分配方法：原材料费用按事先确定的耗料系数比例分配；其他费用按工时系数比例分配。耗料系数根据产品的材料消耗定额计算确定，工时系数根据产品的工时定额计算确定。

(3) 材料消耗定额为：甲产品 1.2 千克，乙产品 1.8 千克，丙产品 0.24 千克，以甲产品为标准产品；工时定额为：甲产品 0.8 小时，乙产品 1.8 小时，丙产品 0.4 小时。各种产品均一次投料，月末在产品完工程度为 50%。

要求：

(1) 编制系数计算表，确定三种产品的用料系数和工时系数。
(2) 编制标准产品产量计算单，计算完工产品和月末在产品的标准产量(即总系数)。
(3) 编制类别成本计算单，计算类别完工产品成本和月末在产品成本。
(4) 编制产品成本计算单，计算甲、乙、丙三种产品完工产品成本。

3. 某公司大量生产 A、B、C 三种产品，其用料和工艺过程相近，故归为一类，采用分类法计算成本，月末在产品按定额成本计价。某年 7 月份，月末在产品的定额总成本及生产费用见该类产品成本明细账有关数据。

类内产品的分配方法是：直接材料费用按用料系数比例分配，其他各项费用按定额工时比例分配。以 A 产品为标准产品，A 产品的用料系数为 1，B 产品的用料系数为 0.6，C 产品的用料系数为 1.52。工时消耗定额为：A 产品 10 小时，B 产品 12 小时，C 产品 18 小时。

本月完工产品的产量为：A 产品 2 000 件，B 产品 4 000 件，C 产品 5 000 件。

要求：

(1) 登记该类产品成本明细账。
(2) 计算类内产品各费用分配率。
(3) 编制类内产品成本计算表。

① 该类产品成本明细账

摘要	直接材料	直接人工	制造费用	合计
月初在产品定额成本				
本月生产费用				
生产费用合计				
完工产品成本				
月末在产品定额成本				

② 类内产品成本计算表

项目	产量	直接材料费用系数	直接材料费用总系数	单位工时定额	定额工时	直接材料	直接人工	制造费用	合计
分配率									
A									
B									
C									
合计									

4. 乙产品采用定额法计算成本,其原材料费用如下:

月初在产品:原材料定额费用 1 800 元,脱离定额差异 -30 元,月初在产品定额调整 -200 元。本月发生:定额费用 5 400 元,脱离定额差异 +100。本月完工产品定额费用 4 800 元。本月原材料成本差异 +100 元,材料成本差异和定额变动差异均由完工产品成本负担,定额差异在完工产品与月末在产品之间按定额费用比例分配。

要求:

(1) 计算月末在产品原材料定额费用。

(2) 计算原材料脱离定额差异分配率。

(3) 计算本月原材料费用应分配的材料成本差异。

(4) 计算本月完工产品原材料实际费用。

(5) 计算月末在产品原材料实际费用。

5. 星辰企业大批生产甲产品,各项消耗定额比较准确,2015 年 9 月份生产情况和定额资料如下:月初在产品 20 件,本月投产甲产品 150 件,本月完工 160 件,月末有在产品 10 件,月末在产品完工程度 50%,材料系开工时一次投入,单位产成品直接材料消耗定额由上月的 5.4 千克降为 5 千克,工时定额为 5 小时,计划小时工资率为 4 元,计划小时制造费用率为 4.5 元,材料计划单位成本为 6 元,材料成本差异率为 -2%,月初在产品的成本资料如下表所示。

月初在产品成本资料

项 目	直接材料	直接人工	制造费用	合计
月初在产品成本				
定额成本	648	200	225	
脱离定额差异	−20	10	12	
本月发生额				
定额成本	4 500	3 100	3 478	
脱离定额差异	50	16	34	

要求:计算完工产品和在产品的实际成本。

附:

产品成本计算表

产品名称:甲产品　　　　　　2015 年 9 月　　　　　　　　　　单位:元

摘　要	列次	直接材料	直接人工	制造费用	合　计
一、月初在产品					
定额成本	1				
脱离定额差异	2				
二、月初在产品定额变动					
定额成本调整	3				
定额变动差异	4				
三、本月生产费用					
定额成本	5				
脱离定额差异	6				
材料成本差异	7				
四、生产费用累计					
定额成本	8 = 1 + 3 + 5				
脱离定额成本差异	9 = 2 + 6				
材料成本差异	10 = 7				
定额变动差异	11 = 4				
五、脱离定额差异率%	12 = 9/8				
六、完工产品成本					
定额成本	13				
脱离定额成本差异	14 = 13 × 12				
材料成本差异	15 = 10				
定额变动差异	16 = 11				
实际成本	17 = 13 + 14 + 15 + 16				
单位成本	18 = 17/4 000				
七、月末在产品成本					
定额成本	19 = 8 − 13				
脱离定额差异	20 = 9 − 14				

6. 乙产品采用定额法计算成本,其原材料费用如下:

月初在产品:原材料定额费用1 800元,脱离定额差异-30元,月初在产品定额调整-200元。本月发生额:定额费用5 400元,脱离定额差异+100元。本月完工定额费用4 800元。本月原材料成本差异率为-2%,材料成本差异和定额变动差异均由完工产品成本负担,定额差异在完工产品与月末在产品之间按定额费用比例计算。

要求:

(1) 计算月末在产品原材料定额费用。

(2) 计算原材料脱离定额差异分配率。

(3) 计算本月原材料费用应分配的材料成本差异。

(4) 计算本月完工产品原材料实际费用。

(5) 计算月末在产品原材料实际费用。

7. 某工厂生产联产品 A、B、C 三种主要产品,本月实际产量为:A 产品40 000 千克,B 产品20 000 千克,C 产品15 000 千克。各产品单位售价为:A 产品 15 元,B 产品 24 元,C 产品12 元。分离前联合成本为1 008 000 元。

要求:

(1) 按系数法计算各种产品的成本(以 A 产品的单位售价为标准)。

(2) 按实物量分配法计算各种产品成本。

(3) 按相对售价分配法计算各种产品的成本。

8. 某企业在生产 A 产品的同时,附带生产出 B 副产品。B 副产品分离后需进一步加工后才能出售。本月共发生联合成本155 000元,其中直接材料占50%,直接人工占20%,制造费用占30%。B 副产品加工发生直接人工费2 000 元,制造费用2 500 元。本月生产 A 产品 1 000 千克,B 副产品 2 000 千克;B 副产品单位售价为 12 元,单位税金和利润合计为 2 元。

要求:按副产品既负担可归属成本又负担分离前联合成本的方法计算副产品成本。

9. 明远工厂生产 A 类产品,包括 A1、A2、A3、A4、A5 五种不同型号的产品。材料是生产开始时一次投入,采用分类法计算产品成本。2015 年 11 月份的费用情况见"基本生产成本明细账",生产情况见"完工产品和在产品生产情况表"。

基本生产成本明细账

产品名称:A 类　　　　　　　　2015 年 11 月　　　　　　　　金额单位:元

摘　要	直接材料	燃料及动力	直接人工	制造费用
月初在产品成本	70 000	12 000	18 000	3 600
本月发生额	80 000	28 000	42 000	8 400
合　计	150 000	40 000	60 000	12 000

完工产品和月末在产品生产情况表

型　号	系　数	月末在产品		完工产品
		数　量	完工率	数　量
A1	0.96	750	80%	500
A2	0.96	1 700	50%	1000

续表

型号	系数	月末在产品		完工产品
		数量	完工率	数量
A3	1	800	79%	800
A4	1.28	600	50%	500
A5	1.60	550	90%	200

要求：分别采用系数比例法和系数分配率法计算类内各产品成本，编制产品成本计算单。

A 类产品总系数计算表

型号	系数	月末在产品				完工产品		合计		
		数量	完工率	投料系数	投工系数	产量	总系数	比例	投料总系数	投工总系数
	1	2	3	4	5	6	7	8	9	10
A1	0.96	750	80%							
A2	0.96	1 700	50%							
A3	1	800	79%							
A4	1.28	600	50%							
A5	1.60	550	90%							
合计										

表中数据：$4 = 1 \times 2; 5 = 3 \times 4; 7 = 1 \times 6; 9 = 4 + 7; 10 = 5 + 7$。

基本生产成本明细账

产品名称：A 类　　　　　　　　　2015 年 11 月　　　　　　　　　金额单位：元

摘　要	直接材料	燃料及动力	直接人工	制造费用	合　计
月初在产品成本					
本月发生额					
生产费用合计					
完工产品成本					
月末在产品成本					

（1）系数比例法。

产品成本计算单（系数比例法）

成本项目	总成本	A1（15%）		A2（30%）		A3（25%）		A4（20%）		A5（10%）	
		总成本	单位成本	总成本	单位成本	总成本	单位成本	总成本	单位成本	总成本	单位成本
直接材料											
燃料及动力											
直接人工											
制造费用											
合　计											

（2）系数分配率法。

产品成本计算单（系数分配率法）

项　目	总系数	直接材料	燃料及动力	直接人工	制造费用	合　计
系数分配率						
月末在产品成本						
完工产品成本						
A1						
A2						
A3						
A4						
A5						

项目六 编制并分析成本报表

知识目标

1. 了解成本报表的概念、种类;理解成本报表的意义。
2. 了解成本分析的意义。
3. 掌握产品生产成本表、主要产品单位成本报表和各种费用报表的结构及编制方法。
4. 掌握成本分析的方法和主要内容。

技能目标

1. 把日常核算的成本资料加以分类、汇总并进行综合分析,以书面报告的形式向企业的管理部门提供成本信息,以便企业管理者进行预测和决策。
2. 运用成本分析方法进行成本分析。

任务一 成本报表概述

一、成本报表的概念、特点和种类

(一)成本报表的概念

成本是一项综合反映企业生产技术、经营管理工作水平的重要指标。企业的原材料、机器设备、人工等耗费以及其他有关的支出,构成了企业的成本费用,并以此反映出企业物料消耗、生产水平、经营管理水平以及影响企业的外部因素。相关的信息使用者通过了解企业编制的成本报表并对其进行分析,用以考核企业成本、费用计划的执行情况,寻找降低成本、费用的途径。

成本报表是根据企业日常产品成本和期间费用的核算资料以及其他有关资料编制的,用以综合反映企业一定时期成本费用水平和构成情况及其变动情况的一种报告性书面文件,是会计报表体系的重要组成部分。编制和分析成本报表是成本会计日常工作的一项重要内容。

(二)成本报表的特点

从实质上看,成本报表是企业内部成本管理的报表,其主要特点可以归纳为以下几点:

（1）满足内部需要。在当前市场经济条件下，成本报表主要是为企业内部管理服务，为企业管理者、成本责任者提供成本信息，因而又被视作为企业的商业秘密，一般来说是不对外公布的。管理者通过观察、分析、考核成本的动态变化，有利于控制计划成本目标的实现和为企业进行成本预测、决策和修订成本计划提供重要依据。

（2）内容灵活。成本报表主要是对内提供报表，因而它不拘泥于统一的格式和完整的内容。外部报表的格式和内容一般由国家统一规定，而且内容上强调完整性。如四大主表，都是严格地按照统一的格式和内容来编排，不能任意改动。而成本报表属于内部报表，不受企业外部的种种因素的制约和影响，可以根据本企业的生产工艺特点、生产组织形式和企业的成本管理要求来确定报表采用何种格式、应填列哪些内容等。并且还可以根据客观因素的变化，随时进行适时的修改和调整。

（3）编报不定时。对外报表一般都是定期的编制和报送，并规定在一定时间内必须报送。而内部成本报表主要是为企业内部成本管理服务，所以，内部成本报表可以根据内部管理的需要适时地、不定期地进行编制，使成本报表及时地反映和反馈成本信息，揭示存在的问题，促使有关部门和人员及时采取措施，改进工作，提高服务效率，控制费用的发生，达到节约的目的。

（4）按生产经营组织体系上报。内部成本报表是根据企业生产经营组织体系逐级上报，或者是在为解决某一特定问题的权责范围内进行传递，使有关部门和成本责任者及时掌握成本计划目标执行的情况，揭示差异，查找原因和责任，评价内部环节和人员的业绩。而对外报表一般是按时间编报的，目前主要是报送财政、银行和主管部门。

（三）成本报表的种类

成本报表的种类和格式不是由国家统一会计制度规定的，成本报表具有灵活性和多样性的特点。但就生产性企业来说，一般可以按以下标志分类：

1. 按照编制的时间分

（1）定期报表，是为了满足企业日常成本管理的需要，及时反馈企业成本信息而编制的。一般来说，可以分为日报、周报、旬报、月报、季报和年报。

（2）不定期报表，主要是为了满足企业内部管理的特殊要求而在需要时随时编报的，体现了成本报表的时间上的灵活性。

2. 按照成本报表反映的内容分

（1）反映成本情况的报表，主要有产品生产成本表或产品生产成本及销售成本表、主要产品生产成本表、责任成本表、质量成本表等。这类报表侧重于揭示企业为生产一定种类和数量产品所花费的成本是否达到了预定的目标，通过分析比较，找出差距，明确薄弱环节，为进一步采取有效措施，挖掘降低成本的内部潜力提供有效的资料。

（2）反映费用情况的报表，主要有制造费用明细表、营业费用明细表、管理费用明细表等。通过它们可以了解到企业在一定期间内费用支出总额及其构成，并可以了解费用支出合理性以及支出变动的趋势，这有利于企业和主管部门正确制定费用预算，控制费用支出，考核费用支出指标合理性，明确有关部门和人员的经济责任，防止随意扩大费用开支范围。

3. 按照报送单位分

（1）对外成本报表，是指企业向外部单位，如上级主管部门和联营主管单位等报送的成本报表。在市场经济中，成本报表一般被认为是企业内部管理用的报表，为了保守秘密，按惯例不对外公开公告。但在我国国营企业和国有联营企业中,为了管理的需要,目前或者相当长的一段时间还需要分管和托管这些企业的主管部门。这些主管部门为了监督和控制成本费用,了解目标成本完成的情况,需要进行行业的分析对比,并为成本预测和成本决策提供依据。除此之外,还有企业的投资者等需要了解企业经营状况和效益,都要求企业提供成本资料。所以说,对外的成本报表实际上也是一种扩大范围的内部报表。

(2) 对内成本报表,是指为了企业本单位内部经营管理需要而编制的各种报表,主要是送报内部管理部门进行相关的成本管理。其内容、种类、格式、编制方法和程序、编制时间及报送对象,都由企业根据自身生产经营和管理的特点与需要来确定。成本报表的编制目的,主要就在于让企业领导者和职工了解日常成本费用计划执行的情况,以便调动大家的积极性来控制费用的发生,为提高经济效益服务。同时为企业领导者和投资者提供经营的成本费用信息,以便进行决策和采取有效措施不断降低成本费用,提高管理水平。

二、成本报表的作用

1. 综合地反映企业报告期内产品成本水平

企业供、产、销各个环节的经营管理水平,最终都直接、间接地反映到产品成本中来,产品成本是反映企业生产经营各方面工作质量的一项综合性指标。通过成本报表资料,能够及时发现在生产、技术、质量和管理等方面取得的成绩和存在问题。同时还可以通过成本报表的实际数与计划数相比较,进一步检查和分析计划的执行情况和原因。

2. 有利于正确评价和考核成本环节成本管理业绩

利用成本报表上所提供的资料,经过有关指标的计算、对比,可以明确各有关部门和人员在执行成本计划、费用预算过程中的成绩和差距,以便总结工作的经验和教训,奖励先进,鞭策后进,调动广大职工的积极性,为全面完成和超额完成企业成本费用计划预算而努力奋斗。

3. 有利于企业对成本预测和决策提供信息

通过成本报表资料的分析,可以揭示成本差异对产品成本升降的影响程度以及发现产生差异的原因和责任。有针对性地采取措施,把注意力放在解决那些属于不正常的、对成本有重要影响的关键性差异上,进一步明确加强日常成本的控制和管理的目标。

三、编制成本报表的依据

成本报表要以真实、完整、及时的有关资料来进行编制,具体应当包括报告期的成本账簿资料;本期成本计划及费用预算等资料;以前年度的会计报表资料;企业有关的统计资料和其他资料等。

四、成本报表的编制要求

为了提高成本信息的质量,充分发挥成本报表的作用,成本报表的编制应符合下列基本要求:

(1) 真实性。也就是数字真实,即成本报表的指标数字必须真实可靠,能如实地集中反映企业实际发生的成本费用。

(2) 正确性。也就是计算准确,即成本报表的指标数字要计算正确;各种成本报表之间、主表与附表之间、各项目之间,凡是有勾稽关系的数字,应相互一致;本期报表与上期报表之间有关的数字应相互衔接。

（3）重要性。也就是主次分明，即对于重要的项目（如重要的成本、费用项目），在成本报表中应单独列示，以显示其重要性；对于次要的项目，可以合并反映。

（4）完整性。也就是内容完整，即应编制的各种成本报表必须齐全；应填列的指标和文字说明必须全面；表内项目和表外补充资料不论根据账簿资料直接填列，还是分析计算填列，都应当准确无误，不得随意取舍。

（5）及时性。也就是编报及时，即按规定日期报送成本报表，保证成本报表的及时性，以便各方面利用和分析成本报表，充分发挥成本报表的应有作用。

总之，企业只有精心设计好成本报表的种类和格式、指标内容和填制方法，合理规定好成本报表的编制时间和报送范围，及时提供内部管理必需的、真实、准确、完整的，具有实用性和针对性的成本信息，才能充分发挥成本报表的作用。

任务二　成本报表的编制与分析

一、商品产品成本表的结构及编制方法

成本报表一般作为对内报表，其种类、格式、项目、编制方法、编报日期等一般可由企业根据管理需要自行确定，或者与其主管企业的上级机构共同商定。

商品产品成本表是反映企业在报告期内生产全部产品（包括可比产品和不可比产品）的总成本以及各种主要产品的单位成本和总成本的报表。该表一般分为两种，一种按成本项目反映，另一种按产品种类反映。具体的结构和编制方法通过以下各成本报表来加以说明。

（一）按照成本项目反映的商品产品成本表

按成本项目反映的商品产品成本表，是按成本项目汇总反映企业在报告期内发生的全部生产费用及商品产品生产总成本的报表。该表可以分为生产费用和生产成本两部分，具体格式见表6-1。

表6-1　商品产品成本表（按成本项目反映）

编制单位：光华公司　　　　　2015年6月份　　　　　　　　　单位：千元

项　目	上年实际	本年计划	本月实际	本年实际
生产费用				
直接材料	423.38	411.13	41.44	421.27
直接人工	174.55	193.84	16.07	182.41
制造费用	323.09	288.10	26.98	294.61
生产费用合计	921.02	893.07	84.49	898.29
加：在产品、自制半成品期初余额	49.20	47.92	41.17	38.50
减：在产品、自制半成品期末余额	38.50	39.86	50.23	50.23
产品生产成本	931.72	901.13	75.43	886.56

商品产品生产成本表(按成本项目反映)的编制方法如下:

(1) 上年实际应根据上年12月份本表的本年实际数填列。

(2) 本年计划数应根据成本计划有关数据填列。

(3) 本年实际数应根据本月实际数,加上上月本年累计实际数填列。

(4) 按成本项目反映的本月各种生产费用数,根据各种产品成本明细账所记本月生产费用合计数,按照成本项目分别汇总填列。

(5) 期初、期末在产品和自制半成品的余额,根据各种成本明细账的期初、期末在产品成本和各种自制半成品明细账的期初、期末余额分别汇总填列。

(6) 产品生产成本合计数根据表上的生产费用合计数,加上在产品、自制半成品的期初余额减去在产品、自制半成品期末余额填列。

(二) 按照产品品种反映的商品产品成本表

按产品品种反映的商品产品成本表,是按产品种类汇总反映企业在报告期内生产的全部商品产品的单位成本和总成本的报表。该表将全部产品分为可比产品和不可比产品,分别列示各种产品的单位成本、本月总成本、本年累计总成本。

商品产品成本表中的可比产品是指企业以前年度正式生产过,具有较完备的成本资料的产品。不可比产品是指企业以前年度没有正式生产过,也没有完备的成本资料的产品。其结构见表6-2所示。

按产品品种反映的产品生产成本表正表编制方法如下:

(1) 产量栏分为"本年(月)计划"、"本月实际"和"本年累计实际",分别反映本年(月)计划产量、本月和本年1月1日起至报表编制月末止各种主要商品的实际产量。本栏应根据成本计算单或产品成本明细账的记录填列。

(2) 单位成本栏中的四项内容分别按上年度成本报表资料、本期成本计划资料、本期实际成本资料和本年累计成本资料分别填列。

(3) 本月总成本栏包括三项内容。其中:"本月实际"按本月产品成本计算单的有关数据填列;其他两项内容分别根据上年实际平均单位成本和本年计划单位成本乘以本月实际产量所得的积数填列。

(4) 本年累计总成本栏包括三项内容。按自年初至本月末止的本年累计产量分别乘以上年实际平均单位成本、本年计划单位成本和本年累计实际平均单位成本的积数填列。

按产品品种反映产品生产成本表补充资料的编制方法如下:

(1) 补充资料部分只填列"本年累计实际"。

(2) 可比产品成本降低额,是可比产品累计实际总成本比按上年实际平均单位成本计算的累计总成本降低的数额,超支用负数表示。其计算公式如下:

可比产品成本降低额 = 可比产品按上年实际平均单位成本计算的累计总成本 – 可比产品本年累计实际总成本

表6-2中的数据:可比产品成本降低额 = 34 515 – 28 335 = 6 180(千元)

(3) 可比产品成本降低率,是指可比产品本年累计实际总成本比按上年实际平均单位成本计算的累计总成本降低的比率,超支用负数表示。其计算公式如下:

可比产品降低率 = (可比产品成本降低额 ÷ 可比产品按上年实际平均单位成本计算的

累计总成本)×100%

表 6-2 中的数据:可比产品成本降低率 =(6 180÷34 515)×100% =17.91%

(4)按现行价格计算的商品产值根据有关统计资料填列。

(5)产值成本率是指产品生产成本与商品产值的比率,通常以百元商品产值总成本表示。其计算公式如下:

产值成本率 =(产品生产成本÷商品产值)×100

表 6-2 中的数据:产值成本率 =(31 134÷94 500)×100 =32.95(元/百元)

表 6-2　商品产品生产成本表(按产品品种反映)

编制单位:光华公司　　　　　　　　2015 年 6 月　　　　　　　　单位:千元

产品名称		列次	可比产品			不可比产品			成本合计
			合计	A产品	B产品	合计	C产品	D产品	
规　格									
计量单位				台	件		件	台	
产量	本年(月)计划	1		310	300		25	30	
	本月实际	2		30	25		3	3	
	本年累计实际	3		315	300		27	30	
单位成本	上年实际平均	4		61	51				
	本年计划	5		56	46		87	23.5	
	本年实际	6		48	42.5		75	23	
	本年实际平均	7		49	43		77	24	
本月总成本	按上年实际平均单位成本计算	8	3 105	1 830	1 275				
	按本年计划单位成本计算	9	2 830	1 680	1 150	331.5	261	70.5	3 161.5
	本月实际	10	2 502.5	1 440	1 062.5	294	225	69	2 769.5
本年累计总成本	按上年实际平均单位成本计算	11	34515	19215	15300				
	按本年计划单位成本计算	12	31 440	17 640	13 800	3 054	2 349	705	34 494
	本月实际	13	28 335	15 435	12 900	2 799	2 079	720	31 134

补充资料:

(1)可比产品成本降低额为 6 180 000 元。

(2)可比产品成本降低率为 17.91%。

(3)按现行价格计算的商品产值为 94 500 000 元。

(4)产值成本率为 32.95 元/百元(本年计划产值成本率 32 元/百元)。

(三) 商品产品成本表的分析

1. 对按成本项目反映的商品产品成本表的分析

通常采用对比分析法、构成比率分析法和相差指标比率法。

【例 6-1】光华公司 2015 年 6 月"商品产品成本表"(按成本项目反映)如表 6-3 所示。试对该成本表进行成本分析。

现采用构成比率法,将表 6-1 中本年实际、本月实际、本年计划和上年实际之间进行对比分析,如表 6-3 所示。

表 6-3　生产费用构成比率计算表

单位名称:光华公司　　　　　　　　2015 年 6 月　　　　　　　　单位:千元

项　目		列　次	上年实际	本年计划	本月实际	本年实际
成本项目	直接材料	①	423.38	411.13	41.44	421.27
	直接人工	②	174.55	193.84	16.07	182.41
	制造费用	③	323.09	288.10	26.98	294.61
	费用合计	④	921.02	893.07	84.49	898.29
构成比率(%)	直接材料	⑤=①÷④	45.97	46.04	49.05	46.90
	直接人工	⑥=②÷④	18.95	21.70	19.02	20.31
	制造费用	⑦=③÷④	35.08	32.26	31.93	32.80

就生产费用合计数来看,本年实际数低于上年实际数,但高于本年计划数,这说明:商品产品成本本年累计实际数低于本年计划数。另外,表 6-1 数据表明:计划的期初、期末在产品和自制半成品余额的差额[47 920 - 39 860 = 8 060(元)]大于实际的期初、期末在产品和自制半成品余额的差额[38 500 - 50 230 = -11 730(元)]。

从构成情况看,本年累计实际成本构成与本年计划成本构成相比较,直接材料和制造费用的比重有所上升,分别上升 0.86% 和 0.54%,而直接人工比重则下降 1.39%;而本年累计实际成本构成与上年实际成本构成相比较,直接材料和直接人工分别上升了 0.93% 和 1.36%,而制造费用下降了 2.28%。

假定上例中企业各期的产值分别为:上年实际 1 212 520 元,本年计划 1 219 917 元,本月实际 109 200 元,本年实际 1 225 277 元;利润总额分别为:上年实际 177 100 元,本年计划 180 260 元,本月实际 16 000 元,本年实际 186 680 元。则:

(1) 产值成本率:

上年实际产值成本率 = (931 720 ÷ 1 212 520) × 100% = 76.84%

本年计划产值成本率 = (901 130 ÷ 1 219 917) × 100% = 73.87%

本月实际产值成本率 = (75 430 ÷ 109 200) × 100% = 69.08%

本年实际产值成本率 = (886 560 ÷ 1 225 277) × 100% = 72.36%

从以上计算结果可以看出,该企业本年实际产值成本率不仅低于上年实际和本年计划,而且当月的实际产值成本率也低于本年实际,说明该企业的每百元产值所耗费的成本在降低,总体体现出经济效益呈良好发展的态势。

(2) 成本利润率：

上年实际成本利润率 =（177 100÷931 720）×100% =19.01%
本年计划成本利润率 =（180 260÷901 130）×100% =20.00%
本月实际成本利润率 =（16 600÷75 430）×100% =22.01%
本年实际成本利润率 =（186 180÷886 560）×100% =21%

从成本利润率的计算结果看，该企业的成本利润率本年实际高于本年计划和上年实际，且当月的实际成本利润率也高于本年实际，说明企业的生产经营效益在不断提高，趋于健康平稳地发展。

2. 对按产品品种反映的商品产品成本表的分析

对该表的分析可以从全部产品成本计划完成情况评价和可比产品成本计划完成情况评价两个方面进行。

(1) 对全部产品成本计划完成情况的总括评价。全部商品产品计划完成情况的分析，应根据商品产品成本表中所列示的全部产品和各种主要产品的本月实际总成本和本年累计实际总成本，分别与其本月按本年度计划单位成本计算的总成本和按本年计划单位成本计算的本年累计计划总成本进行比较，确定全部产品和各种主要产品实际成本与计划成本的差异，全面了解企业成本计划的执行情况。计算公式如下：

计划成本降低额 = 按本年计划单位成本计算的本年累计计划总成本 − 本年累计实际总成本

= ∑［实际产量×（计划单位成本 − 实际单位成本）］

计划成本降低率 =（计划成本降低额÷按本年计划单位成本计算的本年累计计划总成本）×100%

= ［计划成本降低额÷∑（实际产量×计划单位成本）］×100%

【例 6-2】 以表 6-2 资料，对全部商品产品成本计划完成情况进行对比分析，如表 6-4 所示。

表 6-4　全部商品产品成本计划完成情况分析表

单位：光华公司　　　　　　2015 年 6 月　　　　　　单位：千元

项　目	计划总成本	实际总成本	降低额	降低率%
可比产品合计	31 440	28 335	3 105	9.88
其中：A 产品	17 640	15 435	2 205	12.5
B 产品	13 800	12 900	900	6.52
不可比产品合计	3 054	2 709	255	8.35
其中：C 产品	2 349	2 079	270	11.49
D 产品	705	720	−15	−2.13
全部产品生产成本	34 494	31 134	3 360	9.74

从表中数据可以看出，光华公司产品生产成本计划完成情况良好，实际成本比计划成本降低 3 360 000 元，降低率为 9.74%，其中：可比产品成本降低 3 105 000 元，成本降低率 9.88%；不可比产品成本降低额 255 000 元，降低率 8.35%。从各个产品来看，可比产品中

的A产品成本计划执行情况最好,降低额为2 205 000元,降低率达12.5%;其次是不可比产品中的C产品成本计划完成情况较好,降低额270 000元,降低率为11.49%;而不可比产品中的D产品成本降低额为负值,说明D产品成本超支,应进一步分析原因,寻找改善的途径。

(2)可比产品成本计划完成情况的分析。对于可比产品,还可以分析本期实际成本与上年实际成本的升降情况。可比产品成本的降低计划一般是按全部可比产品综合确定的,所以可比产品成本降低执行情况的分析一般也是按全部可比产品综合进行。分析中常用的指标及计算公式如下:

成本计划降低额 = ∑[计划产量×(上年实际单位成本 - 本年计划单位成本)]

成本计划降低率 = [成本计划降低额÷∑(计划产量×上年实际单位成本)]×100%

成本实际降低额 = ∑[实际产量×(上年实际单位成本 - 本年实际单位成本)]

成本实际降低率 = [成本实际降低额÷∑(实际产量×上年实际单位成本)]×100%

【例6-3】仍以表6-2数据为例,对可比产品成本计划完成情况进行分析,如表6-5所示。

表6-5 可比产品成本分析表

单位:光华公司　　　　　　　　2015年6月　　　　　　　　　　　单位:千元

产品名称	产量		单位成本			成本计划降低额	成本计划降低率(%)	成本实际降低额	成本实际降低率(%)
	本年计划	本年实际	上年实际	本年计划	本年实际				
行次	①	②	③	④	⑤	⑥	⑦	⑧	⑨
A产品	310	315	61	56	49	1 550	8.2	3 780	19.67
B产品	300	300	51	46	43	1 500	9.8	2 400	15.69
成本合计						3 050	8.92	6 180	17.91

注:表中数据:⑥=①×③-①×④;⑦=[⑥÷(①×③)]×100%;
　　　　　　⑧=②×③-②×⑤;⑨=[⑧÷(②×③)]×100%。

表6-5计算数据说明,可比产品成本降低计划完成得较好。全部可比产品本年实际成本与上年实际成本相比降低6 180 000元,实际成本降低率17.91%。A产品成本降低3 780 000元,降低率19.67,降幅最大;B产品成本降低2 400 000元,降低率15.69%。全部可比产品成本实际降低额和降低率都超过了计划降低额和降低率,结合影响成本降低的原因进一步分析,给出客观的评价。

影响可比产品成本降低计划完成情况的因素,概括起来主要有三个:产品产量、产品结构和产品单位成本。

① 产品产量。可比产品成本的计划降低额和降低率都是根据计划产量制定的,而实际成本降低额和降低率则是根据各种产品的实际产量计算的,因此,在其他条件不变的情况下,产品产量的增减会引起可比产品成本发生等比例变化,即其他条件不变,产量变动只会影响成本降低额,而不会影响成本降低率。

产量对降低额的影响计算公式如下:(引用数据见表6-2和6-5,下同)

产量变动对成本降低额的影响 = [∑(本年实际产量×上年实际平均单位成本)×计划降低率] - 计划降低额 = [34 515 000 × 8.92] - 3 050 000 = 28 738(元)

② 产品结构。产品结构是指各种产品在全部可比产品中的构成比例。由于各种产品成本降低的程度不同,有大有小,有节约有超支,当产品产量不是等比例增加时,成本降低额和降低率会同时发生变化。当成本降低幅度较大的产品其产量在全部可比产品产量中所占的比例较大时,则全部可比产品成本的降低额和降低率的计划完成情况会相对好些,反之就会差一些,实质上是权数的作用。

产品结构变动对可比产品成本降低计划完成情况的影响计算公式如下:

产品结构变动对成本降低额的影响 = [∑(本年实际产量×上年实际平均单位成本) − ∑(本年实际产量×本年计划单位成本)] − ∑(本年实际产量×上年实际平均单位成本)×计划降低率 = 34 515 000 − 31 440 000 − 34 515 000×8.92% = −3 738(元)

产品结构变动对成本降低率的影响 = [产品结构变动对成本降低额的影响÷∑(本年实际产量×上年实际平均单位成本)]×100% = [(−3 738)÷34 515 000]×100% = −0.01%

③ 产品单位成本。成本计划表中制定的可比产品成本降低额和降低率,是以本年计划成本和上年实际成本相比较而制定的,而可比产品成本的实际降低额和降低率是根据本年实际成本和上年实际成本相比较计算出来的。因此,本期可比产品的实际单位成本与计划单位成本有差别时,就必然会引起可比产品成本的降低额和降低率。当其他条件不变时,单位成本与成本降低额和降低率成反比。

产品单位成本变动对可比产品成本降低计划完成情况的影响公式如下:

产品单位成本变动对成本降低额的影响 = ∑(本年实际产量×本年计划单位成本) − ∑(本年实际产量×本年实际平均单位成本) = 31 440 000 − 28 335 000 = 3 105 000(元)

产品单位成本变动对可比产品成本降低率的影响 = [单位产品成本变动对降低额的影响÷∑(本年实际产量×上年实际平均单位成本)]×100% = (3 105 000÷34 515 000)×100% = 9.00%

将上述各因素对可比产品成本降低计划完成情况的影响汇总如表6-6所示。

表6-6 各因素变动对可比产品成本计划完成情况汇总表

金额单位:千元

影响因素	影响降低额	影响降低率
产品数量	28.738	
产品结构	−3.738	−0.01%
产品单位成本	3 105	9.00%
各因素影响合计	3 130	8.99%
可比产品产品成本计划任务完成情况(数据见表8-07)				
项 目	成本计划降低额	成本实际降低额	成本计划降低率	成本实际降低率
可比产品合计	3 050	6 180	8.92%	17.91%
差 额	3 130	8.99%		

二、主要产品单位成本表的编制与分析

（一）主要产品单位成本表的编制

主要产品单位成本表，是反映企业在报告期内各种主要产品单位成本的构成和各项主要经济指标情况的报告，是产品生产成本表的必要补充。利用该表，可以分析各种主要产品单位成本水平和结构比例；可以比较各主要单位成本计划或定额的执行情况；可以寻找产生差距的原因，进一步挖掘降低单位成本的潜力。

主要单位成本表应按主要产品分别编制，其主要特点是：按产品成本项目，分别反映产品单位成本及各成本项目的历史先进水平、上年实际平均水平、本年计划、本月实际和本年累计实际平均水平的成本资料。

主要产品单位成本表的格式和内容如表6-7所示。

表6-7 甲产品单位成本表

企业名称：华莱公司　　　　　2015年7月　　　　　　　　　　　单位：元

产品名称		甲产品		本月计划产量		50
规格		KJ102		本月实际产量		50
计量单位		件		本年累计计划产量		630
销售单价		1350		本年累计实际产量		625
成本项目	单位	历史先进水平	上年实际平均	本年计划	本月实际	本年累计实际平均
直接材料	元	440	500	439	450	450.4
直接人工	元	320	370	375	375	374
制造费用	元	340	380	350	350	328
成本合计		1 100	1 250	1 164	1 175	1 152.4
主要技术经济指标						
指标名称	单位	耗用量	耗用量	耗用量	耗用量	耗用量
材料A	千克	4	4.5	4	4.3	4.2
材料B	千克	8	8.2	8	8.1	8.2
材料C	千克	3	3.1	3	3.2	3.2
工时	小时	10	11	11	12	11.2

编制主要产品单位成本表，主要依据有关产品的"基本生产成本明细账"资料、成本计划、历年有关资料、上年度本表有关资料及产品产量、材料和工时的消耗量等资料。其各项目填列方法如下：

（1）"本月计划产量"、"本年计划产量"项目，分别根据本月和本年产品产量计划填列。

（2）"本月实际产量"、"本年累计实际产量"项目，分别根据统计提供的产品产量资料或产品入库单填列。

(3)"历史先进水平"项目,根据成本资料在历史上该种产品成本最低年度的实际平均单位成本填列。

(4)"上年实际平均"项目,根据上年度中的实际平均单位成本填列。

(5)"本年计划"项目,根据本年成本计划资料填列。

(6)"本月实际"、"本年累计实际平均"项目,分别根据本月该项目成本除以本月实际量,以及年初至本月末止的该项目总成本除以累计产量计算后填列。

(7)"主要经济技术指标"项目,反映主要产品每一单位产量所消耗的主要材料及工时等数量,根据产品成本计算资料以及统计资料整理填列。

(二)主要产品单位成本表的分析

主要产品单位成本表的分析主要包括两个方面:一是分析主要产品单位成本计划完成情况;二是按成本项目进行逐项分析。分析的程序一般是先检查各种产品单位成本实际比计划、比上年实际、比历史最好水平的升降情况;然后,按成本项目分析其增减变动,查明造成单位成本升降的具体原因。

1. 主要产品单位成本计划完成情况分析

对主要产品单位成本计划完成情况进行分析时,要将实际单位成本和计划单位成本、上年实际平均单位成本进行比较,计算差异,确定单位成本是升还是降,升降幅度是多少,在此基础上再按成本项目逐项分析,进一步了解各成本项目升降情况。

【例6-4】根据华莱公司成本资料(见表6-7),编制"主要产品单位成本计划完成情况分析表",如表6-8所示。

表6-8 主要产品单位成本计划完成情况分析表

产品名称:甲产品　　　　　　　　　2015年7月

成本项目	单位成本/元			与上年实际相比		与本年计划相比	
	上年实际	本年计划	本年实际	降低额/元	降低率%	降低额/元	降低率%
行次	①	②	③	④	⑤	⑥	⑦
直接材料	500	439	450.4	-49.6	-9.92	11.4	2.60
直接人工	370	375	374	7	1.89	-1	-0.27
制造费用	380	350	328	-52	-13.68	-22	-6.29
合计	1 250	1 164	1 152.4	-94.6	-7.57	-11.6	-1.00

表中数据:④=③-①;⑤=④÷①;⑥=③-②;⑦=⑥÷②。

从表6-8计算数据看,甲产品单位本年实际成本比上年实际降低了94.6元,降低率7.57%,主要是直接材料和制造费用降低幅度较大,使得整个产品的单位成本比上年实际下降。与本年计划相比,甲产品单位成本本年实际比本年计划下降了11.6元,下降率为1%,主要是直接人工和制造费用都有不同程度的下降,而直接材料有所上升。从整体情况看,甲产品单位成本计划完成情况较好。

2. 主要成本项目分析

(1)直接材料项目的分析。直接材料项目分析应根据耗用的各种原材料进行,分析单位成本各种材料的消耗量和相应的材料单位两个因素。其计算公式如下：

单位产品直接材料费用 = ∑（直接材料消耗量 × 材料单价）

材料消耗数量变动的影响 = ∑（实际材料单耗 – 计划材料单耗）× 材料计划单价

材料单价变动的影响 = ∑（材料实际单价 – 材料计划单价）× 材料实际单耗

单位产品直接材料差异额 = 单位产品直接材料实际费用 – 单位产品直接材料计划费用 = 单位产品直接材料消耗量变动的影响 + 单位产品直接材料单价变动的影响

【例6-5】根据某企业生产丙产品材料单耗量及单价情况，分析丙产品成本中直接材料项目的影响情况，如表6-9所示。

表6-9　丙产品直接材料费用分析表

材料名称	计量单位	单位产品耗用量		单价/元		直接材料费用/元		差异	
		计划	实际	计划	实际	计划	实际	数量	金额
行次		①	②	③	④	⑤	⑥	⑦	⑧
材料A	千克	4	4.2	10	11	40	46.2	0.2	6.2
材料B	千克	8	8.2	21	22	168	180.4	0.2	12.4
材料C	千克	3	3.2	9	9	27	28.8	0.2	1.8
合计						235	255.4	0.6	20.4

表中数据：⑤ = ① × ③；⑥ = ② × ④；⑦ = ② – ①；⑧ = ⑥ – ⑤。

第一，由于单位产品消耗数量的变动对单位成本的影响：

材料A：(4.2 – 4) × 10 = 2（元）

材料B：(8.2 – 8) × 21 = 4.2（元）

材料C：(3.2 – 3) × 9 = 1.8（元）

合　计　　　　　　8（元）

第二，由于材料单价的变动对单位成本的影响：

材料A：(11 – 10) × 4.2 = 4.2（元）

材料B：(22 – 21) × 8.2 = 8.2（元）

材料C：(9 – 9) × 3.2 = 0（元）

合　计　　　　　　12.4（元）

两因素变动使得丙产品的单位成本中直接材料费用上升20.4元（即8 + 12.4）。影响材料消耗量和单价变动的原因很多，但概括起来主要有以下几个方面：

第一，影响材料消耗量变动的因素：

① 材料质量的变化。

② 产品设计的变化。

③ 下料和生产工艺方法的改变。

④ 材料利用程度的改变。

⑤ 废品数量和料废品回收利用的变化。

⑥ 生产工人技术水平和操作能力的高低、机器设备生产性能的好坏。

⑦ 材料代用或配比比例的变化等。

第二,影响材料单价变动的因素:
① 材料买价的变动。
② 材料运费的变动。
③ 运输途中合理损耗的变化。
④ 材料整理加工费及检验费的变化等。

(2) 直接人工的分析。单位产品成本中直接人工费用的变动主要受劳动生产率和工资水平两个因素的影响。其计算公式如下:

单位产品直接人工费用 = 单位产品工时消耗量 × 小时工资率

单位产品直接人工差异 = 单位产品直接人工实际费用 − 单位产品直接人工计划费用
　　　　　　　　　　 = 单位产品工时消耗量变动的影响 − 小时工资率变动的影响

工时消耗量变动的影响 = (单位产品实际工时消耗量 − 单位产品计划工时消耗量) × 计划小时工资率

小时工资变动的影响 = (单位产品实际小时工资率 − 单位产品计划小时工资率) × 单位产品实际工时消耗量

【例6-6】某企业生产B产品时,单位产品工时消耗量及小时工资率如表6-10所示,根据有关数据分析直接人工项目的变动情况。

表6-10　B产品消耗的工时及小时工资率资料表

单位产品生产工时消耗量(小时)		单位产品小时　率(元/小时)		直接人工成本	
计划	实际	计划	实际	计划	实际
10	12	5	4.5	50	54

直接人工费用实际超支4元,其中工时消耗量变动和小时工资率变动对其影响如下:

由于工时变动的影响 = (12 − 10) × 5 = 10(元)

由于小时工资率变动的影响 = (4.5 − 5) × 12 = 6(元)

单位产品工时消耗愈少,劳动生产率就愈高,成本中分摊的工资费用也就愈少。反之,劳动生产率愈低,成本中分摊的工资费用就愈高。小时工资率的提高则是产品单位成本中工资费用增加的因素。小时工资率的变动既受计时工资总额变动的影响,也受企业工时利用程度高低的影响。因此,对单位成本中直接人工的分析应结合生产、工艺、劳动组织等方面的情况进行,重点是分析单位产品工时的变动。

(3) 制造费用项目的分析。单位产品制造费用的变动主要是受单位产品工时消耗量和小时费用率的影响。其分析方法与直接人工项目分析方法类似,不再赘述。

三、制造费用明细表的编制与分析

制造费用明细表是反映企业在一定时期内发生的各项制造费用及其构成情况的成本报表。表中的各明细项目,应包括各生产单位为组织和管理生产所发生的各项费用。另外,企业的自制材料、自制工具、自制设备、生产制造的外售产品、自制半成品或有对外提供工业性劳务的,有必要按一定标准负担一部分制造费用。因此,会出现制造费用明细表上的合计数与产品生产成本表的"制造费用"项目的数据不相等的情况。

编制制造费用明细表,可以据以考核费用计划执行情况,发现费用项目超支或节约及其原因,为编制计划和预测未来水平提供依据。

(一) 制造费用明细表的编制方法

制造费用明细表是按制造费用项目设置的,并分栏反映各费用的本年计划数、上年同期实际数、本月实际数、本年累计实际数。企业根据管理的需要,也可以将制造费用按成本性态划分为变动成本和固定成本。该表可分车间按月编制。其格式如表6-11、6-12所示。

表6-11 制造费用明细表(按制造费用项目反映)

企业名称:运南有限公司　　　　　2015年12月　　　　　　　　　　　单位:元

费用项目	列次	本年计划	上年实际同期	本月实际	本年累计实际
工资	1	48 000	50 000		49 500
福利费	2	6 720	7 000		6 930
办公费	3	1 300	1 000		1 150
折旧费	4	80 000	76 000		75 700
水电费	5	18 000	15 000		14 700
修理费	6	2 500	2 000		2 100
运输费	7	1 600	1 500		1 450
租赁费	8	500	300		350
劳动保护费	9	2 100	20 00		1 950
机物料消耗	10	1 200	1 500		1 560
合计	11	161 920	156 300		155 390

表6-12 制造费用明细表(按成本性态反映)

企业名称:运南有限公司　　　　　2015年12月　　　　　　　　　　　单位:元

费用项目	列次	本年计划	上年实际同期	本月实际	本年累计实际
变动制造费用	1				
水电费	2	18 000	15 000		14 700
修理费用	3	2 500	2 000		2 100
运输费	4	1 600	1 500		1 450
机物料消耗	5	1200	1 500		1 560
小计	6	23 300	20 000		19 810
固定制造费用	7				
工资	8	48 000	50 000		49 500
福利费	9	6 720	7 000		6 930
办公费	10	1 300	1 000		1 150
折旧费	11	80 000	76 000		75 700
租赁费	12	500	300		350

续表

费用项目	列次	本年计划	上年实际同期	本月实际	本年累计实际
劳动保护费	13	2 100	2 000		1 950
小计	14	138 620	136 300		135 580
合计	15	161 920	156 300		155 390

制造费用明细表的编制方法如下：

（1）"本年计划"栏各项数据，根据制造费用预算表中的有关项目数据填列。

（2）"上年同期实际"栏各项数据，根据上年本表的数据填列。如果表内所列费用项目和上年度的费用项目名称或内容不一致，应对上年的各项数据按照本年规定的项目进行调整。

（3）"本月实际"栏各项数据，根据制造费用明细中的本月发生数填列。

（4）"本年累计实际数"栏各项数据，填列自年初始至编报月末止的累计实际数，根据制造费用明细表的记录填列，或根据本月实际数加上月本表的本年累计实际数填列。

（二）制造费用明细表的分析

对制造费用明细表的分析主要采用对比分析法。即对费用总额及各个费用项目的本年实际累计数与上年同期实际数相比较，借以了解各项费用的变化趋势；与本年计划数相比较，可以了解各费用项目的计划完成情况。

【例6-7】根据表6-11、表6-12数据，编制"制造费用明细分析表"，如表6-13所示。

表6-13　制造费用明细分析表

企业名称：运南有限公司　　　　2015年12月　　　　　　　　　　单位：元

费用项目	本年计划	上年实际同期	本年累计实际	与本年计划差异	与上年实际差异
行次	①	②	③	④=③-①	⑤=③-②
工资	48 000	50 000	49 500	1 500	-500
福利费	6 720	7 000	6930	210	-70
办公费	1 300	1 000	1150	-150	150
折旧费	80 000	76 000	75 700	-4 300	-300
水电费	18 000	15 000	14 700	-3300	-300
修理费	2 500	2 000	2 100	-400	100
运输费	1 600	1 500	1 450	-150	-50
租赁费	500	300	350	-150	50
劳动保护费	2 100	2 000	1 950	-150	-50
机物料消耗	1 200	1 500	1 560	360	60
合　计	161 920	156 300	155 390	-6 530	-910

从表中分析数据看，本年度制造费累计实际数比本年计划和上年同期实际数有所下降，说明总体上是节约的，其中有些费用项目超支，但多数费用项目是节约的。由于制造费用各

项目的性质和用途不同,评价各项费用超支或节约时,不能简单地将一切超支都看成是不合理的和不利的,也不能简单地将一切节约都看成是合理的和有利的。因此,要结合各费用项目的性质和用途作具体分析。

任务三　成本分析方法

成本分析,是对一定时期企业成本完成情况的全面评价,旨在提示和预测影响成本变动的主要因素及这些因素对成本变动的影响过程,寻找降低成本的途径,提高企业的经济效益。成本分析是成本会计工作中的重要职能,是企业成本管理的重要组成部分。通过分析,可以反映企业生产经营管理工作质量和劳动耗费水平,以便改进工作质量,降低劳动耗费;可以查明影响成本升降的原因,以便挖掘企业降低成本的潜力;可以为成本预测和决策等提供信息资料,以便指导未来的成本管理工作。

成本分析方法一般可分为静态分析法和动态分析法两类。静态分析法是发现指标差距的方法,如对比分析法、比率分析法、因素分析法、差额分析法等;动态分析法则是分析变化趋势的方法,如趋势分析法等。

一、对比分析法

对比分析法,也称比较分析法,它是把相同事物的指标在时间上和空间上进行对比,从数量上确定差异的一种方法。通过比较可以揭示客观上存在的差距,并为进一步分析指明方向。它是一种最基本的分析方法,其他各种分析方法都是在其基础上进行的。

对比的基数由于分析目的的不同而不同,一般有计划数、定额数、前期实际数、以往年度同期实际数及本企业的历史先进水平等。对比分析法只适用于同质指标的数量对比,因此,在运用该种方法时,要注意对比指标的可比性,即对比指标的计算口径、计价基础、时间单位等应保持一致。

在实际工作中,对比分析法常用以下几类指标进行对比分析。

(1) 实际指标与计划指标或定额指标的对比分析。用于确定企业成本计划指标或定额指标的完成情况,为进一步分析指明方向。

(2) 本期实际指标与前期(上期、上年同期或历史先进水平)实际指标对比分析。用于揭示成本指标的变动情况和变动趋势,借以观察企业生产经营管理水平的提高程度。

(3) 本企业指标与同类型企业指标比较分析。用于揭示企业的先进(落后)程度及其差距,借以判断本企业的成本管理水平,在更大的范围内寻找差距,推动企业改进经营管理,向更高的目标努力。

二、比率分析法

比率分析法是通过计算各项指标之间的相对数,即比率,据以分析成本活动质量、水平和结构的分析方法。根据分析的内容和要求不同,比率分析法主要有以下几种:

1. 相关指标比率分析法

相关指标比率分析法是将两种性质不同但又相关的指标进行对比,计算相关指标间的比率,以便从经济活动的客观联系中,更深入地分析和比较生产耗费的经济效益。如产值成本率、成本利润率、销售成本率等指标。其计算公式如下：

相关指标比率 =（某项经济指标的数值÷另一项经济指标的数值）×100%

如　产值成本率 =（产品成本÷产品产值）×100%

成本利润率 =（产品销售利润÷产品成本）×100%

收入成本率 =（产品成本÷产品销售收入）×100%

2. 结构比率分析法

结构比率分析法，也称比重分析法，是以某个经济指标的各个组成部分在总体中所占的比重，来分析其结构变化对成本计划执行情况的影响。通过分析可以掌握该项指标的特点和变化趋势，寻求最佳成本结构或通过调整成本结构以达到降低成本的目的。其计算公式为：

某项结构比率 =（某项经济指标的部分数值÷某项经济指标的全部数值）×100%

3. 趋势比率分析法

趋势比率分析法，又称动态比率分析法，就是将同类指标不同时期的数值进行对比，求出比率，以分析该项指标的发展方向和发展速度。动态比率可分为定基比率和环比比率两种。

定基比率也称定基发展速度，它是以某一时期的数量为基数，将分析期各个时期的数量均与基数相比，计算各个时期较基期的增减比率。环比比率也称环比发展速度，它是将分析期各个时期的数量都和其前一期数量对比，计算其较前一期的增减比率。其计算公式为：

定基比率 =（报告期发展水平÷某固定期发展水平）×100%

环比比率 =（报告期发展水平÷上期发展水平）×100%

三、因素分析法

因素分析法，也称连环替代法，是指把综合经济指标分解为各个影响因素，然后分别测定各个因素变动对综合经济指标影响程度的一种方法。

采用因素分析法时，是假定其他因素不变而其中一个因素变化，求出指标的差异数，即为该指标对综合经济指标的影响程度。其一般的计算程序为：

（1）根据各因素之间的数学运算关系，列出该指标的计算公式。

（2）排列各项因素的顺序。

（3）按排定的因素顺序和各项因素的基数进行计算。

（4）顺序将前面的一项因素的基数替换为实际数，将每次替换以后的计算结果与其前一次替换以后的计算结果进行对比，顺序算出每项因素的影响程度，有几项因素就替换几次。

（5）将各项因素的影响程度的代数和与指标变动的差异总额核对。

运用因素分析法时，要注意以下几个问题：

（1）构成要素的相差性。

（2）替换计算的顺序性。

（3）计算程序的连环性。

（4）计算条件的假设性。

四、差额分析法

差额分析法,是根据各项因素的实际数与基数的差额,来计算相互联系各项因素变动对综合经济指标的影响程度的一种方法。它是连环替代法的一种简化形式。

该方法的特点是根据已确定的影响综合经济指标的各个因素及其替换顺序,用各个因素的实际数与基数之差逐项直接替换基数,所得的计算结果就是该因素变动对综合经济指标的影响程度。

差额分析法的计算结果与因素分析法的计算结果完全一致。由于差额分析法计算简便,所以应用比较广泛,特别是在影响因素只有两个时更为适用。

项目小结

成本报表指根据企业产品成本和期间费用的核算资料以及其他有关资料编制的,用以反映企业在一定时期内产品成本和期间费用水平及其构成情况的报告文件。通过编制和分析成本报表,可以考核企业成本计划和费用预算的执行情况,为正确进行成本决策提供资料。

企业通常需要编制产品产品成本报表、主要产品单位成本报表和制造费用明细表等。这些报表的编制是根据企业成本发生的实际资料和成本的计划资料进行的,以揭示成本水平和成本差异。

成本分析的方法主要有比较分析法、比率分析法、因素分析法等。成本分析的内容包括全部商品产品成本计划完成情况的分析、可比产品成本降低计划完成情况的分析、主要产品单位成本的分析、制造费用的分析等方面。

项目测试题

一、单项选择题

1. 按照《企业会计准则》规定,成本报表是(　　)。
   A. 对外报表　　　　　　　　B. 对内报表(内部报表)
   C. 既是对外报表,又是对内报表　　D. 对内还是对外由企业自行决定
2. 成本报表属于内部报表,成本报表的种类、格式、项目、指标的设计和编制方法、编报日期、具体报送对象,由(　　)。
   A. 企业自行决定　　　　　　B. 国家统一规定
   C. 国家做原则规定　　　　　D. 上级主管机关规定
3. 比较分析法是指通过指标对比,从(　　)确定差异的一种分析方法。
   A. 质量　　　B. 价值量　　　C. 数量　　　D. 劳动量
4. 将两个性质不同但又相关的指标对比求出的比率,称为(　　)。
   A. 构成比率　　B. 相关指标比率　　C. 动态比率　　D. 效益比率
5. 连环替代法是顺序用各种因素的实际数替代基数,借以计算各项因素(　　)的一种

分析方法。

  A．影响原因 B．影响数量 C．影响程度 D．影响金额

6．可比产品是指(　　)，有完整的成本资料可以进行比较的产品。

  A．试制过   B．国内正式生产过

  C．企业曾经正式生产过   D．企业曾经试制过

7．产值成本率是产品总成本与(　　)的比率。

  A．总产值 B．商品产值 C．净产值 D．总产值或商品产值

8．可比产品成本降低额是指可比产品累计实际决成本比按(　　)计算的累计总成本降低的数额。

  A．本年计划单位成本   B．上年实际平均单位成本

  C．上年计划单位成本   D．国内同类产品实际平均单位成本

9．技术经济指标变动对产品成本的影响主要表现在下列指标的影响(　　)。

  A．产品总成本   B．产品产量

  C．产品单位成本   D．产品总成本和产品产量

10．产量变动之所以影响产品单位成本，是由于(　　)。

  A．在产品全部成本中包括了一部分变动费用

  B．在产品全部成本中包括了一部分相对固定的费用

  C．是指在产品总成本不变的情况下

  D．是指在产品产量增长超过产品总成本增长的情况下

11．在连环替代法中，确定各因素排列顺序的原则是(　　)，先实物量指标后价值量指标。

  A．先历史指标后现实指标   B．先数量指标后质量指标

  C．先实际指标后预算指标   D．先分析数后标准数

12．不属于产品生产成本表反映内容的是(　　)。

  A．报告期内全部产品总成本

  B．报告期内各主要产品单位成本

  C．报告期内全部产品各成本项目的总成本

  D．报告期内各项期间费用

13．通过产品生产成本表，可以考核和分析(　　)成本降低计划的执行情况。

  A．可比产品 B．不可比产品 C．全部产品 D．主要产品

14．可比产品降低额与可比产品降低率之间的关系是(　　)。

  A．成反比 B．成正比 C．同方向变动 D．无直接关系

15．填制产品生产成本表必须做到(　　)。

  A．可比、不可比产品须分别填列 B．可比、不可比产品可合并填列

  C．既可分别，也可合并填列   D．填制时无须划分可比、不可比产品

16．产品生产成本表的填列必须做到(　　)。

  A．主要产品逐一填列，非主要产品可以汇总填列

  B．主要产品和非主要产品汇总填列

  C．只填主要产品，并汇总填列

D. 非主要产品同主要产品一样,须逐一填列

17. 对比分析法只适用于( )。
   A. 不同质指标的数量对比　　　B. 同质指标的数量对比
   C. 不同质指标的质量对比　　　D. 关联指标的比率对比

18. 某项经济指标的各个组成部分占总体的比重称为( )。
   A. 相关指标比率　　　　　　　B. 动态比率
   C. 结构比率　　　　　　　　　D. 数量比率

19. 主要产品单位成本表的单位成本部分是按( )反映的。
   A. 生产费用要素　　　　　　　B. 消耗定额
   C. 成本项目　　　　　　　　　D. 费用定额

20. 主要产品单位成本表中的"历史先进水平"是指( )。
   A. 企业历史上单位成本水平最低年份的成本水平
   B. 企业历史上单位成本水平最高年份的成本水平
   C. 企业开业第一年的单位成本水平
   D. 与其他企业相比单位成本较低年份的成本水平

21. 可比产品成本本年与上年相比,如果不是降低而是超支,其超支额和超支率应用( )填列。
   A. 负数　　　B. 正数　　　C. 红字　　　D. 蓝字

22. 主要产品单位成本报表可以考核( )。
   A. 全部商品产品和各种主要产品成本计划的执行结果
   B. 制造费用、企业管理费用的执行结果
   C. 可以按照成本项目分析和考核主要单位成本计划的执行结果
   D. 主要产品技术经济指标执行情况

23. 制造费用明细表应根据( )发生额编制。
   A. 总账"制造费用"科目
   B. 各基本生产车间制造费用明细账
   C. 各辅助生产车间制造费用明细账
   D. 各基本生产车间和辅助生产车间制造费用明细账

24. 产品产量、产品品种结构、产品单位成本是影响( )变动的主要因素。
   A. 产品生产、销售总成本　　　B. 产品销售总成本
   C. 全部产品生产成本　　　　　D. 可比产品成本降低率

25. 进行( )变动分析时,应从单位产品工时和小时费用率两因素着手。
   A. 计时工资　　B. 产品销售费用　　C. 管理费用　　D. 制造费用

26. 作为成本考核指标的可比产品成本降低率,是( )。
   A. 可比产品年累计实际总成本比本年累计计划总成本的降低率
   B. 可比产品本年累计实际总成本比按上年实际平均单位成本计算的本年累计总成本的降低率
   C. 可比产品本年累计计划总成本比本年累计实际总成本降低率
   D. 可比产品按上年平均单位成本计算的本年累计总成本比本年累计实际总成本

的降低率

27. (　　)是通过连续若干期相同指标的对比,来揭示各期之间的增减变化,据以预测经济发展趋势的一种分析方法。
    A. 趋势分析法　B. 对比分析法　　C. 差额计算分析法　D. 因素分析法

28. 下列指标中,属于相关指标比率的是(　　)。
    A. 产值成本率　　　　　　　　B. 直接材料费用率
    C. 直接人工费用率　　　　　　D. 制造费用率

29. 制造费用比率是制造费用与(　　)指标的比率。
    A. 经营管理费用　　　　　　　B. 销售收入
    C. 产品成本　　　　　　　　　D. 产值

30. 在影响因素只有两个时更适用的分析方法是(　　)。
    A. 对比分析法　B. 比率分析法　　C. 连环替代法　　D. 差额计算分析法

二、多项选择题

1. 编制成本报表的会计数据资料有(　　)。
   A. 报告的成本账簿　　　　　　B. 以前年度的会计报表
   C. 本期成本计划及费用预算　　D. 计划统计资料
   E. 趋势分析法

2. 以下报表中,属于内部报表的有(　　)。
   A. 制造费用明细表　　　　　　B. 产品生产成本表
   C. 损益表　　　　　　　　　　D. 现金流量表

3. 下列比率中属于构成比率的是(　　)。
   A. 产值成本率　　　　　　　　B. 直接材料费用率
   C. 直接人工费用率　　　　　　D. 销售收入成本率

4. 产品生产成本报表一般包括(　　)。
   A. 按批别反映的生产成本表　　B. 按成本项目反映的生产成本表
   C. 按生产步骤反映的生产成本表　D. 按产品品种反映的生产成本表

5. 采用趋势分析法,在连续的若干期之间,可以(　　)。
   A. 按绝对数进行对比
   B. 按相对数进行对比
   C. 以某个时期为基期,其他各期与该时期的基数进行对比
   D. 分别以上一时期为基数,下一时期与上一时期的基数进行对比

6. 连环替代法的特征有(　　)。
   A. 计算程序的连环性　　　　　B. 替代计算的顺序性
   C. 计算结果的假定性　　　　　D. 计算结果的真实性
   E. 计算结果的正确性

7. 作为成本考核指标的全部产品成本降低额是(　　)。
   A. 在计划产量下,按实际单位成本计算的总成本与按计划单位成本计算的总成本相比较的差额

B. 在实际产量下,按实际单位成本计算的总成本与按计划单位成本计算的总成本相比较的差额

C. 按实际产量、实际单位成本计算的总成本与按实际产量、计划单位成本计算的总成本相比较的差额

D. 按实际产量、实际单位成本计算的总成本与按计划产量、计划单位成本计算的总成本相比较的差额

8. 成本报表一般包括(　　)。
   A. 产品生产成本表　　　　　　B. 产品单位成本表
   C. 制造费用明细表　　　　　　D. 产品销售费用明细表

9. 影响可比产品成本降低率变动的因素有(　　)。
   A. 产品产量　　B. 产品单位成本　　C. 产品品种结构　　D. 产品质量

10. 主要产品单位成本的项目分析包括(　　)。
    A. 直接材料费用分析　　　　　B. 主要技术经济指标分析
    C. 直接人工费用分析　　　　　D. 制造费用分析

11. 在主要产品单位成本表的正表中填列的项目有(　　)。
    A. 成本项目　　　　　　　　　B. 历史先进水平
    C. 单位成本　　　　　　　　　D. 本月总成本
    E. 上年实际平均　　　　　　　F. 本年计划

12. 产品生产成本表的基本部分由(　　)几部分组成。
    A. 可比产品　　B. 不可比产品　　C. 本期实际数　　D. 差异数

13. 主要产品单位成本表表前由(　　)几部分组成。
    A. 费用项目　　B. 产量　　C. 单位售价　　D. 主要技术经济指标

14. 在产品生产成本表中补充资料部分列示的项目有(　　)。
    A. 可比产品成本降低额　　　　B. 可比产品成本降低率
    C. 产值成本率　　　　　　　　D. 不可比产品成本降低率

15. 利用主要产品单位成本表,可进行(　　)分析。
    A. 按成本项目分析和考核主要产品单位成本计划的执行情况
    B. 按成本项目将本期与历史先进水平比较,了解单位成本升降趋势
    C. 分析和考核主要技术经济指标的执行情况
    D. 分析和考核企业产品成本计划的执行情况
    E. 分析和考核可比产品降低任务的完成情况

16. 成本报表的设置要求是(　　)。
    A. 专题性　　B. 实用性　　C. 针对性　　D. 对外性

17. 成本报表的编制要求是(　　)。
    A. 数字准确　　B. 内容完整　　C. 编报及时　　D. 内容统一

18. 下列关于制造费用明细表的说法正确的有(　　)。
    A. 制造费用明细表中费用明细项目的划分有统一规定
    B. 通过本年实际与本年计划比较,可以反映制造费用计划完成情况及节约或超支的原因

C. 利用制造费用明细表可以考核企业的制造费用的构成和变动情况
D. 制造费用明细表的格式由企业自行决定

19. 成本分析常用的分析方法有（　　）。
　　A. 比较分析法　　　　　　　　B. 比率分析法
　　C. 差额计算分析法　　　　　　D. 连环替代法
20. 单纯产品产量变动对可比产品成本降低计划完成情况的影响是（　　）。
　　A. 使成本降低额增加或减少　　B. 成本降低额不变
　　C. 使成本降低率升高或降低　　D. 成本降低率不变
21. 产品生产成本表可以反映可比产品与不可比产品的（　　）。
　　A. 实际产量　　　　　　　　　B. 单位成本
　　C. 本月总成本　　　　　　　　D. 本年累计总成本
22. 在对比分析法中常用的比较标准有（　　）。
　　A. 成本计划或成本定额指标　　B. 历史指标
　　C. 同行业指标　　　　　　　　D. 报告期实际指标
23. 比率分析法常用的比率有（　　）。
　　A. 相关指标比率　　　　　　　B. 结构比率
　　C. 动态比率　　　　　　　　　D. 综合比率
24. 按成本报表反映的内容将其分为（　　）等几类。
　　A. 产品生产成本表　　　　　　B. 主要产品单位成本表
　　C. 制造费用明细表　　　　　　D. 专题分析表
25. 影响单位产品直接材料费用变动的因素主要有（　　）。
　　A. 单位产品直接材料消耗数量　B. 直接材料消耗数量
　　C. 材料单价　　　　　　　　　D. 材料价格差异
　　E. 材料领用差异

三、判断题

1. 会计报表按其报送对象可以分为对外报表和对内报表两类。成本报表属于内部报表，不再对外报送。（　　）
2. 比较分析法的主要作用在于揭示客观上存在的差距，并为进一步分析指出方向。（　　）
3. 比较分析法只适用于同质指标的数量对比。（　　）
4. 相差批标比率是指某项经济指标的各个组成部分占总体的比重。（　　）
5. 通过对比某一经济指标不同时期的构成比例变动，可以了解该项经济指标的增长速度。（　　）
6. 采用比率分析法，先要把对比的数值变成相对数，求出比率，然后再进行对比分析。（　　）
7. 成本利润率是相关指标比率。（　　）
8. 销售成本率是构成比率。（　　）
9. 采用连环替代法，在测定某一因素变动影响时，是以假定其他因素不变为条件的，即

是在其他因素均为计划数时,确定这一因素变动影响程度的。（   ）

10. 影响可比产品成本降低额指标变动的因素有产品产量、产品品种结构和产品单位成本。（   ）

11. 影响可比产品成本降低率指标变动的因素有产品品种构成和产品单位成本。
（   ）

12. 假定产品品种构成和产品单位成本不变,单纯产量变动,只影响可比产品成本降低额,而不影响可比产品成本降低率。（   ）

13. 为了分清企业或车间在降低成本方面的主观努力和客观因素影响,在编制报表时,应从实际成本中扣除客观因素、相关车间或部门工作的影响。（   ）

14. 为了分清企业或车间在降低成本方面的主观努力和客观因素影响,在评价企业成本工作时,应从实际成本中扣除客观因素、相关车间或部门工作的影响（   ）

15. 在分析各项费用计划执行情况时,应根据费用超支或节约作出评价。（   ）

16. 技术经济指标变动对产品成本的影响,主要表现在对产品单位成本的影响。（   ）

17. 产量变动这所以影响产品单位成本,是由于在产品全部成本中包括了一部分变动费用。
（   ）

18. 产量变动之所以影响产品单位成本,是由于在产品全部成本中包括了一部分相对固定的费用。（   ）

19. 所有的成本报表,无论是对外还是对内,都要求计算上绝对地准确。（   ）

20. 内部成本报表必须和责任会计组织相配合,以明确责任者的成本责任。（   ）

21. 制造费用明细表只需要列出"上年同期实际数"及"本年累计实际数"。（   ）

22. 可比产品降低率等于可比产品降低额与本年累计的实际总成本之比。（   ）

23. 本年累计实际产量与本年计划单位成本之积,称为按本年实际产量计算的本年累计总成本。（   ）

24. 成本报表的格式、种类、内容必须符合国家有关部门的统一规定。（   ）

25. 编制成本报表的目的主要是满足企业内部管理的需要。（   ）

26. 可比产品成本实际降低率等于可比产品成本实际降低额除以全部可比产品以计划产量计算的全年总成本。（   ）

27. 比率分析法是比较分析法的一种表现形式,因素分析法是比较分析的延伸。
（   ）

28. 因素分析法又可具体划分为连环替代法和差额分析法。（   ）

29. 可比产品成本可能会出现这样的情况中:各种产品均完成了降低率计划,但却没有完成总的成本降低计划。（   ）

30. 在主要产品单位成本表中不应包括可以出售的不合格产量。（   ）

四、实务操作题

1. 新华公司生产甲、乙、丙、丁四种产品。2015年度有关资料如下表所示。
要求:
（1）根据表中资料编制按产品品种反映的商品产品成本表。
（2）根据资料分析全部产品成本计划完成情况。

产品产量、单位成本表

2015 年度　　　　　　　　　　　　　　　　　　　　　　　　　金额单位:元

产品	产量(台)			单位成本			
	计划	实际	12月份实际	上年实际平均	本年计划	12月份实际	本年累计实际平均
可比产品	1 460	1 500					
其中:甲	820	800	68	372	360	350	350
乙	640	700	60	744	740	744	740
不可比产品	490	500					
其中:丙	180	200	20		960	904	900
丁	310	300	25		320	326	330

商品产品成本表

编制单位:新华公司　　　　　　　　　2015 年度　　　　　　　　　　金额单位:元

产品名称	计量单位	产量		单位成本			计划总成本		本年总成本		
		计划	实际	上年实际	本年计划	本年实际	按上年实际平均单位计算	按本年实际单位成本计算	按上年实际平均单位计算	按本年实际单位成本计算	实际成本
1	2	3	4	5	6	7	8	9	10		
一、可比产品											
甲产品	台										
乙产品	台										
小计											
二、不可比产品											
丙产品	台										
丁产品	台										
全部产品成本											

2. 宏远公司 2015 年 12 月份有关可比产品成本资料如下表所示。

成本资料

可比产品	计划产量(件)	实际产量(件)	单位成本(元)	
			上年实际	本年计划
甲产品	10	9	10	9
乙产品	4	6	20	16

要求:

(1) 计算可比产品成本计划降低额和计划降低率。

(2) 计算可比产品成本实际降低额和实际降低率。

(3) 分析影响可比产品成本降低计划完成情况的各因素的影响程度。

3. 根据产品生产成本表中的资料,计算和填列表中总成本各栏数据,并结合可比产品成本计划降低额和降低率,分析可比产品成本降低计划的完成情况。

产品生产成本表

产品名称	计量单位	实际产量	单位成本			总成本		
			上年实际平均	本年计划	本期实际	按上年实际计算	按本年计划计算	本期实际
可比产品								
其中：甲产品	件	25	600	590	580			
乙产品	件	35	800	750	730			
不可比产品								
其中：丙产品	件	10		200	230			
全部产品								

注：可比产品成本降低额1800元,计划降低率3.75%。

4. 资料:(1) 可比产品成本计划降低率为7%;(2) 本期材料涨价,影响可比产品成本实际比计划升高1 400元;(3) 产品生产成本表有关可比产品部分见表中数据。

产品生产成本表

产品名称	计划产量（件）	实际产量（件）	单位成本			总成本		
			上年实际平均	本年计划	本期实际	按上年实际计算	按本年计划计算	本期实际
甲产品	20	25	380	360	340			
乙产品	22	20	200	190	195			
合　计								

要求：计算并填列产品生产成本表中的总成本各栏数据;检查可比产品成本降低率计划完成情况,分析其升降原因,并作出评价。

5. 根据甲产品单位成本表有关数据,分析甲产品单位成本变动情况,并分析影响原材料费用变动的因素和各因素变动的影响程度。

主要产品单位成本表

产品名称:甲产品

成本项目	上年实际平均	本年计划	本期实际
直接材料	1 862	1 890	2 047
直接人工	150	168	164
制造费用	248	212	209
合　计	2 260	2 270	2 420
原材料消耗量（千克）	950	900	890
原材料单价（元/千克）	1.96	2.1	2.3

6. 丙产品单位成本直接人工项目为:计划160元,实际210元;经查,单位产品工时消耗为:计划40小时,实际35小时;小时工资率为:计划4元,实际6元。

要求:采用差额计算法,计算工时消耗数量和小时工资率变动对产品成本单位成本中直接人工项目变动的影响程度。

7. 某企业生产的主要产品甲产品有关产量和成本资料如下表所示。

成本项目	历史最低单位成本	上年实际平均单位成本	本年计划单位成本	产量（件）		总成本（元）	
				本月	1-12月	本月	1-12月
直接材料	725	750	730			36 920	420 000
直接人工	90	100	95			5 824	66 000
制造费用	130	150	145			7 540	84 000
合 计	945	1 000	970	52	600	50 284	570 000

要求:编制甲产品单位成本表(甲产品单位售价985元);编制甲产品单位成本升降分析表,并分析甲产品单位成本计划完成情况。

8. 某企业生产乙产品的单位成本、材料消耗及工时消耗情况如下表所示。

乙产品生产有关资料

成本项目	计划		实际	
直接材料	340		370	
直接人工	24		25	
制造费用	40		55	
合 计	404		450	
材料及工时消耗	单位	计划		实际	
		单位消耗	金额	单位消耗	金额
原材料					
其中:A材料	千克	20	240	25	250
B材料	千克	5	100	6	120
工 时	小时	40		50	

要求:计算材料单耗和单价变动对直接材料成本的影响;计算工时消耗量及工资率变动对直接人工成本的影响;计算工时消耗量和小时费用率变动对制造费用项目的影响。

9. 某企业生产丙产品的材料消耗情况如下表所示。

材料名称	计划配方				实际配方			金额
	单价	用量(千克)	配比(%)	金额	单价	用量(千克)	配比(%)	
A 材料	30	72	60	2 160	28	80	64.52	2 240
B 材料	80	48	40	3 840	86	44	35.48	3 784
合　计		120	100	6 000		124	100	6 024
平均单价				50				48.58

要求：分别计算材料消耗总量、配料比例和材料价格变动对丙产品材料费用的影响。

10. 某公司改进乙产品设计，简化了产品结构，减轻了产品重量，改进了乙产品加工方法，提高了原材料利用率。改进前后的有关资料如下表所示。

要求：

（1）计算由于改进乙产品设计，减轻产品重量，对单位产品原材料费用的影响；

（2）计算产品加工方法改进前后的原材料利用率以及由于原材料利用率变动对单位产品原材料费用的影响；

（3）计算上述两项措施对乙产品单位产品原材料费用的影响。

乙产品原材料费用变动情况表

项　　目	改进前	改进后
材料费用总额(元)	75 000	69 000
材料平均单价(元)	15	15
材料消耗总量(千克)	5 000	4 600
加工后产品净重(千克)	4 750	4 462
产品产量(件)	200	200

注：废料无残值。

主要参考文献

冯浩. 成本会计理论与实务. 北京：清华大学出版社, 2007. 1.
王力勤等. 成本会计——实务与能力提高. 北京：中国铁道出版社, 2012. 9.
程旭阳. 成本会计与实务. 北京：清华大学出版社, 2009. 3.
江希和. 成本会计（第二版）. 北京：高等教育出版社, 2004. 6.
陈东领等. 成本会计学. 北京：北京交通大学出版社, 2007. 5.
夏利华等. 成本会计项目化教程. 北京：冶金工业出版社, 2010. 1.
马力. 新编成本会计实务. 北京：电子工业出版社, 2009. 6.
陈春洁. 会计实战情景模拟演练. 广东：广东经济出版社, 2005. 7.
杨英. 成本会计实训教程. 南京：东南大学出版社, 2012. 4.
丁增稳等. 新编成本会计实训. 南京：南京大学出版社, 2011. 3.
郑毅等. 会计综合模拟实训. 北京：电子工业出版社, 2012. 8.
黄光松等. 最新企业会计准则导读. 上海：上海财经大学出版社, 2006. 4.
方文彬等. 工业企业真账演练. 北京：中国宇航出版社, 2012. 8.